풍수지리로 본
한국의
명승지
탐 방

Exploring
Korea's Famous Tourist
Attractions

풍수지리로 본
한국의
명승지
탐 방

Exploring
Korea's Famous Tourist
Attractions

조민관 지음

프로방스

PROLGUE
서문

문화유산에 대한 본질적 이해

　　　　　　문화유산에 대한 본질적 이해는 그 당시 설계자의 관점으로 살피는 것에서 출발한다. 문화유산에는 시대적 배경과 당시 삶을 영위한 사람들의 숨결이 녹아있기 때문이다. 서구 학문으로 전통문화유산에 대한 창조적 재해석은 그다음 순서이다. 그간 우리 전통문화유산에 대한 연구는 본질이 도외시된 채, 주로 서구 학문적 관점에서 재해석되었다. 그리고 그것이 마치 우리전통문화의 본질인양 널리 인식되어 왔다. 이러한 경향은 서구지향적 가치관과 서구적 학문연구풍토에 기인하는 바가 크다.

　우리 전통문화는 동양철학에 기반하고 있다. 특히 삶의 터전을 정하고 비바람을 피하기 위한 가옥의 건축에는 풍수사상이 깊이 스며있다. 그러나 현재 한국 사회는 풍수에 대한 왜곡된 인식이 팽배해있다. 풍수는 미신이고 시대착오적인 잡술(雜術)이라고 보는 것이다.

각종 문화유산 안내서에 풍수적 내용은 해가 갈수록 축소되거나 제외된다. 대신 그 자리엔 문화유산의 본질을 왜곡시키고 정체성을 흐리게 하는 문구들로 채워져 간다. 우리 문화유산을 답사할 때마다 현장에서 느끼는 안타까움이다.

여기에서 풍수가 과학이냐 미신이냐를 논하고자 하는 게 아니다. 설령 풍수가 미신이라고 하더라도 그 시대 사람들은 그러한 가치관의 영향 아래 삶을 영위하였다. 그리고 그에 기반하여 집을 짓고 향교와 서원을 건립하고 사찰을 세우고 궁궐터를 잡았다. 우리 전통문화유산에서 풍수 사상을 제외한다면 그것은 알맹이 없는 껍질에 불과하다 해도 과언이 아니다. 특히 조선시대에 풍수는 사회 기저 신앙에 가까울 정도로 널리 확산되어 있었다. 이것이 우리전통문화유산 연구에서 풍수사상을 도외시할 수 없는 이유이다.

풍수사상의 핵심은 동기감응(同氣感應)이다. 즉, 풍수는 눈에 보이지 않는 기(氣)와 관련된다. 좋은 기를 발산하는 장소에 있으면 기의 분위기인 기분(氣分)이 좋아지고 거주 환경이 쾌적해진다고 본다. 그런데 풍수가 비가시적인 것을 다루는 분야라고 해서 이를 미신으로 단정 짓고 폐기 처분을 하려고 한다. 인간 세상에는 눈에 보이는 물질만 존재하는 게 아니다. 증거의 부재(不在)가 곧 바로 부재(不在)의 증거는 아니다. 눈에 보이는 가시적 증거가 없다고 해서 곧 바로 존재 자체를 부정할 수는 없다는 의미다. 더구나 학문적 연구는 눈에 보이는 것만을 대상으로 하는 것이 아니다. 현재 제도권에 자리를 잡은 다양한 학문 분야가 이를 증명하고 있다.

현대는 과학과 이성이 지배하는 사회이다. 또 한국 사회에서 서구화는 다른 어느 국가보다도 진행 속도가 빠르며 앞서 있다. 더불어 우리 전통은 비과학적이고 비합리적인 과거의 부산물이라고 여긴다. 그러나 과학이 만능은 아니다. 또 물질과 편리함을 추구하는 획일적인 서구화의 폐해는 이미 우리 사회 여러 곳에서 나타나고 있다. 우리 사회에서 한국적 정체성이 상실되고 비인간적인 행태가 만연한 모습은 이제 새삼스러울 것도 없다. 이에 대한 치유 방법 중의 하나는 전통사상의 창조적 계승과 현대적 가치와의 조화를 통한 것이다. 따라서 동양적 가치관과 전통문화는 버려야 할 구시대의 유물이 아니라 지속가능한 발전을 위한 우리의 오래된 미래이다.

현재 풍수는 학문의 변방에서 이단아 취급을 받고 있다. 그나마 서구 지리학에 기생하여 겨우 명맥을 유지하고 있다. 풍수계의 말석에 한쪽 발을 들여놓은 풍수학인의 한 사람으로서 이러한 상황에 대해 깊은 자괴감을 느낀다. 앞으로 풍수가 동양학의 한 분과로 그 위상을 당당하게 인정받을 수 있길 기대한다. 이를 위해 풍수학인들도 열린 자세로 함께 지혜를 모으는 것이 필요하다고 본다.

이 책은 주로 풍수사상에 기반하여 우리전통문화유산에 숨겨진 의미를 찾아보고자 했다. 이 과정에서 비교 연구를 위해 서구적 관점이 인용되기도 하였다. 혹여 부적절한 인용이나 비교로 인해 관련된 분에게 누(累)가 되지 않았기를 바란다. 이 책의 목적인 풍수 사상에 기반한 우리 전통문화유산 연구는 필자에게는 오래된 밀린 숙제 같았다. 그간 능력과 여건이 미치지 못하여 설익은 생각이나마 선뜻 세상에 펼쳐놓을 수가 없었다. 그러나 마냥 미룰 수만은 없었다. 이제 부족한 부분에 대해 독자 여러분의 질책과 조언을 달게 받겠다. 미력하나마 이 책이 한국의 전통문화와 명승지에 숨겨진 의미를 재발견하고 우리 문화유산에 대해 새로운 인식을 형성하는 데 일조하기를 바란다. 끝으로 이 책의 출간 계기를 마련해 준 부산 동명대 학생들과 권선정 학과장님께 감사를 드린다. 또 필자를 학문적 풍수의 길로 이끌어 주신 동방대학원대학교 천인호 교수님과 필자에게 학(學)과 술(術)의 균형감을 깨닫게 해 주신 대한풍수지리학회 지종학 이사장님께도 감사를 드린다. 마지막으로 바쁜 와중에도 기꺼이 자원해서 원고 교정에 힘을 보탠 권익기 박사에게 고마움을 전한다.

우리 문화유산을 둘러본 후, 실망하며 돌아서는 분들에게…
"사랑하면 알게 되고 알게 되면 보이나니, 그때 보이는 것은 전과 같지 않으리라."

2025년 10월

저자 **조민관**

차 례
CONTENTS

01 관동의 명문가 **강릉 선교장**   11
02 종가의 향기 **양동마을 서백당과 향단**   79
03 독립운동의 상징 **안동 임청각**   141
04 만대루에 취하는 **병산서원**   191
05 자옥산이 날아드는 **경주 옥산서원**   231
06 경복궁의 비보사찰 **호암산 호압사**   255
07 청도의 마을풍수 **주구산 떡절**   283
08 산태극 수태극의 **안동 하회마을**   303

＊ 본 저서에서 출처가 표기되지 않은 것은 저자 자신의 것이거나 출처를 명확히 알 수 없는 것들이다. 출처를 밝히지 못한 것에 대해 원저작자께서 연락을 주시면 개정판에는 출처를 밝힐 것이다.

CHAPTER
01

관동의 명문가
강릉 선교장

선교장은 강원도 강릉시 운정동에 있는 조선 사대부가의 전통 한옥이다. 무려 100칸이 넘는 대저택이다.

선교장 전경(출처: 일요서울)

동해, 강릉 그리고 선교장

조선 가사 문학의 백미인 관동별곡에서 정철은 이렇게 읊었다.

'…산중을 매양 보랴. 동해로 가쟈스라…'

동해, 대한민국의 청춘들에겐 듣기만 해도 가슴이 뛰고 중년의 사람들에겐 젊은 날의 추억 한 자락을 다시 꺼내어 보는 국민 동경(憧憬)의 장소이다. 시대를 거슬러 조선 시대에도 동해는 그러했다. 한반도 중부의 대관령 동쪽엔 한반도 제일의 절경인 금강산이 있고 관동팔경이 있다. 그리고 호연지기(浩然之氣)가 꿈틀대는 동해의 푸른 바다가 있다.

서울 한양은 조선 500여 년의 도읍지다. 한양도성의 수많은 권세가와 벼슬아치들 그리고 풍류를 아는 한량들이 거드름을 피우며 대관령을 넘나들었다. 금강산과 관동팔경 그리고 동해를 보기 위해서다. 그리고 참으로 다행스럽게도 대관령 너머 강릉엔 수많은 풍류객을 위한 무료 숙식 장소가 있었다. 바로 강릉의 명문가인 선교장(船橋莊)이다.

[그림 2] 강릉 선교장 전경

선교장은 강원도 강릉시 운정동에 있는 조선 사대부가의 전통 한옥이다. 무려 100칸이 넘는 대저택이지만 한꺼번에 지은 집이 아니다. 1703년에 안채 주옥이 최초로 지어진 후, 필요에 따라 점차 증축하여 100칸이 넘는 집이 되었다. 300여 년의 유서 깊은 전통과 그에 어울리는 품격을 갖춘 선교장은 우리나라 민가 주택 가운데 최초로 중요민속자료 제5호로 선정된 국가지정문화재이다. 또 2000년 KBS에서 주관한 '20세기 한국의 톱10' 선발 행사에서 선교장은 전통 가옥 부문에서 한국 최고의 전통 가옥으로 선정되었다.

  선교장을 순 한글로 표현하면 '배다리 집'이다. 이 이색적인 이름에는 사연이 있다. 선교장 지척엔 강릉의 거울 경포호(鏡浦湖)가 있다. 예전의 경포호는 지금보다 훨씬 넓었다. 경포호의 원래 면적은 현재 경포의 1.8배 정도였다고 한다. 현재 선교장 주변의 육지는 예전엔 대부분이 호수였다고 봐도 된다. 호수 안쪽에 자리한 마을은 배를 타고 건너다닌다고 하여 '배다리마을(선교리)'이라고 불렸다. 선교장은 '배다리마을'에서 가장 대표적인 집이었다. 즉, '선교장'이란 명칭은 '배다리마을에 위치한 집'에서 유래된 것이다. 실제 1981년까지만 해도 선교장 출입은 경포호수로 배를 타고 드나들었다. 현재 선교장 주변은 뭍으로 변했고 도보나 승용차로 갈 수 있다. 약간의 편리함은 얻었지만, 선교장의 운치는 훨씬 줄어들었다.

  대체로 이름난 사람의 가옥에는 '헌(軒)'이나 '당(堂)'을 붙이는데 선교장에는 '장(莊)'을 붙인다. 주변의 광활한 논밭이 '장원(莊園)' 같다고 하여 붙여진 것이다. '장원'이란 거의 자급자족이 가능할 정도로 경제적 규모가 큰 것을 말한다. 선교장의 명칭에서 선교장의 부(富)를 짐작할 수 있다.

족제비가 잡은 명당

선교장 터는 강릉의 여덟 군데 명당, 즉 강릉 팔명당 가운데 하나이다. 배다리마을엔 현 선교장의 주인 전주 이씨(李氏)가 살기 전에 창녕 조씨(曺氏)가 살았고, 그전에는 강릉 박씨(朴氏)가 살았다. 선교장의 시작은 이내번(李乃蕃:1703~1781)에 의해서다. 그리고 이내번의 아들 이시춘(李時春:1736~1785)과 손자 이후(李垕:1773~1832)를 거치며 이씨 가의 전성기를 이루었다. 즉, 선교장은 이내번, 아들 이시춘, 손자 이후, 증손 이근우(李根宇:1877~1938)로 이어지며 관동지역의 만석꾼으로 성장하였다.

대관령 동쪽의 강원도에는 넓은 곡창지대가 드물다. 그래서 만석꾼이 나오기가 어렵다. 그렇지만 선교장은 강원도에서 유일한 만석꾼이다. 선교장의 만석 살림은 권세가의 패악질로 백성들을 수탈하여 이뤄낸 것이 아니다. 선교장의 부(富)는 선교장 주인 이씨 집안의 선행과 노력도 있었지만, 무엇보다도 명당인 선교장

[그림 3] 선교장 터와 관련된 족제비(출처: 애니멀피플)

집터의 덕택이라고들 말한다.

명당이라고 알려진 선교장 터에 관해서는 다음과 같은 얘기가 전해 온다. 강릉 외가에 정착한 이내번은 점차 살림이 늘자 보다 넓은 집터가 필요했다. 그는 좋은 집터를 찾아다녔으나 쉽게 찾을 수가 없었다. 그러던 어느 날 족제비가 나타나 이동하는 것을 보고, 마치 뭔가에 홀린 듯 이를 뒤따라갔다. 가는 도중 족제비 몇 마리가 나타나 합류하더니 나중엔 한 무리를 이루었다. 그 족제비들은 소나무가 울창한 어느 야산 자락에 도착하더니 갑자기 온데간데없이 사라져 버렸다. 그제야 정신을 차린 이내번은 그 자리가 보통 자리가 아니라는 생각이 들었다. 그는 그 후 지관(*명당을 찾아주는 사람)에게 그 터에 대해 감정을 하였고 과연 명당이라고 하여 그곳에 집[안채]을 짓기 시작했다. 그것이 오늘날 선교장의 시작이다.

그 이후 선교장 전주이씨가(全州李氏家)는 족제비를 신령스러운 동물로 보호하게 되었고 뒷산에 족제비의 먹이를 가져다 놓는 풍습이 지금까지도 전해진다. 족제비 일화가 터무니없는 전설만은 아니라는 의미다.

선교장의 태동, 조선 최초의 여성 CEO

선교장의 1대 장주(莊主)는 이내번이다. 그는 전주 이씨 효령대군의 11세 후손이다. 그가 외가인 강릉에 정착하게 된 배경을 보려면 먼저 이내번의 어머니 안동 권씨(?~1751)에 대해 알아야 한다.

권씨 부인의 친정은 강릉의 오죽헌이다. 그렇게 된 사연은 신사임당의 아버지 신명화에게 아들이 없었기 때문이다. 신명화는 오죽헌을 넷째 사위인 권화에게 물려주었다. 권화의 아들 권처균은 자신의 호인 오죽헌을 당호로 썼고, 이때부터 오죽헌은 안동 권씨의 종가가 되었다. 권씨 부인은 바로 권화의 고손자인 권시흥의 딸이었다.

권씨 부인은 강릉에서 멀리 떨어진 충청도 충주로 시집을 갔으나 남편 이주화가 먼저 세상을 떠난다. 그녀는 삼년상을 마치고 1721년 친정인 강릉으로 다시 돌아왔다.

[그림 4] 선교장 파노라마. 오른쪽으로 푸른 동해가 보인다.

처음에는 강릉 북촌 경포대가 있는 저동에 터를 잡고 살았다. 후일 선교장의 1대 주인이 되는 이내번의 나이는 이때 19세였다.

시집을 간 권씨 부인이 친정으로 다시 돌아온 것은 당시 시대 상황으론 일반적이지 않았으나 그녀는 결단을 내려 친정으로 돌아왔다. 이에는 다음과 같은 사연도 작용한 것으로 보인다. 권씨 부인의 남편 이주화는 권씨 부인과 혼인하기 전에 이미 두 부인과 사별하였고 전처와의 사이에 아들 넷을 두었다. 즉, 권씨 부인은 남편의 세 번째 아내였다. 그리고 권씨 부인의 아들인 이내번은 부친에겐 5남이고 모친에겐 장남이다. 당시 서열상으로 볼 때 권씨 부인과 친아들 이내번이 충주에서 시댁의 보살핌을 크게 기대할 수는 없는 상황이었다.

친정인 강릉으로 돌아온 권씨 부인은 남녀의 차별이 심했던 조선 후기에 여성의 신분으로 염전 사업을 시작하여 큰 부를 축적한다. 그녀의 아들 이내번은 나이 30이 넘자, 처음에는 어머니가 남긴 종잣돈으로 선교장 일대의 땅을 사들이기 시작하였다. 당시 선교장 일대는 경포호가 붙어 있어서 습지였다. 이내번은 당시 강릉의 세력가였던 삼척 심씨에게 산지 인근의 논을 사서 그 일대에 선산을 조성하였다.

이내번은 그 후 더 넓은 새로운 집터를 물색하다가 족제비의 안내로 배다리골에 새집을 짓기 시작하였는데 그곳이 바로 지금의 선교장이다. 그리고 그의 아들 이시춘은 30세부터 거금 230냥을 들여 아버지가 점지해 두었던 땅을 사들이고 선교장을 증축하였다. 권씨 부인, 이내번, 이시춘 등 3대에 걸친 노력 끝에 드디어 이씨 집안 강릉 선교장의 골격을 갖추게 된다. 결국, 오늘날의 선교장은 권씨 부인의 종잣돈이 시초가 되었다. 그리고 이를 바탕으로 족제비가 좋은 터를 안내해 준 덕분이라고 할 수 있다.

강릉의 지세

선교장의 입지조건(立地條件)를 알아보려면 먼저 선교장이 속한 강릉의 지세(地勢)부터 살펴봐야 한다.

강릉은 백두대간이 남쪽으로 내려가다가 잠시 숨을 고르는 대관령의 동쪽, 즉 관동(關東)지역에 있다. 강릉은 동해가 있는 동쪽을 제외하면 삼면이 병풍처럼 산들로 둘러싸여 있다. 큰 틀에서 강릉의 지세를 살펴보면 서쪽의 대관령을 중심으로 백두대간이 남하하고 그 과정에서 세 줄기의 지맥(支脈)이 동쪽으로 향하면서 강릉 터를 형성하였다.

　백두대간의 지맥이 강릉으로 들어가는 지점은 크게 세 군데이다. 첫째는 강릉의 서쪽에 있는 곤신봉(1,135.1m)에서 동해 방향으로 출발한 산줄기이다. 곤신봉에서 대궁산(1,008.3m)으로 이어지고 그 산줄기는 태장봉(110.5m)으로 이어진다. 태장봉에서 한 줄기는 오죽헌으로 내려가고 다른 한 줄기는 선교장으로 이어지며 동해 가까이에서 꼬리를 감춘다. 이 산줄기는 북강릉의 터를 형성한다.

　둘째는 강릉의 서쪽에 있는 능경봉(1,121.9m)에서 시작되는 산줄기이다. 곤신봉에서 남하하던 산줄기가 능경봉에서 또 하나의 큰 봉우리를 맺고 여기서 한 지맥이 동쪽으로 나아간다. 이 산줄기는 동진(東進)하다가 남대천이 시작되는 지점에서 높이를 낮추며 남대천 북쪽의 북강릉 지역으로 들어간다. 이 지맥의 끝부분에는 강릉의 초당동이 있으며 여기에는 지방 명문 강릉고와 허난설헌(1563~1589)의 생가가 있다.

　셋째는 주로 남강릉의 터를 형성하는 산줄기이다. 이는 강릉의 서남쪽 만덕봉(1,035.3m)에서 시작되어 다시 위쪽으로 올라오는 산줄기이다. 여기서 다시 두 갈래의 산줄기가 나온다. 하나는 만덕봉에서 동북쪽으로 진행하면서 동해로 나가는 지맥이다. 다른 하나는 서북쪽으

[그림 5] 강릉 산줄기 흐름(노란색)과 선교장 위치(위쪽 분홍색 원)

로 올라가다가 다시 두 갈래로 나뉘어 하나는 남대천 상류 방향으로 진행하여 강릉 서남부의 산 병풍을 이루고, 나머지 한 줄기는 동해 쪽으로 나아가며 강릉 남부와 동남부의 터전을 만들어 준다.

이렇게 보면 강릉은 산줄기의 흐름에 따라 크게 세 지역으로 나누어 볼 수 있다. 오죽헌과 경포대, 경포 호수, 선교장 등이 있는 북부 강릉 지역과 화부산 아래 강릉 향교, 강릉역이 있는 지역을 중심으로 한 강릉 시내 지역 그리고 강릉의 안산(案山) 역할을 하는 모산봉과 그 주변을 중심으로 한 남부 강릉 지역 등이다.

행주형국과 서출동류

강릉의 주 물길은 남대천이다. 남대천은 강릉의 가운데를 서에서 동으로 거쳐 흐른다. 풍수에서는 이를 서출동류(西出東流)라고 하여 아주 길(吉)한 물의 흐름으로 본다. 이 남대천을 경계로 북강릉과 남강릉으로 나눌 수 있다.

강릉 지역의 전체적 형세(形勢)를 배가 동해로 나가는 행주형국(行舟形局)으로 보기도 한다. 우리나라 행주형국의 대표적인 지역으로 평양과 청주가 있다. 행주형 지역의 특성은 사람들이 오래 머무르지 않고 다른 곳으로 떠나가는 경향이 있다고 한다. 강릉은 관동지역 최고의 교육도시이지만 유능한 인재는 대부분 수도 서울로 상경한다. 휴가철에는 길이 미어터질 정도로 사람들이 붐비지만 휴가가 끝나면 그들은 서울 등 대처로 다시 빠져나가 버린다. 물론 이러한 현상은 오늘날 강릉만이 아니라 대한민국 농어촌이나 중소 도시의 공통된 문제점이기도 하다. 그렇지만 도시화, 근대화 이전의 시대에도 강릉은 다른 지역에 비해 상대적으로 그런 추세가 강했다고 한다.

행주형국의 강릉은 서쪽에서 동쪽으로 흐르는 남대천을 따라 넓은 동해에 진출하기 좋은 자리이다. 그리고 남대천은 연어의 회귀 장소이다. 강릉 출신의 인재들이 언젠가는 다시 고향인 강릉으로 돌아와 지역사회를 위해 봉사해 주길 기대해 본다. 드넓은 태평양에 진출하였다가 다시 돌아오는 남대천의 연어들처럼 말이다.

선교장의 지형지세

선교장으로 들어오는 산줄기는 강릉 서쪽의 곤신봉에서 시작된다. 백두대간이 남하하다가 대관령을 만들기 전에 우뚝한 봉우리를 세우니 이것이 곤신봉이다. 곤신봉에서 동해 방향으로 뻗어내린 지맥이 태장봉(110.5 m)으로 이어진다. 태장봉에서는 경포천을 경계로 두 개의 지맥으로 나누어진다.

하나는 태장봉에서 한 줄기의 지맥이 남동쪽으로 향하며 오죽헌으로 이어진다. 다른 하나는 태장봉에서 동해 쪽으로 계속 진행하면서 된봉[천제봉:107m]을 거쳐 시루봉(73.5m)으로 이어진다. 태장봉에서 나온 지맥이 된봉을 지날 즈음 또 한줄기의 지맥이 남남동으로 내려와 선교장으로 들어가고 다른 하나의 지맥은 계속 동진하여 시루봉으로 이어진다. 그런데 여기에 대해 견해가 갈리고 있다.

선교장의 산줄기가 된봉에서 내려왔다는 견해와는 달리 시루봉에서 왔다고 보는 견해도 많다. 시루봉에서 땅속의 숨은 은맥(隱脈)으로 기운이 이어져 선교장으로 내려왔다(그림 6의 녹색 점선)고 보는 입장이다. 그런데 시루봉 자락 아래부터 선교장까지는 평탄한 경지이고 직선거리로 150여 미터쯤 된다. 또한, 시루봉 자락 아래에는 개천이 동쪽으로 이어져서 흐르고 있다.

'산의 기운은 물을 만나면 멈춘다(界水則止)'는 것이 풍수의 대원칙이다. 따라서 시루봉의 지맥이 개천을 건너 선교장으로 이어진다는 논리는 무리가 있다. 그리고 무엇보다 선교장 뒤쪽의 산 능선을 따라

[그림 6] 선교장 지맥도. 태성봉, 된봉에서 내려오는 선교장의 주된 산줄기(황색 선). 시루봉에서 내려온다고 보는 견해(녹색선)도 있다.

가면 난곡 경로당(그림 6 A지점)까지 이어지고 그것이 된봉까지 넌걸된 것을 확연히 볼 수 있다. 즉, 태장봉에서 된봉으로, 된봉에서 시루봉으로 가는 것이 아니라 된봉에서 바로 선교장으로 산 능선이 이어지고 있음을 확인할 수 있다.

선교장의 지맥이 시루봉에서 왔다고 주장하는 또 다른 논리가 있다. 태장봉에서 된봉을 거쳐 시루봉으로 내려간 산줄기가 다시 서남쪽으로 방향을 전환하여 그림 6의 A 지점(난곡 경로당) 근처까지 내려온 후, 다시 남동으로 방향을 틀어서 선교장으로 내려왔다고 보는 견해이다. 이에 의하면 산줄기가 갈지 자(之) 형태로 내려온 것이다. 만약 이것이 사실이라면 선교장으로 내려오는 산줄기의 기운이 더욱 강하다고 볼 수 있다. 풍수에서 산줄기가 갈지자(之) 형태로 내려오면 생기가 있는 산줄기로 보기 때문이다. 그런데 실제 위성 사진을 보면 시루

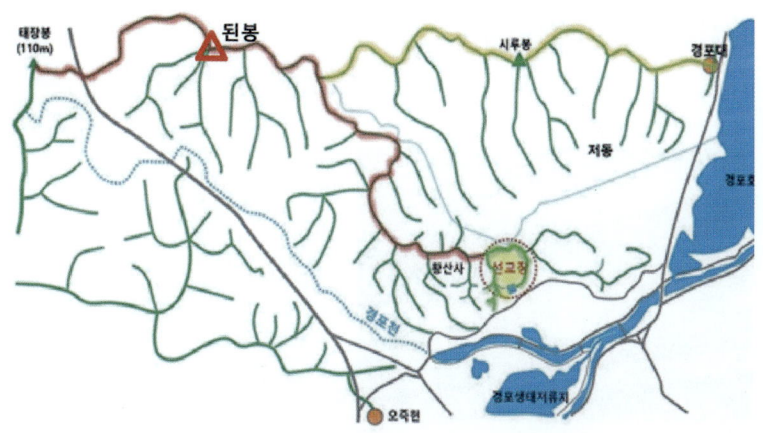

[그림 7] 선교장 지맥도(출처:중부일보에 필자 추가작도)

봉에서 A지점으로 이어지는 산줄기는 마디 마디가 끊어져 있고 그 사이 골짜기마다 경작지가 들어서 있다. 산줄기가 이어져 있다고 보기 어렵다.

이상을 종합하면 선교장의 지맥은 시루봉에서 내려온 것이 아니라 된봉에서 내려온 것으로 판단된다. 시루봉의 지맥은 계속 동진하여 경포호 바로 위쪽의 경포대로 이어진다. 선교장 북쪽에 있는 시루봉은 선교장에 좋은 영향을 미치는 길격(吉格)인 사(砂)의 하나로 볼 수 있겠다. 사(砂)란 터를 중심으로 주변에 있는 산봉우리를 말한다. 좋은 형상의 산봉우리가 있으면 그 터에 거주하는 사람에게 긍정적 영향을 미친다고 본다.

시루봉과 선교장의 부

시루봉이라는 명칭은 전국 여러 곳에 있다. 산봉우리가 '떡시루(*떡을 찌는 토기 그릇)'를 엎어 놓은 것 같은 모습을 하고 있으면 시루봉이라 한다. 풍수에서는 시루봉처럼 둥그스름하게 생긴 산봉우리를 오행 중의 하나인 금성체(金星體)라 하고 이를 부봉사(富峰砂), 즉 '부자 봉우리'라고도 한다.

[그림 8] 선교장 북쪽 후문에서 보이는 시루봉

선교장의 북쪽에 있는 시루봉은 강릉의 4주산(四柱山)과 경포의 4주산 가운데 하나이다. 산봉우리의 좌우가 균형이 잡힌 안정감 있는 봉우리이다. 선교장 북쪽 후문에 있는 동진학교 터 표지석이 있는 곳에 서면, 이 시루봉이 정면으로 보인다

[그림 9] 한국전통문화체험관 지붕 뒤에서 본 선교장 앞쪽의 금형산(붉은 색)과 토형산(노란 색)

한편 선교장 안채의 방향(좌향)은 서남향인데 매표소 출입구가 있는 남쪽이 훤히 트여있다. 선교장에서 남쪽을 바라보면 역시 수려한 모습의 산봉우리가 선교장을 향하고 있다. 산 정상이 평평한 토성체(土星體)의 산도 보이고 산봉우리가 솥뚜껑을 엎어 놓은 듯한 금성체(金星體)의 산봉우리도 보인다. 즉, 오행에서 상생(相生) 관계인 토, 금형의 산봉우리가 형성되어 있다. 이 봉우리들은 선교장에 좋은 영향을 끼치는 지형적 환경이다.

손자가 할아버지를 되돌아보는 모습

현재 선교장 안채 뒤를 감싸고 있는 산줄기는 처음 그 산줄기가 발원된 백두대간 방향인 서쪽을 바라보고 있다. 이를 회룡고조형(回龍顧祖形)이라 한다. 즉, 어떤 장소로 내려온 산줄기가 그 지역의 처음 발원된 산봉우리를 되돌아보는 모습이다. 산줄기가 처음 발원된 곳을 조상인 할아버지에 비유하고 그 산줄기의 마지막 장소를 후손인 손자에 비유하는 것이다. 이런 형상의 장소는 땅 기운이 매우 강하다고 한다. 귀여운 손자가 할아버지를 되돌아보며 재롱을 부리고 있는 모양새이니 할아버지가 가진 모든 것을 손자에게 아낌없이 주는 것은 당연하다.

선교장의 회룡고조형 지세는 절묘하게도 동해의 바닷바람을 막아주는 역할도 한다. 선교장의 겨울철 매서운 북서풍은 백두대간과 대관령이 막아주고 동해의 바닷바람은 선교장의 뒷산에 의해 완화된다. 선교장은 자연 지리적인 측면에서도 살기 좋은 장소이다.

[그림 10] 선교장 야외공연장 모습

　그런데 만약 선교장의 주된 자리인 안채의 위치를 지금과는 다른 장소에 정했다면 어떠했을까? 이를테면 선교장으로 내려오는 주된 산줄기가 크게 두 부분으로 갈라지는 부분, 즉 현재 야외공연장과 한국전통문화체험관이 있는 곳이다. 이곳에 안채와 열화당을 앉히고 좌향[방향]을 남동쪽으로 할 수도 있었을 것이다. 그렇게 터를 잡으면 내려오는 주된 산줄기의 흐름에 따라 더 자연스러운 위치 선정이 된다. 무엇보다 멀리 앞쪽이 트여 주된 가옥의 전망이 훨씬 좋게 된다. 집 뒤의 언덕에 오르면 동해가 보이는 명품 경관이 만들어질 수도 있었다.

　그러나 현재의 선교장은 그렇게 자리를 잡지 않았다. 만약 그렇게 자리를 잡으면 바람의 영향을 많이 받게 된다. 현재 선교장 산 능선에서 제일 낮은 위치인 선교장 북쪽 후문의 함몰 지점으로 강한 바닷바람이 들이친다. 더구나 그 함몰 지점의 바로 뒤편 들판은 동서 방향으로 형성된 깔때기 모양의 긴 골짜기가 있다. 동해 바닷바람이 동쪽으로부터 서쪽으로 불면서 선교장 뒤쪽을 지나갈 때, 후문 근처의 함몰된 부분으로 세찬 바람이 들어오게 된다. 넓은 평지에서 좁은 통로로 바람이 지나갈 때 바람의 속도는 빨라지고 기압은 낮아진다. 이것은 물리학의 '베르누이 정리'로 이미 입증된 것이다. 그렇게 된다면 선교장 사람들은 낮은 기압 상태에서 거센 바닷바람을 맞으며 살아야 한다. 그리고 그에 따른 건강상의 문제가 발생한다.

또 풍수적으로도 큰 문제가 생긴다. 바로 수구(水口)이다. 수구는 어떤 터에서 물이 마지막으로 빠져나가는 곳이다. 선교장의 수구는 현재 매표소 입구 근처의 활래정 아래이다. 풍수에서는 특정 지역에서 물이 빠져나가는 수구가 훤히 보이면 재물이 달아나고 제대로 되는 일이 없다고 한다. 우리 전통 마을에서 마을의 수구에 나무를 심어 가리거나 수구막이 돌탑을 쌓는 것은 이 때문이다. 만약 좋은 전망을 위해 선교장의 안채를 야외공연장이 있는 장소 근처에 정했다면 수구가 훤히 보이게 된다. 따라서 선교장은 바람을 피하고, 수구의 흉한 점을 피하고자 현재의 장소에 안채를 정한 것이다.

이렇게 볼 때 현재 선교장 안채가 위치한 곳은 자연 지리적으로 건강에 이로운 장소일 뿐만 아니라 풍수지리적 측면에서도 매우 길(吉)한 장소이다. 그래서 선교장 안채에 들어서면 아늑하고 안정된 느낌이 든다.

선교장 왼쪽 산줄기와 오른쪽 산줄기

　선교장을 포함한 경포대 부근의 지형 모습은 특이하다. 주된 산줄기에서 한쪽으로 여러 개의 작은 산줄기가 뻗어 내린다. 마치 다리가 여러 개인 곤충 같은 모습이다. 고도가 낮은 지역으로 내려올수록 산이 낮고 완만해서 얕은 골짜기를 이루는데 그 골짜기와 골짜기들 사이에는 역 U자형의 평지가 펼쳐진다. 그리고 그 공간 안에 주택이나 농지가 있다.

　선교장으로 내려오는 산줄기도 같은 모습이다. 즉, 주된 산줄기가 동쪽으로 나아가면서 군데군데 북쪽에서 남쪽으로 지맥이 갈라져 나온다. 선교장을 중심으로 최소한 3~4개 정도의 작은 산줄기가 그런 형태로 형성되어 있다. 이렇게 남북으로 형성된 작은 산 능선은 선교

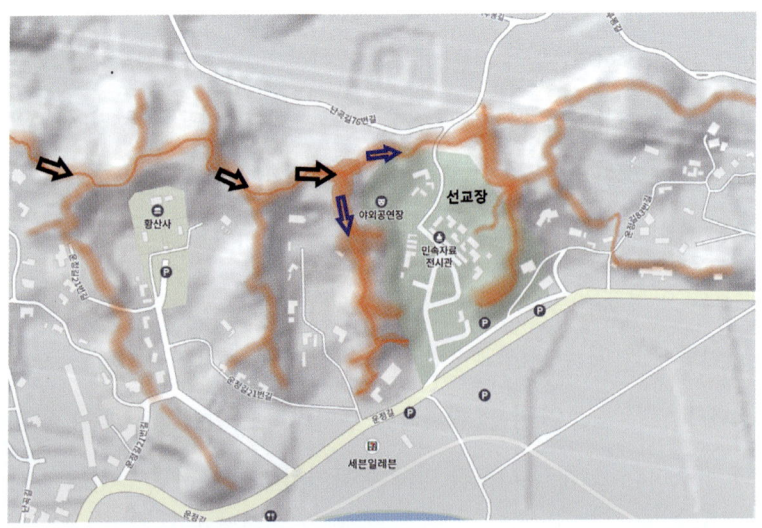

[그림 11] 선교장의 산줄기 흐름(출처: 네이버 지도에 필자 작도)

장 집터를 중심으로 보면 선교장의 오른쪽 산줄기에 해당하는 데 이를 우백호(右白虎)라 한다. 즉, 안채 주옥을 중심으로 본 선교장 터는 오른쪽 산줄기인 우백호가 아주 두텁게 형성된 지형이다.

선교장의 안채 주옥은 남서쪽을 바라보고 있다. 서북쪽에서 내려오던 산줄기가 안채의 오른쪽 뒤를 감싸며 돌아서 집의 왼쪽으로 나간다. 또 하나의 산줄기는 안채의 앞쪽을 가로지르며 지나간다. 선교장 터를 기준으로 볼 때 오른쪽 산줄기인 우백호(右白虎)가 앞쪽의 안산(案山)[1]이 된다. 그만큼 선교장 우측 산줄기의 지세가 강하고 좋다는 의미다. 한 가지 흠이 있다면 오른쪽 산줄기의 끝부분이 선교장을 향해 감싸지 못하고 바깥쪽으로 약간 휘어져 있다는 점이다.

풍수지리에서는 특정한 장소를 중심으로 오른쪽에 있는 산줄기[右白虎]는 재물을 관장한다고 본다. 그래서 특정 장소에서 오른쪽 산줄기가 좋은 조건을 갖추면 그 장소의 주인은 재물복이 좋다고 해석한다. 선교장이 관동 유일의 만석꾼 부자가 된 것은 선교장 집터의 튼튼한 오른쪽 산줄기와 무관하지 않다.

이와는 반대로 선교장의 왼쪽 산줄기(左靑龍: 특정 장소에서 왼쪽에 있는 산줄기)는 끝자락이 안으로 향하는 장점은 있으나, 그 길이가 짧다. 즉, 선교장은 오른쪽 산줄기인 우백호에 비해 왼쪽 산줄기인 좌청룡이 약하다. 그리고 원래 선교장 왼쪽 산줄기 바로 앞에는 경포호의 물

---

[1] 특정 장소에서 앞쪽에 있는 작은 산. 옛날 선비 앞에 놓이는 작은 책상과 같은 모습의 산이다.

이 넘실대고 있었다. 그러나 선교장에서 농지를 확대하기 위해 그곳을 매립하여 현재의 상태가 되었다.

　호수 일부를 매립하여 농지는 확대되었으나 풍수적으로는 좋지 않은 모습이 되고 말았다. 선교장 좌청룡의 입 앞에 있던 호수를 매립하여 뭍으로 만들었으니 용이 물을 잃은 격이 된 것이다. 이렇게 집터를 기준으로 왼쪽 산줄기 좌청룡이 약하면 그 집의 아들에게 불리하거나 벼슬 운[관직운]이 좋지 않다고 본다.

　풍수에서 약한 지형을 보완하는 조치를 '비보(裨補)'라 한다. 비보 방법 중의 하나가 물이다. 왼쪽 산줄기가 없거나 약하면 그 부근에 연못을 조성해서 물로써 약한 산줄기를 보완하는 것이다.[2] 선교장에서는 매립으로 인해 더 약해진 왼쪽 산줄기를 이어주는 보완책으로 그곳에 연못을 조성했다. 그것이 오늘날 활래정이 있는 인공 연못인 방지(方池)이다.

선교장 가족사와 좌청룡, 우백호

　선교장 1대 주인 이내번은 대를 이을 아들이 없어 형의 아들을 양자로 들인다. 그가 선교장 2대 주인 이시춘이다. 그러나 그마저도 일찍 세상을 떠나고 그의 맏아들도 요절한다. 이렇게 해서 이내번의 둘

---

[2] 양택[집] 풍수에서는 특정 집을 기준으로 네 방향에 있는 사신사(四神砂: 현무, 청룡, 백호, 주작)에 대응하는 것으로 산천도택(山川道澤)이 있다. 즉, 집을 기준으로 뒤에 있는 현무를 산(山), 왼쪽에 있는 청룡을 강(川), 오른쪽에 있는 백호를 길(道)로, 그리고 앞에 있는 주작을 연못(澤)으로 대신하는 이론이다. 이는 주로 중국과 일본의 양택풍수서에 나타나는 개념이다.

째 손자에 해당하는 이후(李垕)가 대를 잇게 된다. 선교장 3대 주인 이후는 13세의 어린 나이에 집안을 책임지게 된다. 다행히 할아버지에게 일찍부터 경영 수업을 익힌 덕분에 집안은 유지되었다. 그러나 그는 과거시험에 3번이나 낙방한다. 요즘 말로 하면 재벌 집안의 아들이 고시(考試)에서 3번이나 낙방한 셈이다.

이렇게 볼 때 초기 선교장 집안은 장자와 아들에게 불길한 일이 많았고 집안의 벼슬 운도 신통치 않았다. 그런데 이후의 두 아들인 이용구와 이의구가 과거시험에 급제하고 뒤이어 손자도 급제한다. 드디어 선교장에도 벼슬 운이 트인 것이다. 이와 관련된 인과관계는 다음과 같이 추정해 볼 수 있다.

선교장 건축의 백미인 활래정(活來亭) 정자와 연못은 1816년에 건립 조성되었다. 이때는 이후가 선교장의 3대 주인으로 있던 시기이다. 이후가 선교장 왼쪽 산줄기 끝에 연못을 조성한 것은 결과적으로 선교장의 약한 왼쪽 산줄기를 보완한 셈이 되었다. 즉, 풍수적 비보(裨補)가 된 것이다. 이로 인해 선교장의 약했던 벼슬 운이 상승하였다고 추정할 수 있다.

이후의 아들인 이용구는 1825년 생원시에 급제하였고, 이용구의 동생 이의구는 1827년에 생원시에 급제하였다. 이후는 두 아들이 과거에 급제하자 아들의 합격을 축하하는 잔치에서 기쁨을 시로 표현하였다. 그 일부를 보면 다음과 같다.

집의 문 앞이 적막한지 삼대나 지난 후에
급제의 영광이 이년 만에 또 있었네(중략)
두 아들이 나를 영화롭게 했는데 나는 그러지 못하였으니
소리 없이 흐르는 눈물 견디지 못하겠네

　선교장 연못을 조성한 지 9년이 지나면서 과거 급제의 겹경사가 이어졌다. 또 이용구의 두 아들인 이회숙, 이화원도 과거에 급제하였으니 1840년과 1844년의 일이다. 이는 선교장 연못 조성 후 24년과 28년 후의 일이다.
　이렇게 볼 때, 선교장 3대 주인 이후가 선교장 왼쪽 산줄기 끝에 연못을 조성한 후, 선교장 주인 4대, 5대를 이어 과거에 급제한 것은 엄연한 사실이다. 물론 이 사실만을 들어 선교장 좌청룡 자락에 연못을 조성한 덕분에 선교장 후손들 과거시험에 급제했다고 단정 지을 수는 없다. 과일반화의 오류, 즉 일반화가 지나친 측면이 있을 수 있기 때문이다. 그러나 시간적 순서로 보면 연못을 조성한 것이 먼저이고, 그 이후 2대에 걸쳐 연속적으로 과거에 급제한 것은 나중이다. 시간적 선후관계는 확실하다.
　그런데 선교장 6대 주인 이근우가 활래정을 중수하게 된다. 이때 연못 가운데에 있던 활래정을 현재의 위치로 옮기고 정자의 규모도 크게 키워 버렸다.

선교장의 지맥 훼손과 백호상

선교장 둘레길을 돌다 보면 선교장 오른쪽 산줄기(우백호) 끝에 앉아 있는 돌로 만든 백호상(白虎像)을 볼 수 있다. 화강암으로 만든 높이 50cm, 길이 150cm의 호랑이가 선교장의 왼쪽 산자락 끝을 바라보

[그림 12] 선교장 오른쪽 산줄기를 훼손하며 신축한 건물들

고 있다. 그런데 이 백호상에 대한 아무런 안내문이 없다. 원래 있던 것을 복원한 것인지 아니면 없던 것을 새로이 설치한 것인지 그리고 그 백호상이 왜 그곳에 있는 것인지?

그 전후 사정은 이렇다. 근래 선교장이 개방되자 정부와 지방자치단체인 강릉시가 여러 가지 사업을 추진하는 과정에서 선교장 원래의 지형을 훼손하는 일이 생겼다. 정부와 강릉시의 재정적 지원으로 선교장 오른쪽 산줄기 끝자락에 신축 건물을 짓기로 하였는데 그 과정에서 문제가 생긴 것이다. 선교장 박물관과 음식점 등 기타 부대시설

을 신축하는 과정에서 부지 확보를 위해 선교장 오른쪽 산줄기인 백호 자락을 절단하고 파헤친 것이다. 이에 선교장 14대 종부(宗婦) 성기희 여사가 그 일에 대해 관계 당국에 강하게 항의를 하였다고 한다.

[그림 13] 선교장 우측 산줄기에 있는 백호상(像) 앞모습과 뒷모습

　세속적 관점에서 보면 돈을 지원해 준 물주(物主)에게 항의한 셈이니 은혜를 모르는 처사라고 비난할 수도 있을 것이다. 또 보통 사람 같았으면 그냥 넘길 수도 있었으나 성 여사는 사건의 심각성을 인지하고 당당하게 의사표시를 한 것이다. 성 여사가 항의한 것은 꼭 풍수를 신봉해서가 아니라 조상 대대로 물려받은 것들을 원래 모습 그대로 보전하려는 종부로서의 마음가짐에서 우러나온 행동으로 볼 수 있다. 아무튼, 성 여사는 종갓집 맏며느리에 걸맞은 처신을 한 것이다. 성 여사는 사육신 성삼문을 배출한 창녕 성씨 후손이다. 역시 왕대밭에 왕대가 나는 모양이다. 그녀는 50여 년간 선교장을 지키고 있으며 우리 전통 복식과 예절에도 조예가 깊다고 한다.

　한편 성 여사의 항의를 받은 강릉시는 추가 비용을 부담하여 호랑이 석상을 설치하였는데 그것이 바로 현재 선교장 오른쪽 산 능선에 있는 백호상이다. 자신들의 실수를 인정하고 시정한 강릉시의 자세 또한 적절하였다고 생각된다. 혹시 그까짓 미신(?) 때문에 일을 번거롭게 하고 혈세를 낭비하게 만든다는 내부적 불만이 있었을지도 모르겠다. 어쨌든 선교장에 또 하나의 얘깃거리가 늘었으니 우리 문화유산에 흥미로운 스토리텔링(storytelling)이 하나 더 추가된 셈이다. 그런데 다른 동물도 많은데 왜 하필 백호 형상의 석상을 설치하였는가? 풍수에서 특정 장소의 오른쪽 산줄기를 백호라 하기 때문이다. 현재 선교장 오른쪽 산줄기 끝자락에 있는 백호상은 선교장의 훼손된 오른쪽 산줄기인 우백호의 힘을 보완해주고 있다. 이렇게 선교장 백호상에도 풍수가 숨어 있다.

선교장의 지맥 훼손은 더 있다. 2002년 야외공연장과 한국전통문화체험관을 신축하며 산자락 일부를 파헤쳐 놓았다. 또 현재 선교장

[그림 14] 선교장 후문으로 통하는 도로

입구에서 앞뜰을 거쳐 북쪽 후문으로 통하는 곳으로는 시멘트 포장도로가 개설되어 있다. 그 길 끝부분인 북쪽 후문 근처에 산 능선을 파헤치고 시멘트 길이 놓여 있다. 그곳은 선교장 안채 뒤로 내려오는 산줄기가 움푹하게 내려간 곳이다. 그런데 그곳은 선교장 안채와 사랑채 등에 땅 기운을 전달해 주는 중요한 장소이다. 풍수에서는 이러한 곳을 결인속기처(結咽束氣處)라고 한다. 즉, 백두대간 줄기에서 내려온 땅 기운이 마지막 응축을 위해 숨을 고르는 곳이다.

비유하자면 자동차 연료 탱크에 있는 휘발유를 엔진에 분사하는 연료 분사 장치와 같은 역할을 하는 곳이다. 고무풍선에 바람을 빵빵하게 불어넣는 좁은 입구라고 보면 된다. 그런데 후문으로 통하는 도로 개설을 위해서 이 부분이 훼손된 것이다.

물론 그 정도 깊이의 도로 개설로 땅 기운이 훼손되었다고 단정 지을 수는 없다. 하지만 문화유산은 건축물뿐만 아니라 자연경관도 원형 보존이 최우선이다. 단순히 인간의 편리만을 위해 함부로 땅을 헤집는 일은 삼가야 할 것이다.

조선왕조실록에는 땅 기운 훼손과 관련된 사례가 여러 차례 기록되어 있다. 서울 강남 내곡동에는 조선 3대 왕인 태종과 원경왕후 민씨의 무덤인 헌릉이 있다. 실록에 의하면 이 헌릉으로 연결되는 고갯길(달래내 고개)의 통행을 놓고 조정에서 논란이 있었다. 백성의 편의를 위해 고갯길 통행을 허락하느냐 아니면 헌릉으로 통하는 땅 기운을 보존하기 위해 통행을 금지하느냐에 관해서 수차례 어전회의가 있었다. 물론 지금이 조선 시대는 아니다. 그러나 시대를 막론하고, 땅 기운의 통로 여부를 떠나서, 문화유산은 현재의 편리함을 위한 개발보다는 옛것 그대로의 원형 보존이 우선이다.

물흐름과 선교장의 부

풍수에서 물은 곧 재물(財物)을 의미한다. 물론 모든 형태의 물길이 다 좋은 것은 아니다. 물은 중심 터를 둥글게 휘감으며 천천히 흐르는 형태가 좋다. 이런 형태의 물길을 금성수(金星水) 또는 요대수(腰帶水)라고 한다. 요대수란 허리에 두르는 허리띠와 같은 모양으로 둥글게 환포하며 흐르는 물길이다. 이러한 물길은 재물을 풍족하게 한다.

선교장의 막대한 부(富)는 선교장 주변의 물의 형세(形勢)가 매우 좋기 때문이다. 첫째 태장봉에서 발원한 경포천이 선교장을 둥글게 휘감아 나간다. 즉, 선교장 앞을 흘러가는 물길은 재물을 가져오는 요대

[그림 15] 선교장(분홍색 표시) 주변 지세와 물흐름도(출처:구글 위성에 필자 추가 작도)

수 또는 금성수이다.

둘째 선교장 앞은 경포천과 위촌천이 합해지는 합수(合水) 지점이다. 지금은 두 물길이 경포 생태 저류지를 지나서 합수가 되지만 옛날 선교장 앞까지 경포호의 물이 차 있을 때는 두 하천은 선교장 앞쪽에서 합류가 되었을 것이다. 두 줄기의 물이 합수가 되는 지역은 재화(財貨)가 모여드는 곳이다. 서울의 한강은 남한강과 북한강이 양수리에서 합쳐진 물이다. 서울에 모여드는 재화는 대한민국 경제에서 절대적인 비중을 차지한다.

셋째 선교장 뒤편 시루봉 골짜기에서 내려오는 작은 산줄기들은 하나같이 남쪽, 즉 선교장을 향하고 있다. 따라서 자연히 골짜기에서 흘러내리는 물도 선교장을 향하고 있다. 선교장 앞쪽도 마찬가지이다. 범위를 넓게 보면 선교장 맞은편에 있는 교2동, 포남2동 등에서 흐르는 물줄기도 대부분이 선교장 방향인 북쪽으로 흘러내린다.

경포호가 현재보다 몇 배 이상 큰 시절에는 선교장 맞은편 지역의 물은 대부분 경포로 흘러들었을 것이다. 이렇게 중심 터를 향하여 여러 물이 모여드는 것을 취면수(聚面水)라 하는데 그 부귀함이 이루 말할 수 없을 정도다. 만약 격국(格局)이 크고 터가 넓다면 이러한 형태의 물길이 있는 지역은 한 나라의 도읍지로서 거론될 수 있을 정도다. 사례를 들면 중국 고대 13왕조의 수도였던 장안[현 시안]의 물길 형세가 그러하다. 장안은 '팔수요장안(八水繞長安)'이라고 불리는데 무려 여덟 개의 물줄기가 장안을 감싸 안으며 흘러간다.

넷째 같은 물이라도 물이 빠져나갈 때는 가기 싫은 듯이 느릿느릿하게, 그리고 잘 보이지 않는 형태로 나가야 좋은 물길이다. 물이 곧고 빠르게 직수(直水)로 흘러가 버리면 재물도 그렇게 없어진다.

물은 본래 움직이는 것이므로 고요함에 그 묘함이 있다. 선교장 맞은편 산골짜기에서 흘러내린 물들이 경포호로 모이면 고요해진다. 이렇게 물길이 오는 것은 있으나 나가는 것이 없는 것 같으면 물길의 형세 중에서 매우 좋은 것으로 본다.

이상에서 살펴본 선교장 부(富)의 요인을 정리하면 다음과 같다. 선교장은 형세가 좋은 선교장의 오른쪽 산줄기[우백호]가 겹겹이 중첩되고 선교장을 둘러싼 주변 물길의 흐름이 아주 좋은 형태이다. 또 그 터 안에서도 선교장의 방향[좌향]을 물이 나가는 수구(水口)가 보이지 않도록 적절히 정한 것도 좋은 요인으로 작용하였다. 물론 선교장의 혁신가 정신 및 소통과 나눔의 정신도 선교장의 부를 축적하고 유지하게 한 요인이라고 할 수 있겠다.

선교장의 구조와 가옥

선교장은 제일 먼저 건축된 안채 주옥을 비롯한 사랑채, 동별당, 서별당, 행랑채, 사당과 정자인 활래정까지 갖추고 있다. 선교장의 주요 변천 과정을 보면 선교장의 1대 장주 이내번이 처음 터를 잡고 안채를 지었고 그의 손자 이후가 열화당을 짓고 그다음 해에 연못 조성과 함께 활래정을 지었다. 그리고 이후의 증손 이근우가 활래정을 현재 형

[그림 16] 선교장 가옥 배치도(노란색 점선은 근래 신축 건물)

태로 중건하고 행랑채를 23칸으로 증축하였다.

선교장은 대체로 추위를 막기 위한 폐쇄적인 북방형 가옥의 특성을 띠고 있으나 그림16에서 보는 바와 같이 안채주옥(2번)과 사랑채인 열화당(6번)이나 중사랑채(18번) 사이에 가림 벽이 없다. 대신 서별당(16번)과 연지당(17번)이 있으나 왕래는 자유로운 구조이다. 이러한 왕래를 위한 작은 문이 군데군데 있으며 모두 12개나 된다고 한다. 특히 활래정(1번)은 사방이 창문으로 된 개방적인 남방형 가옥이다. 선교장은 북방형 가옥과 남방형 가옥의 형태가 혼합된 형식이다.

솟을대문과 평대문

조선 세종은 신분에 따라 집의 칸수를 규제하였고 조선의 기본법전인 경국대전에는 신분별로 지을 수 있는 집의 최대 크기를 규정하였다. 이때 '칸'은 기둥 두 개 사이 또는 기둥 네 개로 이뤄진 공간을 가리킨다. 이때 한 칸의 절대적 크기는 없고 어떤 부재를 사용하느냐에 따라 한 칸의 크기도 다양했다. 조선 시대는 대체로 100칸 이상의 집을 지을 수 없었다. 100칸 이상은 임금이 있는 궁궐에서만 가능하였다.

그런데 선교장은 본채가 102칸이었고 하인들이 거주하던 집까지 모두 합하면 300여 칸에 이른다. 이는 필요에 따라 그때마다 증축한 결과이다. 그리고 이내번은 효령대군의 후손이므로 선교장은 조선 이씨 왕족의 집이라고 볼 수 있다. 100여 칸이 넘는 선교장의 가옥이 존재할 수 있었던 것은 이러한 점도 참작되었을 것이다.

선교장 입구의 매표소를 지나 우측에 있는 활래정에 이르면 정면에 가로로 늘어선 긴 행랑채가 보인다. 그중 가운데 툭 튀어 오른 부분이

[그림 17] 선교장 솟을대문과 선교유거 현판

있는데 그곳이 선교장의 정문에 해당하는 솟을대문이다. 솟을대문 오른쪽으로 몇 칸을 지나면 나무로 된 가림막이 있는 평대문이 있다. 평대문 안쪽엔 선교장의 안채가 있다. 솟을대문엔 '仙嶠幽居(선교유거)'라는 현판이 걸려있다. 선교유거는 '신선이 거처하는 그윽한 집'이라는 의미다. 선교장(船橋莊)의 '선교'와 같은 발음이 나는 글자를 써서 선교장을 신선이 거처하는 집인 '선교유거'로 표현한 것이다.

이 현판 글씨를 쓴 사람은 소남(少南) 이희수라고 한다. 그는 흥선대원군이 천재라고 극찬한 사람이며 7세에 벌써 전·예·해·행서를 모두 잘 썼으며 그림에도 능하였다고 한다. 특이하게도 그는 자기 글씨나 그림에 낙관을 잘 찍지 않는 것으로도 유명하였다고 한다. 역시 선교장 선교유거의 현판에도 낙관은 보이지 않고 '少南'이라는 작은 글자만 쓰여 있다.

솟을대문은 남성과 손님들이 드나드는 문이고 평대문은 여성과 가족들이 드나드는 문이다. 남녀가 구분되는 당시 사회 풍속이 반영된 것이다. 진취적이고 개방적인 분위기의 가풍이 있는 선교장이지만 시대적 한계가 느껴지는 부분이기도 하다. 그러나 한편으론 여성들의 편의를 위한 배려라고 볼 수도 있다.

가옥의 배치 구조상 솟을대문만 있었다면 여성들은 길을 돌아가야만 안채 주옥으로 갈 수 있다. 평대문은 안채와 직선으로 연결된 최단 거리에 있다. 또 요즘 시각으로 보면 가족과 여성들의 사생활 보호를 위한 측면도 있다. 많을 때는 하루 300인의 밥상을 차릴 정도로 선교장을 찾는 손님들이 많았다. 평대문은 그들로부터 선교장 가족들의 일상생활을 보호하기 위한 것이기도 하다.

선교장의 우물 위치와 혈처

선교장의 안채 주옥으로 직통하는 평대문 앞에는 우물이 하나 있다. 여기서 솟는 물이 활래정 연못으로 흘러간다. 그런데 안채 주옥과 평대문 그리고 우물의 위치가 일직선상에 있다. 이것은 무엇을 의미하는 것인가?

[그림 18] (좌)선교장 평대문 앞의 우물. (우)안채, 평대문과 일직선상에 있는 우물.

부엌일을 하는 여인들의 편의를 위해 안채와 최단 거리의 위치에 우물을 판 것이라고 볼 수도 있겠다. 그렇다면 안채보다 부엌과 가까운 위치인 마당에 우물을 파는 게 맞다. 그리고 무엇보다 우물이란 것이 아무 곳에나 땅을 판다고 해서 물이 솟는 것도 아니다.

풍수에서는 좋은 터의 중심 장소를 혈(穴)이나 혈장(穴場)이라고 한다. 대체로 혈이나 혈장 앞에는 맑은 물이 솟아오른다. 이를 진응수(眞

[그림 19] 안동 임청각 우물방 앞의 우물. 사진 우측 끝에 있는 방이 우물방이다.

應水)라 하며 명당의 징표로 본다. 따라서 선교장 평대문 앞의 우물은 선교장이 좋은 터임을 말해 주는 것이다. 선교장 평대문 앞의 우물이 풍수에서 말하는 진응수라면 선교장에서 제일 핵심적인 자리[穴處]는 어디쯤인가?

일반적으로 명당을 중심으로 물기운이 상분하합(上分下合)한다고 한다. 즉, 명당의 뒤쪽에서 물기운이 좌우로 나누어졌다가 명당의 앞쪽에서 다시 합해진다. 이에 따르면 선교장은 안채 주옥의 뒤에서 물기운이 나누어졌다가 안채 주옥과 일직선상으로 앞쪽에 있는 우물에서 다시 물기운이 합해졌다고 볼 수 있다. 따라서 선교장에서 가장 좋은 장소, 즉 명당은 안채주옥이다.

이와 유사한 사례를 보면 안동의 명문 고택 임청각이 있다. 임청각에는 우물방이라는 곳이 있다. 방 앞마당에 우물이 있어서 우물방이라고 한다. 임청각의 우물방은 주로 산실(産室)로 이용되었는데 이 방을 삼정승 방이라고도 부른다. 정승 3명이 태어난다는 이야기가 전해오기 때문이다.

이 외에도 집 마당이나 집 뜰에 샘물이 솟아 우물이 있는 경우는 많다. 삼성 창업주 이병철 생가, 호남의 대부호이자 동아일보 창간자인 인촌 김성수 생가, 반기문 전 유엔사무총장 생가 앞, 구미 박정희 전 대통령 생가 등이 그렇다.

[그림 20] 선교장에서 제일 먼저 지어진 안채주옥. 선교장의 혈처(穴處)이다.

선교장 평대문 앞 우물은 주로 제사 때만 사용하고 일상의

[그림 21] 선교장 안채주옥 뒤로 볼록하게 들어오는 잉(孕) (노란 점선 표시).

생활용수는 다른 곳의 물을 사용한다. 제사 때 음식이나 술을 빚을 때만 이 우물물을 사용하고 부정 타는 것을 막기 위해 제삿날을 전후해 며칠간 우물에 흰 명주 천이나 창호지를 덮어 둔다고 했다. 선교장이 이 우물을 얼마나 소중히 여기는지를 알 수 있는 대목이다. 명당 앞의 진응수는 그 터의 정수(精髓)이므로 함부로 사용하지 않았다.

선교장에서 안채주옥이 혈처(穴處:중심 장소)라고 보는 증거는 또 있다. 안채주옥의 뒤로 들어오는 산줄기다. 보통 명당터로 들어오는 산줄기는 명당의 혈처로 들어오기 직전에 불룩하게 땅이 올라온 모습이다. 풍수에서는 이를 잉태한다는 의미인 '잉(孕)' 혹은 '입수도두(入首倒頭)'라고 부른다. 이것은 명당 터의 핵심 장소로 땅기운을 불어넣는 기능을 한다.

선교장 안채주옥 뒤편으로 돌아가 보면 뒷산에서 안채로 내려오는 불룩한 언덕을 확인할 수 있다. 이 언덕은 인위적으로 만든 것이 아니라 자연적으로 형성된 지형이다. 이 불룩한 언덕은 안채주옥에 땅 기운을 넣어주는 일종의 에너지 저장 탱크이다. 선교장에서 안채는 제일 먼저 건축된 가옥이다. 처음 그곳에 터를 잡은 이유를 짐작할 수 있다.

그렇다면 선교장에서 안채 이외의 나머지 장소는 생기가 없는 땅인가? 그건 아니다. 풍수에서는 음택일선(陰宅一線), 양택일면(陽宅一面)이라는 말이 있다. 즉, 음택인 묫자리는 혈처가 좁아서 하나의 선처럼 기운이 좁게 내려오고, 집터인 양택은 혈처가 넓어서 기운이 하나의 면처럼 넓게 내려온다. 선교장 터는 안채를 중심으로 그 전체가 하나의 커다란 혈장(穴場)이다. 특히 안채주옥이 위치한 곳의 땅 기운이 가장 강하다는 말이다. 따라서 선교장에서 땅 기운이 제일 강한 장소는 안채주옥이다.

기쁜 대화의 공간, 열화당

 열화당은 선교장의 남성 주인장이 전용하는 사랑채이다. 1815년에 이내번의 손자 이후가 지었다. 방이 3개이고 6칸의 대청마루와 대청마루보다 높은 4칸의 누마루가 있다. 건물 이름은 중국 도연명의 귀거래사 중에서 '친척들과 정다운 이야기 즐겨 나눈다(悅親戚之情話)'에서 '열(悅)'자와 '화(話)'자를 따서 정하였다. 즉, 열화당은 가족, 친지들과 모여서 즐겁게 이야기를 나누는 집이란 뜻이다.

 또 열화당은 선교장을 방문하는 수많은 손님 중에서 귀한 손님들을 접대하는 장소로도 사용되었다. 주로 학문이 높고 예술적 조예가 깊은 손님은 특별히 열화당에 기거하며 선교장 주인과 즐거운 얘기인

[그림 22] 선교장의 열화당(녹색 차양이 달린 집). 녹색지붕은 러시아 공사관에서 제공한 햇빛 가리개 차양이고 마당에 심어진 나무는 충청도 선비가 보낸 능소화이다.(출처: 한국관광공사)

열화(悅話)를 나누며 교류했다고 한다.

그런데 열화당 앞면에는 한옥에서 보기 힘든 이색적인 설치물이 보인다. 녹색 동판(銅板)으로 된 햇빛 가리개 시설인 차양(遮陽)이다. 조선 말기 러시아 공사관에서 선교장 초청에 대한 답례품이다. 한 국가의 공사가 한양에서 멀리 떨어진 강릉까지 답례품을 보낸 것을 보면 당시 선교장의 위상을 짐작할 수 있다. 열화당은 근래까지도 이씨가의 사랑채 역할을 하였다. 현재는 주기적으로 연주회가 열리는 등 강릉 시민의 문화 공간이 되고 있다.

열화당 마당의 능소화, 타인 배려의 자세

선교장 열화당 마당에는 오래된 능소화가 한그루 있다. 일반적으로 한옥의 마당에는 키 높은 나무나 식물 등을 심지 않는다. 추수철이나 기타 필요한 때에는 마당 공간을 사용해야 하기 때문이다. 또 풍수적으로는 집안에 큰 나무가 있으면 한자 '괴로울 곤(困)'과 같은 형상도 되기 때문이다. 그런데도 열화당 마당에는 능소화가 있다. 지금도 때가 되면 잊지 않고 꽃을 피운다. 그리고 그 꽃나무에 얽힌 사연을 알게 된 방문객은 능소화 피는 시절에 또다시 선교장을 찾게 된다. 선교장에서 관습을 무시하면서까지 열화당 마당에 능소화를 심은 사연은 다음과 같다.

지금으로부터 120여 년전 선교장의 6대 주인 이근우였을 때이다. 멀리 충청도 서해안에 사는 선비가 선교장에 들러서 한동안 묵게 되었는데 그 선비는 고향에 있는 능소화를 예찬하며 선교장에도 능소화를 심고 싶다는 말을 하였다. 그 후 그 선비는 떠나가고 세월이 흐른 후, 선교장은 그러한 일을 까마득히 잊고 있었다. 수년이 흐른 후 그 약속을 잊고 있던 이근우 앞에 서산의 한 사내가 능소화를 지고 나타났다. 그는 능소화를 약속했던 서산 선비의 하인이었다. 주인이 세상을 뜨면서 능소화를 선교장의 주인 이근우에게 전해 달라고 당부한 것이다.

충청도 서산에서 강원도 강릉까지는 직선거리로 약 250㎞이다. 조선 시대에는 아주 먼 길이다. 평균적으로 하루에 20~30㎞를 걷는다고 해도 열흘은 넘게 걸린다. 그런데 선비로부터 능소화 전달의 부탁을 받은 충직한 하인은 도중에 능소화가 행여나 말라죽을까 싶어 물을 뿌려가며 그늘만을 골라 다녔다고 한다. 그리고 마침내 선교장에 능소화를 무사히 전달한 것이다.

능소화를 전달받은 선교장 주인 이근우는 처음에는 능소화를 대문 밖에 심으려고 했다. 그러나 끝까지 신의를 지킨 선비와 능소화 꽃나무를 전달한 사람의 정성을 생각하여 큰 사랑채인 열화당 마당에 심게 했다. 한옥에서 마당이 지니는 기능과 풍수적 금기사항을 무시하고서 말이다. 선교장은 꽃나무 한 그루에도 이처럼 인간적인 사연이 서려 있고 깊은 의미가 담겨있다.

선교장의 화룡점정, 활래정

　활래정(活來亭)은 선교장에 딸린 외별당이다. 활래정은 선교장의 백미이자 선교장에서 제일 운치가 좋은 곳이다. 선교장을 찾은 수많은 시인 묵객들이 시를 읊고 글씨와 그림을 남겼으며, 차를 마시며 풍류를 즐긴 공간이다. 특히, 활래정의 연못과 어우러진 주변 풍경은 문인(文人)들의 예술혼을 자극하여 시와 그림의 소재가 되었다. 선교장은 관동지역의 문화 예술 수준의 격을 크게 고양시켰는데, 그 주된 장소가 활래정이다. 활래정은 선교장의 3대 주인 이후가 열화당을 세운 다음 해인 1816년에 건립되었다. 현재의 건물은 이후의 증손 이근우가 고종 때인 1906년에 중건한 것이다.

　활래정이라는 명칭은 주자의 시에서 가져왔다. 활래정을 처음 지은

[그림 23] 활래정의 여름(출처:게티이미지뱅크)

이후는 중국 송나라의 대학자 주자를 흠모하였다. 그는 주자의 '관서유감(觀書有感:책을 보고 느낀 감정)'이란 시 문구 중 '근원으로부터 끊임없이 내려오는 물이 있구나(爲有源頭活水來)'에서 '활(活)'자와 '래(來)'자를 뽑아서 정자 이름을 활래정(活來亭)이라 지었다. 실제로 활래정 연못에는 백두대간에서 선교장으로 들어오는 산줄기인 태장봉에서 맑은 물이 끊임없이 흘러들어온다. 태장봉에서 선교장까지는 약 4km인데 그 계곡에서 모인 물이 선교장 활래정으로 공급된다.

사람의 얼굴을 보고 그 운명을 판단하는 것을 관상(觀相)이라 한다면 집의 모양을 보고 길흉을 판단하는 것을 가상(家相)이라 한다. 선교장은 처음에 대문 양쪽에 연못을 파기로 했었다. 그러나 그렇게 되면 집의 전체적 모양이 '소리 내어 울 곡(哭)' 자와 비슷한 형상이 되어 불길하다는 이유로 중단하였다. 그래서 동쪽 한 편에만 연못을 조성하였는데 그것이 활래정이다. 그런데 현재 선교장 앞쪽 산 능선 아래에 있는 홍예원 앞에는 작은 직사각형 연못이 있다. 선교장 안내 공식 팸플릿에도 그 작은 연못이 그려져 있으나 언제, 무슨 용도로 조성되었는지에 대해 아무런 설명이 없다.

현재의 활래정은 선교장 왼쪽 산능선이 끝나는 부분에 있다. 전면 돌출된 누마루 부분이 연못 안에 설치된 돌기둥으로 받쳐 놓은 ㄱ자형 건물로서 온돌방과 마루, 다실로 구성되어 있다. 언덕 쪽에는 온돌방을, 연못 쪽에는 누마루를, 그 사이에는 다실을 두어 손님을 접대할 차를 끓인다. 이 공간은 작은 복도로 연결된다. 조선 시대의 차 문화는

[그림 24] 선교장 홍예원 앞 작은 연못

손님 앞에서 차를 끓이는 것이 아니라 별도의 공간에서 차를 끓인 후 손님 앞에 내어놓는 것이라고 한다. 활래정에서 차를 끓이는 다실은 그런 용도에서 생긴 것이다.

활래정에는 벽이 없다. 방의 사면이 모두 문으로만 둘러져 있다. 문을 모두 열어 놓으면 방안 가득히 주변의 자연이 들어온다. 한여름 홍련이 만개하였을 때, 차향을 음미하며 우아하게 피어난 연꽃을 감상하는 조선 시대 선비들의 모습이 저절로 그려진다. 활래정 연못의 홍련이 필 때쯤, 활래정에서 차를 마시는 다도 체험행사는 지금도 진행되고 있다.

활래정 편액

활래정 처마 각 면에는 무려 6개의 편액이 걸려있다. 그중 흰 바탕에 초록색으로 쓴 예서체의 편액이 특히 눈에 띈다.

[그림 25] 해강 김규진이 쓴 활래정 편액

검은색으로 된 다른 글씨와는 달리 이 편액은 우선 글자의 색상이 이채롭고 신선하다. 글자 형태 또한 그 의미를 알고 나면 더 운치가 있다. 특히 활(活)자에서 삼수변의 구성이 창의적이다. 삼수변(氵)을 시냇물이 흘러가는 형상으로 썼다. 크기도 다음 획인 설(舌) 자보다 크게 하여 그 의미를 강조하고 있다. 고여서 썩은 물이 아니라 백두대간 태장봉으로부터 '살아있는 물(活水)'이 끊임없이 흘

[그림 26] 김규진이 금강산 구룡 폭포에 쓴 미륵불 (彌勒佛)(노란 타원)(출처: 오마이뉴스)

러들어온다는 뜻이다. 글자 하나가 활래정의 의미를 함축적으로 나타내고 있다.

이 글씨를 쓴 사람은 해강 김규진(1868~1933)이다. 그는 글씨와 그림에 모두 능하였고 글씨와 관련된 일화도 많다. 그가 1919년에 금강

산 외금강 구룡 폭포의 암벽에 새긴 '미륵불(彌勒佛)'이란 글씨는 여러 모로 유명하다. 크기는 국내 최대 규모이며 마지막 '佛'자의 삐침 획은 자로 잰 것보다도 더 곧고 바르게 내려가고 있다. 그리고 그 획의 길이는 구룡 폭포 깊이인 13m나 된다고 한다.

해강은 그 글씨의 대가로 당시 큰 기와집 세 채 값을 선불로 받았다고 한다. 그는 당시 그렇게 큰 거금을 받고도 게으름을 피우며 그 글씨를 받으러 찾아오는 금강산 신계사 스님의 속을 오랫동안 썩이기도 했다.

예술 작품이 사판기처럼 돈 넣는다고 쑥 나오는게 아니다. 창작의 산고를 겪어야 옥동자가 나오는 법이다. 해강은 그때 창작의 정신적 고통을 겪고 있었을 것이다. 그러다 어느 날 불현듯 180㎝나 되는 큰 붓을 어깨에 묶고 일필휘지로 '彌勒佛' 글자를 거침없이 완성했다고 전한다.

추사와 홍엽산거

글씨를 논할 때 추사를 빼면 핵심이 빠진 것이다. 추사체로 유명한 김정희는 자타가 인정하는 명필가이다. 또한, 그는 진정한 대학자이자 낭만적인 풍류객이기도 하다.

추사는 살면서 즐거운 세 가지 즐거운 낙이 있다고 했다. 즉, 一讀(일독) 二色(이색) 三酒(삼주)가 그것이다. 첫 번째는 독서이다. 이것은 공자의 '배우고 때때로 익히면 또한 즐겁지 아니한가(學而時習之 不亦說乎)'와 맥락이 통한다. 두 번째는 색(色)이다. 이는 보통 '사랑하는 여인과

운우지정(雲雨之情)을 나누는 것', 즉 남녀 간 육체적 관계를 맺는 것을 말한다. 세 번째는 술이다.

집안 살림 거덜 내며 색(色)과 주(酒)만 밝혔다면 뒷골목 불한당에 지나지 않는다. 그런데 추사는 '독서'를 추가하였다. 그것도 최우선 순위에 두었다. 그래서 추사를 진정한 풍류객으로 꼽기도 한다. 추사가 지향하는 바는 책만 읽는 고리타분한 백면서생(白面書生)이 아니다. 그렇다고 먹물이 들지 않은 무식한 술꾼이나 색마는 더더욱 아니다. 그는 풍류를 아는 진정한 선비였다.

이런 추사가 조선 제일의 절경인 금강산과 관동팔경을 놓칠 리 없고 강릉 선교장을 그냥 지나칠 리가 없다. 더구나 추사는 영의정까지 지냈던 절친한 벗인 조인영의 경험담을 듣고 마음이 조급해졌다. 조인영이 선교장을 방문하여 받은 환대 경험담을 추사에게 자랑스럽게 얘기하자 추사도 똑같은 일정으로 선교장을 찾는다. 그리고 이때 추사는 불후의 명작을 또 하나 남긴다.

[그림 27] 선교장 문물관에 있는 추사의 홍엽산거 원판

'紅葉山居(홍엽산거)'!
'붉은 단풍이 깃든 산에 산다'는 의미다. 특히 '山'자와 '居'자가 파격이다. 뫼 산(山) 자를 다른 글자보다 작게 쓰고 위쪽으로 올려 썼다. 거(居)자는 원래의 글자와 다르게 구성했다. 尸변을 반대로 쓴 것이다. 그 이유가 무엇인가?

선교장이 자리한 곳은 동해를 배경으로 하여 안채 뒤로 야트막한 산이 둘러서 있다. 높은 산이 아니라 정겹고 낮은 산이다. 그 야산 산자락에 선교장 집이 있다. 현판에서 뫼 산(山)를 위로 붙여 작게 쓴 이유라고 해석한다. 또 居자의 尸변을 반대로 쓴 것은 두 가지로 해석한다. 산자락 아래의 집 뒤편에 산을 등지고 집을 지으니 당연히 居자의 尸변 방향이 뫼 산(山) 자가 있는 쪽으로 향하게 한 것이다. 즉, 배산임수(背山臨水)에서 산을 등지는 배산(背山)의 의미가 들어있다.

또 하나는 대문을 개방하여 찾아오는 손님들을 활짝 맞이한다는 뜻이다. 집 거(居) 자의 앞쪽에 대문처럼 있는 尸변을 반대로 돌려서 문이 열려있는 느낌을 주려 했다는 것이다. 추사는 현판 글씨로 선교장의 겉으로 드러난 지형과 보이지 않는 내면적인 모습까지 완벽히 표현하였다. 서예(書藝)를 넘어 서도(書道)를 이뤄 무애(無碍)의 경지에 이른 추사의 진면목을 보는 것 같다.

[그림 28] 사방에 문이 있는 활래정

열화당이 다소 폐쇄적 공간으로 늦가을부터 초봄까지 한겨울을 나는 곳이라면 활래정은 사방이 트인 곳으로 한여름을 보내기에 적절한 장소이다. 여름철 활래정에서 사방의 문을 활짝 열면 동해의 시원한 바닷바람이 송림을 거치며 불어온다. 만개한 연꽃향에 취해 세속의 잡사를 잊고 무아지경에 빠져볼 수도 있다. 또 열화당이 주로 가족 간의 정담을 나누는 곳이라면 활래정은 주인과 당대 풍류객들이 고담준론을 논하며 자연의 운치를 즐기던 곳이다. 백두대간의 맑은 물이 활래정으로 쉼 없이 공급되는 것처럼 조선팔도의 시인 묵객들이 선교장으로 줄을 이어 찾았고 활래정에서 조선시대 문화 예술의 꽃을 활짝 피워내었다.

활래정과 연못에 숨은 의미

문화유산에 대한 본질적인 이해는 그 당시 시대적 배경을 기반으로 해당 문화유산 설계자의 관점에서 고찰하는 것이다. 활래정도 마찬가지다. 활래정과 방지(연못)에 녹아있는 배경을 탐구하는 것은 그래서 의미가 깊다. 활래정을 단순히 당시 상류 계층의 여름철 피서용 정자

[그림 29] 선교장 왼쪽 산줄기 끝에 위치한 활래정

나 유희 장소로만 인식하는 것은 수박 겉핥기와 같다. 활래정에는 풍수지리와 관련된 얘기가 숨어 있다.

원래 선교장은 집 앞까지 경포호의 물이 차 있었다. 그래서 선교장 출입은 배를 타야 가능했다. 그런데 선교장에서 이를 매립하여 농지로 만들었다. 그래서 선교장의 왼쪽 산줄기 끝부분에 있던 물이 사라졌다.

풍수지리에서 특정 장소를 기준으로 왼쪽 지형은 청룡을 상징한다. 선교장 왼쪽 산자락 끝에 있던 물이 사라진 것은 청룡 앞에 있던 물이 사라진 것과 같다. 이렇게 되면 선교장의 아들이나 벼슬운[관운]에 부정적 영향을 미치게 된다.

실제 선교장 가족사를 살펴보면 초기인 1~2대 주인까지 선교장의 맏아들과 관련된 좋지 않은 일들이 연속적으로 발생하였다. 선교장 3대 주인 이후는 1816년 선교장 왼쪽 산줄기 끝부분에 새로이 연못을 조성하였다. 연못 조성 이유에 대한 문헌적 기록은 없지만, 풍수적으로 약한 곳을 보완하는 일종의 비보(裨補) 조치였다고 추정한다. 선교장 집터 선정 자체가 풍수와 관련이 있고 당시 풍수는 거의 신앙에 가까울 정도로 사회 저변에 깔려있었기 때문이다.

그런데 이후가 처음 활래정을 지었을 때는 지금의 활래정과는 차이가 있었다. 원래 활래정의 위치는 연못 안의 한가운데 있는 작은 섬 가운데(方島中)에 있었다. 그런데 이후의 증손자인 이근우가 활래정을 중건하면서 현재의 형태로 증축하였다. 그가 직접 쓴 〈활래정 중수기〉

에 의하면 이후 때의 정자는 소박하다 못해 누추했을 정도였다. 이때만 해도 활래정은 연못 가운데 섬에 지은 단칸의 소박한 정자였다. 겨우 한두 사람이 들어갈 정도로 작았고, 널빤지로 다리를 만들어 정자를 오갔다고 한다.

즉, 이후가 처음으로 연못을 파고 정자를 지었을 때, 그 정자는 지금과는 위치가 달랐고, 소박했다. 현재 활래정은 선교장의 왼쪽 산줄기[좌청룡]의 끝에 있다. 규모도 중건 이전에 비하면 훨씬 커졌다. 외형적으로 더욱 번듯한 모습이 되었고 사람들에게도 더욱 편리한 구조로 변경되었다.

그렇지만 중건 이후의 활래정은 풍수지리적으로 좋은 평가를 받지 못한다. 활래정의 정자가 선교장의 왼쪽 산줄기인 좌청룡의 부리를

[그림 30] 활래정과 다리 및 연못 가운데의 섬(방지)

누르고 있는 형세이기 때문이다. 결국, 중건한 활래정은 선교장의 약한 부분인 왼쪽 산줄기, 즉 좌청룡의 기운을 더욱 위축시키는 형태가 되고 말았다. 실제 선교장 측에서도 활래정 중건으로 인해 강릉 전주 이씨의 가세가 이전보다 약해졌다는 생각을 하고 있다고 한다.

그러나 미학적으로 평가하면 활래정은 선교장의 화룡점정(畵龍點睛)이다. 선교장의 풍류는 활래정이 있었기에 더욱 무르익을 수 있었다. 활래정에서 감상하는 자연경관 중 빼어난 10가지를 꼽은 활래정 10경(景)이 그러한 사실을 뒷받침하고 있다.

활래정 10경 중 몇 가지를 보면 다음과 같다. 선교장의 앞쪽에 보이는 상산에서 부는 맑은 바람인 상산청풍(商山淸風), 경포 어부의 피리소리인 경호어적(鏡湖漁笛), 신선이 사는 선교장의 저녁연기인 선교석취(仙橋夕炊), 구름 낀 골짜기에 내리는 저녁비인 운곡모우(雲谷暮雨) 등이다. 직접 눈으로 보지 않아도 활래정에서 보이는 주변 경관이 머릿속으로 상상이 되고도 남는다.

선교장의 긴 행랑채

선교장 행랑채는 강릉을 찾는 손님들과 하인들의 거처이며 선교장의 자급 자족적 기능을 수행하게 하는 곳이기도 하다. 대문을 중심으로 길게 한일자 형태이며 좌우 길이만 해도 60여 미터에 달한다. 총 23칸에 방이 20개이다. 대략 100여 명이 묵을 수 있는 무료 숙박소인 셈이다. 행랑채에는 대문이 두 개 있다. 남성과 손님들이 드나드는 솟

[그림 31] 한일(一) 자 구조로 배치된 선교장의 긴 행랑채

을대문과 여성과 가족 식구들이 출입하는 평대문이다.

또 행랑채는 전주 이씨가(家) 젊은이들이 사용하는 작은 사랑방 역할도 했었다. 열화당에 연결된 3칸은 사랑(작은 사랑)이라고 하여 장남이 거처하였다고 한다.

현재 행랑채는 동별당 앞에서 열화당 앞까지 一 자형으로 남아 있지만, 일제강점기까지도 열화당까지 ㄴ자형으로 연결되어 있었다고 한다. 그래서 선교장 행랑채는 집 둘레를 돌아가며 담장 역할을 하기도 했다. 이것을 바깥 행랑채라 한다.

행랑채에는 곳간 마구간도 있으며 하인들이 살림하는 부엌도 있다. 특히 대문 옆방은 하인들이 사용하였다. 이 밖에도 서당을 비롯하여 옷을 만드는 곳이 있었고, 서화를 표구하는 장인도 상주하였다. 방문객 중에 유명한 사람의 글씨나 그림을 받아 행랑채에서 표구를 하였기 때문이다. 또 환자를 돌보는 의원까지 둘 정도로 모든 일이 행랑채 별도의 공간에서 조달되고 있었다. 행랑채는 선교장이 하나의 독립된 경제단위인 장원(莊園)의 역할을 가능하게 하는 곳이었다.

그런데 선교장 행랑채가 다른 고택과 다르게 유달리 길게 늘어선 것은 무엇 때문인가? 우선 찾아오는 손님이 많아 그들을 수용할 많은 방이 필요했기 때문이라고 볼 수도 있다. 그렇다고 해도 손님을 위해 굳이 안채와 사랑채의 전망을 막는 형태로 긴 행랑채를 지을 필요는 없었을 것이다. 선교장에는 손님 접대용 숙소를 지을 다른 여유 공간이 있었기 때문이다.

선교장 행랑채를 담장처럼 길게 둘러 세워 건축한 것은 풍수적 이유도 있다. 선교장은 넓은 터 전체를 통째로 사용한다. 솟을대문 밖에서 선교장 매표소 출입구까지 평탄한 공간이 활짝 열려있다. 선교장의 긴 행랑채는 그러한 열린 공간으로부터 안채와 사랑채 등을 보호하는 역할을 한다. 풍수적으로 보면 그것은 선교장 안채를 중심으로 뭉쳐진 땅 기운을 잘 보존하려는 의도이다. 또 선교장에서 훤히 트인 남쪽으로는 선교장의 물이 빠져나가는 방향이다. 즉, 선교장의 남쪽은 수구(水口)가 있는 곳이다. 풍수에서 물은 재물이다. 수구가 훤히 보이면 재물이 그대로 빠져나간다고 하여 매우 흉한 것으로 본다. 선교장의 긴 행랑채는 수구를 차폐하는 일종의 가림막 역할도 한다.

동별당, 서별당과 곳간채

안채와 연결된 주인 전용의 별당인 동별당은 이후의 증손인 6대 주인 이근우가 1920년에 건립한 것이다. 선교장에 들어서면 본채 건물 중에서 제일 오른쪽에 있는 가옥이다. 여기에는 현재 후손이 거주하고 있다. 동별당은 솟을대문이 아니라 평대문으로 출입이 가능한 구조이다. 가족들과의 화목을 위한 장소이며 이 집에 찾아오는 친척들과 마주하는 공간이다. 이를 위해 외부와 분리하도록 건축되었다. 집안의 잔치나 손님맞이에 주로 사용되었다. 방과 마루의 모든 벽체가 문으로 되어있어서 활달하고 개방적인 선교장 가족들의 성품과 면모를 보여주고 있다.

[그림 32] 동별당의 오은고택 현판

동별당에는 '鰲隱古宅(오은고택)'이라는 현판이 걸려있다. 한국 근현대 서예사의 최고 대가인 여초 김응현(1927~2007)의 글씨다. 오은고택은 '자라가 엎드려 있는 집'이라는 뜻이다. 세상에 나서지 않고 은둔하며 조용히 살아간다는 의미를 담고 있다.

선교장 서별당은 이내번의 증손인 4대 주인 이용구에 의해 건립되었으나 한국 전쟁 때 소실되었고 현재 건물은 1996년 복원한 것이다. 서별당은 안채와 열화당 사이의 깊숙한 곳에 있어 선교장에서 가장 높은 지대에 있다. 살림을 맏며느리에게 물려준 할머니의 거처로 사용되거나 전주 이씨의 서재와 서고로 사용되었다.

서별당과 접해 있는 연지당(蓮池堂)은 집안 내 홀로된 여인들이 집안 살림을 도우며 거처로 사용하던 곳이다. 마루는 창고로 쓰이기도 하는데 마당은 받재 마당이라 하여 안채로 들이는 곡식이나 금전을 받을 때 사용하였다. 받재 마당은 수확 철인 가을에 선교장에서 가장 붐비는 곳이기도 하다.

중사랑은 사랑채인 열화당의 부속 건물로서 집안의 아들 또는 중간급 이상에 해당하는 손님들이 머물던 곳이다. 곡간채(穀間)는 근래 복원된 것으로 만석꾼 선교장의 식량 저장 창고이다. 선교장이 관할하던 땅은 북쪽으로는 양양, 남쪽으로는 삼척, 서쪽으로는 대관령 너머 평창까지 걸쳐있었다. 이는 당시 선교장에서 관리하던 창고 위치로 짐작할 수 있다. 북쪽의 주문진에 북창(北倉), 남쪽 지역은 동해시와 가까운 옥계에 남창(南倉)을 두었고, 선교장 강릉 인근은 남대천 부근에 '큰 터'라고 하는 창고가 있었다. 즉, 선교장을 중심으로 남, 북 그리고 선교장 인근에 각각 하나씩 큰 곡식 창고가 있었고 선교장에서 직접 필요로 하는 식량은 이곳 선교장 곡간채에 저장하였다.

동진학교와 홍예원

동진학교는 원래 창고로 사용되던 곳을 1908년 개조하여 신학문을 가르치게 되었다. 선교장의 6대 주인이었던 이근우는 국운이 바람

[그림 33] 선교장 후문 근처에 있는 동진학교 터 표지석

앞의 촛불같이 위태로웠던 1908년 사재를 털어 동진학교를 세웠다. 그리고 여운형과 이시영 등 당대 최고의 인사들을 교사로 초빙했다. 학생들에겐 숙식과 교복 등을 모두 무료로 지급했다. 그러나 동진학교는 3년 만에 문을 닫고 만다. 민족의식이 높아지는 것을 우려한 일제가 강제로 폐교했기 때문이다.

홍예원은 선교장에 장기간 머무는 시인 묵객들의 거처로 사용되던 곳이다. 선교장이 이들과 교류하며 작품 활동을 지원하고 문화 예술 정보를 나누던 곳이다. 1815~1830년 지어진 건물로 선교장의 오른쪽 산줄기 3분의 2 정도 지점에 있다. 그런데 홍예원의 위치가 풍수적으로 보면 건물의 용도에 맞게 제자리에 위치하였다. 풍수에서 오른쪽 산줄기, 즉 우백호는 주로 문화, 예술 등과 연관되기 때문이다.

선교장의 손님 접대 기준

  조선 시대 선교장은 풍류객들에게 무료 숙식을 제공하였다. 그렇지만 마냥 무절제하게 베푸는 것은 아니었다. 선의가 지나치면 상대방에게 도덕적 해이를 가져올 수 있기 때문이다. 선교장은 손님을 접대하는 내부적 기준이 있었다. 우선 손님들을 구분하여 잠자리를 배정하였다. 먼저 선교장의 집사가 방문한 손님들과 대화를 나누며 그 사람의 인품과 문화적 소양 정도를 파악한다. 그 후 최상급의 손님은 주인 사랑채인 열화당에 모시고, 중간급의 손님은 중사랑채에, 그리고 평범한 일반 손님은 행랑채에 모셨다.

  열화당에 모시는 최상급의 손님으로는 조선 헌종 때 영의정을 지냈고 문장으로 명성이 드높던 조인영(趙寅永), 독창적인 필체로 이름을 날린 추사 김정희, 당대의 명필로 전국 사찰에 현판 글씨를 남긴 해강 김규진(金圭鎭) 등이 있었다. 그 외 김홍도, 신윤복 등 한양의 화가들도 선교장에서 숙식했을 것으로 추정한다. 인근 오죽헌의 방명록에 김홍도, 신윤복의 이름이 나타나 있기 때문이다.

  그런데 손님 중에는 방 아랫목을 차지한 채 도대체 떠날 줄을 모르고 먹고 놀기만 하는 염치없는 장기 무전취식자들도 있었다. 선교장은 이들에게는 무안하지 않게 간접적으로 의사표시를 하였다. 그 방법은 대략 이러하였다. 조선 시대는 손님 접대 상차림에도 반찬 그릇

놓는 위치가 각기 정해져 있었다. 그래서 이제 그만 떠나줬으면 하는 손님의 밥상을 차릴 때는 그릇의 위치를 바꿔놓는다. 일테면 밥그릇과 국그릇의 위치를 바꾼다거나 간장 종지와 김치 그릇 위치를 바꿔놓는 방식이다. 그러면 상대방도 대충 눈치를 채고 다음 날 길을 떠나 주었다. 그렇지만 선교장은 떠나는 사람에게도 서운하지 않게 적당한 노잣돈과 옷을 한 벌씩 마련해 주었다.

선교장에는 손님 접대용 소반(작은 밥상)이 한때 300여 개가 넘었다. 또 선교장 방명록인 활래간첩이 24권이나 된다. 선교장의 손님 접대 가풍을 가히 짐작할 수 있다. 현재 선교장의 소반은 아주 일부만이 남아 있다. 한국 전쟁 때 미군의 조준 폭격으로 투하된 폭탄 중 한 발이 소반이 보관된 행랑채에 떨어졌다. 이때 행랑채 4칸이 날아가 버렸고 300여 개의 소반도 거의 부서졌다고 한다.

월하문과 길손

현재 선교장 출입문 매표소에서 바로 오른쪽으로 꺾어 걸어가면 작은 문이 하나 나온다. 아담하지만 기품이 있다. 현판에는 남색 바탕에 흰 글씨로 '月下門(월하문)'이라고 쓰여있다. 여기서 활래정을 지나면 솟을대문이 있는 선교장의 행랑채로 통한다.

월하문 양쪽 기둥에는 두 개의 주련이 걸려 있다. 당나라 시인 가도(賈島: 779~843)의 시에서 따왔다고 한다. '새는 못 가의 나무에서 잠자고(鳥宿池邊樹), 스님은 달 아래 문을 두드린다(僧敲月下門)'는 구절에서

[그림 34] 선교장 활래정 아래에 있는 월하문(月下門)

'月下門(월하문)'의 이름을 지었다. 달이 뜨는 늦은 시각이더라도 길손은 주저하지 말고 월하문을 두드려 들어오라는 뜻이다. 선교장의 나눔과 타인 배려의 정신이 스며 있는 곳이나.

선교장 외에도 우리 역사에서 노블레스 오블리주, 즉 사회지도층의 도덕적 의무를 보여주는 사례는 여럿 있다. 전남 구례의 99칸 명문 고택 운조루(雲鳥樓)에는 나무로 만든 큰 뒤주[쌀통]가 있다. 거기에는 '他人能解(타인능해)'라고 쓰여 있다. 운조루 사람이 아니더라도 누구나 쌀 뒤주를 열고 쌀을 가져갈 수 있다는 뜻이다. 쌀을 가져가는 사람의 입장을 배려하여 쌀 뒤주의 위치도 사람 왕래가 적은 곳에 두었다고 한다. 또 12대 300여 년 동안 부를 유지했던 경주 최부자댁의 6가지 가훈 중 하나가 '집에 온 손님을 융숭하게 대접하라'였다. 가진 자의 도덕적 의무와 삶의 여유가 느껴지는 우리 선조들의 자랑스러운 문화이다.

은밀하게 후원한 독립운동

선교장 6번째 주인 이근우는 일제강점기 때 일본이 전국 부자들을 모아 만든 중추원 참의를 맡기도 했다. 이로 인해 일각에서는 선교장을 비판적 시각으로 보기도 한다. 그러나 이근우는 밖으로 중추원 참의를 지냈으나 뒤로는 비밀리에 독립운동자금을 지원했다. 특히 그는 일본의 감시 눈초리를 피하려고 기발한 방법을 생각해낸다. 몰래 사람을 시켜 집안 사당에서 위패를 훔쳐 가게 했다. 위패는 제사를 지낼 때 조상의 혼이 앉는 자리이다. 조선 시대 양반들에겐 가장 소중한 물건이다. 이근우는 이 위패를 되찾는다는 구실로 독립운동 연락책에 돈을 건넸다고 한다.

[그림 35] 독립운동 후원에 대한 감사의 표시인 백범 김구 선생의 친필

또 이근우는 1908년 우리나라 사학의 시초인 동진학교를 세워 운영하였다. 이때 근대 한국 정치의 거물 여운형은 그곳에서 1년간 영어교사를 하기도 했다. 백범 김구(1876~1949) 선생도 독립운동자금을 모으기 위해 선교장을 자주 찾았다. 백범 선생은 광복 후 73세가 되던 1948년에 선교장을 다시 방문하였다. 당시 선교장의 주인이었던 이돈의(李燉儀: 1897~1961) 선생에게 일제강점기에 독립운동가들을 남몰래 물심양면으로 도와준 것에 대한 감사의 뜻으로 휘호를 써서 기증했다. '天君泰然(천군태연: 선비의 의연한 마음가짐)'이 그것이다. 이 글씨

는 1962년 도둑을 맞아 한때 행방을 알 수 없었다가 다시 찾은 것이기도 하다. 현재 선교장 박물관에 전시되어 있다.

서민의 애환을 되새기는 곳, 초정

한국 사회에 서구식 주택인 양옥(洋屋)이 일반화되기 이전, 서민들의 꿈은 장마철에 비가 새는 초가집이 아니라 비바람에도 끄떡없는 기와집을 마련하는 것이었다. 흔히 '고래등 같은 기와집'이라고 말해왔다. 선교장은 만석꾼 지기이다. 당연히 선교장 주인은 고래등 같은 으리으리한 기와집에서 살았을 것이다. 그렇지만 선교장 주인은 가끔 스스로 초가집 생활을 체험하곤 했다. 선교장 열화당 후원에 있는 초정(草亭)이 바로 그곳이다. 명칭에서 알 수 있듯이 지붕이 초가로 되어 있다.

[그림 36] 선교장 초가집인 초정(녹야원)

초정은 열화당 후원에 있는 정자로서 1820년경 건립되었다. 초정 후원에 원추리 군락지가 조성되어 녹야원(麓野苑)이라고도 한다. 원추리는 야생력과 번식력이 강하다. 그러한 속성이 선교장에도 이어지기를 바라는 염원을 담고 있다. 집안에 심는 화초에도 의미를 담아 선별하는 동양적 사고가 여기에도 스며있다.

일각에서는 초정에 대해 경제력 있는 양반 계층의 여름철 피서를 위한 별장이 아니냐고 할지도 모른다. 실제 선교장 주인은 소나무 숲과 주변 원림 속에 자리한 초정에 기거하며 시문을 짓고 독서도 하였다. 그러나 지붕을 굳이 초가로 지었다는 점을 상기하면 거기엔 다른 뜻이 숨어 있다. 즉, 초가에서 생활하는 선교장 소작인들의 애환과 삶을 실제 체험하며 공감하고자 하는 뜻이다. 또한, 평소 검소한 생활을 몸소 실천하며 베풂의 덕을 기르던 장소이기도 하다.

　가진 자가 서민의 삶을 헤아리는 우리의 미풍양속은 강릉 선교장 외 다른 지방에도 있었다. 옛 충청도에선 만석꾼 부잣집이더라도 사랑채나 행랑채는 기와가 아니라 반드시 초가로 지었다. 그 속에서 생활하며 서민들의 삶을 헤아리려는 깊은 뜻이 들어있다. 현재 충주호 건설로 수몰된 지역의 문화재를 이전한 충북 제천의 청풍문화단지에 가면 그러한 실제 가옥을 볼 수 있다.

선교장의 재물관, 나눔과 베풂

　조선은 계급사회였다. 계급사회에서는 하층민들의 불만과 반란이 있기 마련이다. 그런데 강릉 선교장은 그동안 타인에 의한 인위적인 훼손 없이 대를 이어 가옥을 보존해왔다. 여기에는 선교장 주인들의 재물관(財物觀)과 깊은 연관이 있다. 선교장 3대 주인 오은거사 이후는 자식들에게 다음과 같은 유언을 남긴다.

"…무릇 사람들이 재산을 일으키는 데 있어 올바른 도리에 따르면 일어나고, 도리를 거스르면 망한다. 사람이 나눠서 흩어주지 않는다면 반드시 하늘이 흩어버릴 것이고, 하늘이 만약 흩어버린다면 먼저 화(禍)를 내릴 것이니 어찌 삼가지 않을 수 있겠느냐?"

이후의 유지(遺志)에 따라 자손들은 가난한 친족과 이웃들에게 나눔과 베풂의 미덕을 실천하였다. 선교장에서 공짜 밥을 먹으며 머물렀던 사람들의 방명록이 무려 24권이나 된다. 또 '강릉 인심이 후하다'라는 말이 선교장에서 유래되었을 정도이다. 선교장의 재물관을 충분히 짐작하고도 남는다.

또 선교장은 경작지를 남과 북으로 나누어 북쪽에서 생산되는 수확은 북촌에, 남쪽으로부터 들어오는 수확은 남촌에 저장하였다. 이는 흉년이 들어 소작인들이 굶지 않도록 하기 위한 배려였다. 또한, 소작인들이 조정에 내야 하는 세금도 저장고에서 대신 내주기도 했다.

1884년부터 1894년까지 강원도에서는 8개 지역에서 30여 차례의 크고 작은 민란이 발생했다. 해방 직후 강릉에는 좌익과 우익 세력 간의 이념 갈등이 극심했다. 가진 자에 대한 단죄와 처단이 횡행하던 시절이었다. 그러한 혼란과 격동의 시기에도 선교장이 온전할 수 있었던 것은 평소 선교장의 재물관과 장주(莊主)들이 나눔과 베풂의 미덕을 실천한 덕분이었다.

시대를 앞서가는 혁신가 정신

강릉 선교장의 태동은 권씨 부인이다. 권씨 부인은 당시 사회의 부정적 시선을 견뎌내며 여성으로서 염전 사업에 뛰어들었고, 선교장의 종잣돈을 마련하였다. 선교장은 이에 그치지 않고 농사에도 새로운 기법을 과감히 도입하였다. 즉, 당시까지는 대부분이 논에 볍씨를 직접 뿌리는 직파법으로 농사를 지었으나 선교장은 새로운 농법인 이앙법을 시행하였다.

이앙법은 볍씨를 모판에 뿌려서 일정 정도까지 모를 기른 다음, 이를 다시 논에 옮겨 심는 방식이다. 모를 논에 다시 옮겨 심는 것이 흔히 말하는 '모내기'이다. 이렇게 하면 쌀 수확량이 증가하는 장점이 있으나, 이앙 시기에 가뭄이 들면 심은 모가 다 말라서 죽을 위험도 있다. 따라서 이전의 직파법이 저위험 저수익인 데 비해, 이앙법은 고위험이나 고수익성이 있는 농법이다. 현재 우리 농촌에서 벼농사는 모두 이앙법으로 하고 있다.

경제학적 관점에서 보면 선교장은 슘페터(J, A. Schumpeter: 1883~1950)가 주장한 '창조적 파괴'에 의한 '기업가 정신'을 실천하였다. 이러한 기업가 정신으로 선교장은 개간 사업도 하였다. 염전 사업으로 축적한 부(富)로 새로운 농토를 개간하였다. 곤궁한 처지에 있는 다른 사람의 농지를 헐값으로 사들이지 않았다. 그 대신 선교장은 경포호 주변의 뻘을 논밭으로 만드는 공사를 하여 땅을 늘렸다. 여기에는 새로 개간한 땅은 세금이 면제되는 이점도 있었지만, 지역사회의 새로운 농지를 마련하여 지역사회 전체의 부를 증대시키려는 깊은 뜻이 숨어 있었다.

통천댁과 만인솔, 그리고 오은거사의 좌우명

이내번의 9세손 이봉구(1802~1868)가 통천(금강산 일대) 군수를 지낼 때 가뭄으로 극심한 흉년이 들었고 통천 백성들이 큰 고통을 겪게 되었다. 이에 이봉구는 선교장의 쌀 수천 석을 풀어 통천 군민들에게 무료로 나누어 주었다. 자기의 개인 재산을 털어 자기 관할지역 군민의 배고픔을 해결한 것이다. 그때 이후 사람들은 선교장을 통천댁으로 불렀고 통천 댁은 나눔과 베풂의 대명사가 되었다.

위계질서가 분명한 조선 사회에서 선교장은 소통의 경영철학이 있었다. 만석꾼 대지주로서 소작인들의 고통을 체험하기 위해 선교장 초정에서 기거하기도 했다. 또 수확 철에는 소작인 대회도 개최하여 그들의 소리를 듣고 그간의 노고에 대해 위로도 하였다. 그러한 증거 중의 하나가 만인솔(萬人傘)이다. 지금은 사라졌지만, 근래까지도 선교장에는 옥양목으로 만든 만인솔이라는 우산이 있었다. 선교장 소작인 일만 명이 일일이 서명을 해서 만든 우산이어서 만인솔이라 하였다.

또 오은거사 이후는 "평생에 눈썹 찌푸리는 일을 하지 않으면 세상에서 응당 이빨을 가는 사람이 없을 것이다(平生不作嚬眉事 世間應無切齒人)"는 구절을 좌우명으로 삼았고 이를 두 아들에게 늘 일깨워 주었다.

선교장의 노블레스 오블리주

노블레스 오블리주는 사회지도층에게 요구되는 높은 도덕성이다. 강원도는 큰 평야가 드물고 산이 대부분이다. 그러한 강원도에서 만석꾼을 유지한 선교장의 비결은 다름 아닌 노블레스 오블리주 정신 덕분이다. 선교장은 조선 시대 양반으로서의 사회적 책무를 충실히 이행했다. 대궐 밖 조선의 제일 큰집으로서 손님 접대에 소홀함이 없었고 만석꾼 대부호임에도 항상 겸손하였다. 소작인들의 고통을 생각하며 그들을 배려하는 상생의 원칙을 지켰다.

조선 시대 금강산과 관동팔경 유람을 하는 풍류객들은 반드시 선교장을 거쳐서 갔고 선교장은 이들에게 격에 맞는 적절한 대접을 하였다. 그리고 그들은 수많은 글과 그림으로 선교장에 답례하였다. 자연스럽게 선교장을 중심으로 문화 예술이 꽃을 피웠다. 조선 시대 선교장은 관동지역 나아가 조선의 문화 예술의 꽃을 피우는 구심처 역할을 하였다 해도 과언이 아니다.

선교장은 조선 시대의 대저택이다. 조선 사회는 유교 사회. 그러나 그 당시 양반들에게도 풍수가 널리 퍼져 있었다. 조선 시대는 주유야풍(晝儒夜風), 즉 낮에는 유학 공부를 하고 밤에는 풍수 공부를 한다는 말이 공공연하게 나돌았다. 표면적으로는 유학을 내세우지만 보이지 않는 곳에서는 풍수를 공부하고 활용하였다는 말이다.

선교장은 족제비가 인도하여 터를 잡았고 지관에게 집터의 적합성 여부를 재확인하였다. 즉, 선교장은 풍수적인 원리로 건축된 것이다.

선교장은 현존 대한민국의 최고, 최대의 전통 한옥이며 국보급 문화재이다. 이러한 선교장에 대한 올바른 이해를 위해서는 무엇보다 조선 시대의 시각에서 살펴야 한다. 그것은 바로 풍수적 원리로 바라보는 것이다. 풍수는 우리의 전통적인 공간 인식 체계이다. 서구 학문으로 전통문화에 대한 현대적인 재해석은 그다음의 과제이다. 강릉 선교장에 숨은 풍수적 코드를 찾아내는 것은 그런 면에서 의미가 깊다고 하겠다.

선교장의 사계

강릉이 '사계(四季)의 고을'이라면 선교장은 '사계의 장원(莊園)'이다.[3] 활래정 앞 논에 해빙의 물이 일렁이고, 봄바람이 물 위를 쓰다듬으면 선교장의 봄은 시작된다. 이때쯤이면 안채주옥 뒤 대밭에 죽순이 움트고, 선비의 꽃 매화가 그 고고한 자태를 드러내기 시작하며 활래정 연못에는 연잎이 솟는다.

선교장 여름은 뒤 솔밭으로부터 온다. 짙은 녹음을 이루는 고송, 고목 속에 깃든 온갖 새들의 울음소리, 매미 소리로 여름은 짙어간다. 여름은 활래정이 제철을 맞은 시기이다. 활래정 연못엔 연꽃 봉우리가 솟고 발그레한 홍연의 봉우리가 터지면 이에 영감을 받은 시인 묵객들의 명작이 탄생한다.

---

[3] 이하의 글은 선교장 홈페이지를 참조하여 재구성하였다.

[그림 37] 선교장 활래정과 여름(출처: 전북 중앙)

　남으로 내달리는 백두대간이 멀리서 붉게 타오르면 선교장의 가을이 시작된다. 가을은 풍요의 계절이다. 만석꾼 지기답게 선교장의 가을은 수확의 기쁨으로 와자지껄하고 모두가 풍성해진다. 주렁주렁 달린 감이 빨갛게 익어가고 성격 급한 밤송이는 툭툭 소리를 내며 떨어지며 탐스러운 밤톨을 보여준다. 감나무에 까치밥이 남겨지고 떨어진 밤톨은 줍는 자가 임자다. 그것이 강릉의 인심이고 선교장의 가을이다.

　강릉의 겨울은 그리 춥지 않다. 그 대신에 강릉은 눈의 고장이다. 눈 덮인 수백 년 노송(老松), 그 위로 날아드는 학, 백설로 덮인 선교장 모습은 그야말로 신선이 사는 선경(仙境)이다. 선교장 솟을대문에 걸려 있는 '仙嶠幽居(선교유거)'란 현판은 함박눈이 펑펑 내리는 설경(雪景)일

때 더욱 빛을 발한다. 선교장의 사계를 모두 체험한 자는 진정한 낭만 풍류객이라 할 수 있으리라.

대관령 너머엔 강릉이 있고, 강릉엔 관동 문화·예술의 산실 선교장이 있다. 고색창연한 한옥 뒤로 수백 년 된 금강송 군락이 수호신처럼 서 있고, 그 너머엔 동해의 푸른 물결이 일렁이고 있다. 집 앞 활래정에 들면 그윽한 홍연향이 밀려들고 저 멀리 백두대간은 그 장엄한 한 줄기를 선교장으로 내려보낸다. 그 줄기 끝자락에 선교장이 있다.

강릉 선교장, 그곳에 살고지고!

CHAPTER
02

종가의 향기
양동마을 서백당과 향단

경상북도 경주시 강동면 양동리에 있는 양동(良洞)마을은 중요 민속자료 제189호로 경주시에서 동북 방향으로 20km쯤 떨어진 자리에 있다.

양동마을 전경. (사진 출처: 나무 위키)

1. 양동마을 개관

양동마을 형성 과정

경상북도 경주시 강동면 양동리에 있는 양동(良洞)마을은 중요 민속자료 제189호로 경주시에서 동북 방향으로 20km쯤 떨어진 자리에 있다. 양동마을의 고대 이름은 양좌동(良佐洞)이었다.[4]

이 마을은 조선시대 초기 손소(孫昭:1433~1484)가 입향조(入鄕祖)이다.[5] 그는 1459년 문과에 급제하였고, 1467년 함경도 '이시애의 난' 평정에 공을 세워 공신이 되었다. 공신으로 책봉되면서 100결의 땅을 국가로부터 받았다. 땅 1결은 8천 평쯤 되므로 80만 평의 땅을 받은 셈이다. 그는 뒤에 성주목사, 안동부사, 진주목사를 거쳐 지금으로부터 520여 년 전에 양동마을에 들어오게 된다. 그는 장인인 유복하의 상속자로 양동마을에 들어와서 지금의 월성손씨 종가를 이루었다. 조선 전기까지는 혼인 후 남자가 여자 집에서 사는 풍습, 즉 '장가(丈家) 든다'는 것이 일반적 결혼 풍속이었다. 그래서 손소는 결혼 후 부인 유씨 집인 양동마을로 들어와 살게 된 것이다.

양동마을은 손소가 양동마을에 처음 입향한 이후 지금까지 월성손

---

[4] 권용옥, 「晦齋 李彦迪과 良洞마을」, 『유학연구』 제26집, 충남대학교 유학연구소, 2012. 2면.
[5] 입향조란 어떤 마을에 맨 처음 들어와 터를 잡은 사람 또는 그 조상을 말한다. 양동마을의 입향조에 대해서는 신라시대 아산장씨(牙山蔣氏)가 처음으로 이 마을에 들어와 5~6호의 작은 마을을 형성하였고, 그때부터 양좌촌(良佐村)이라 부르게 되었는데 이를 입향조로 보기도 한다. 그러나 근거가 분명한 입향조는 손소로 본다.

씨와 여강이씨가 양대 문벌을 이루어 살아온 동족 집단 마을이다. 먼저 입향한 월성손씨는 여강이씨의 외가이다. 손·이 양씨는 지금까지도 서로 간의 혼인으로 인척 관계를 유지하며 마을의 크고 작은 일들을 함께하고 있다. 양동마을은 손소의 둘째 아들인 손중돈(1463~1529)과 그의 외조카인 이언적(1491~1553)이 태어나면서 번성하기 시작하였다.

양동마을은 북쪽에서 설창산이 내려오고 마을의 서쪽에는 안강평야가 넓게 펼쳐져 있다. 마을 주산(主山)인 설창산에서 네 줄기로 갈라진 능선을 따라 160여 호의 전통 가옥이 자리하고 있다. 양반 가옥은 주로 높은 지대인 네 줄기 능선에 위치하고, 하인들의 주택은 네 줄기 능선의 아래나 골짜기에 있다.

이곳은 마을 전체가 문화재로 지정되었다. 뿐만 아니라 마을에는 국보 1점(통감속편), 보물 4점(무첨당, 향단, 관가정, 손소 영정), 서백당, 수졸당, 강학당 등 중요민속자료 12점, 경상북도 지정문화재 8점 등이 보존되어 있다.

양동마을은 1992년 영국의 찰스 황태자가 방문했으며 현재 조선시대 상류 주택을 포함해 54호의 고와가(古瓦家)와 이를 에워싸고 있는 110여 호의 초가가 있다. 양동마을은 옛 전통문화와 자연경관을 그대로 보존하며 잘 간직하고 있으며 2010년 세계문화유산에 등재되었다. 특히 2013년 유네스코가 선정한 세계 160여 나라 전체 981점의 세계유산 중 26개 최고 모범사례 가운데 하나로 선정되는 영광을 안았다.

세 명의 성현이 태어나는 곳

양동마을은 세 명의 성현이 탄생하는 삼현출생지지(三賢出生之地)로 알려져 왔다. 실제로 지금까지 두 분의 걸출한 인물이 배출되었다. 그 외에도 이 마을은 문과 31명을 포함해 과거 급제자가 총 116명에 달하며 이 밖에도 수많은 학자와 명장, 독립운동가들을 배출하였다.

양동마을이 배출한 두 명의 성현은 조선 중기에 활동한 우재 손중돈(孫仲暾:1463~1529) 선생과 문묘에 배향된 회재 이언적(李彦迪:1491~1553) 선생이다. 손중돈은 동방 18현에 속하며 훗날 태어나는 이언적의 외삼촌이다. 벼슬은 정2품 우참찬과 이조판서를 지냈으며 도승지를 세 번, 대사헌을 네 번이나 지냈다. 중종 때 청백리에 녹선(錄選)되기도 했다.

손중돈의 조카인 이언적은 10세 때 아버지를 여의고 외삼촌인 우재 손중돈의 보살핌을 받았으며 어려서부터 외삼촌 손중돈에게 성리학을 배웠다. 그의 원래 이름은 '적(迪)'이었으나 훗날 중종으로부터 '선비 언(彦)'자를 하사받아 '이언적'이 되었다. 그는 조선 최초의 철학적 논쟁인 태극논쟁(太極論爭)을 벌여 조선 성리학을 정립하였으며 이를 퇴계 이황이 계승하여 영남학파의 기틀이 되었다. 후일 이언적은 동방 5현(東方五賢)[6]에 배속되었다. 벼슬이 종1품 좌찬성까지 올랐으며 사후 선조로부터 영의정으로 추증되었고 종묘에 배향되는 공신이

---

[6] 조선의 대표적 성리학자인 김굉필, 정여창, 조광조, 이언적, 이황 등 5명을 일컫는다.

되었다.

손중돈과 외조카 이언적, 두 분은 같은 시대, 같은 마을, 같은 방에서 출생하였다. 두 분이 태어난 곳이 바로 양동마을 월성손씨 종가댁인 송첨종택(松簷宗宅) 서백당(書百堂)이다. 이를 두고 세간에서는 이 마을의 풍수지리적 조건이 좋고 서백당 자리가 풍수적으로 명당이기 때문이라고 한다. 이후 서백당은 양동마을을 대표하는 장소로 인식되어 많은 관람객의 사랑을 받고 있으며 특히 풍수지리와 우리 전통문화에 관심이 있는 사람들의 필수 탐방코스가 되고 있다.

양동마을의 지리

양동마을은 조선 시대부터 영남의 4대 길지 혹은 삼남(三南)인 충청, 전라, 경상도의 4대 길지[7]로 널리 알려져 왔다. 양동마을은 우선 먹고사는 문제인 식량 걱정이 없다. 양동마을의 서쪽에는 너른 안강평야가 있다. 양동마을의 '관가정(觀稼亭)'은 안강평야의 '곡식들을 바라본다.'는 의미를 담고 있다. 관가정에 서면 안강평야가 한눈에 들어온다.

또 양동마을의 네 골짜기에서 나온 물은 마을 한가운데를 동쪽에서 서쪽으로 지나가는 양동천(良洞川)이 된다. 이 양동천은 동네 어귀에서 마을의 오른쪽 산줄기인 백호 자락을 감싸며 흐르는 안락천(安樂川)

---

[7] 영남의 4대 길지는 안동 도산의 토계 부근, 안동 하회마을, 봉화 닭실마을, 양동마을이고 삼남의 4대 길지로는 하회마을, 봉화 닭실마을, 안동 내앞마을, 경주 양동마을을 꼽는다.

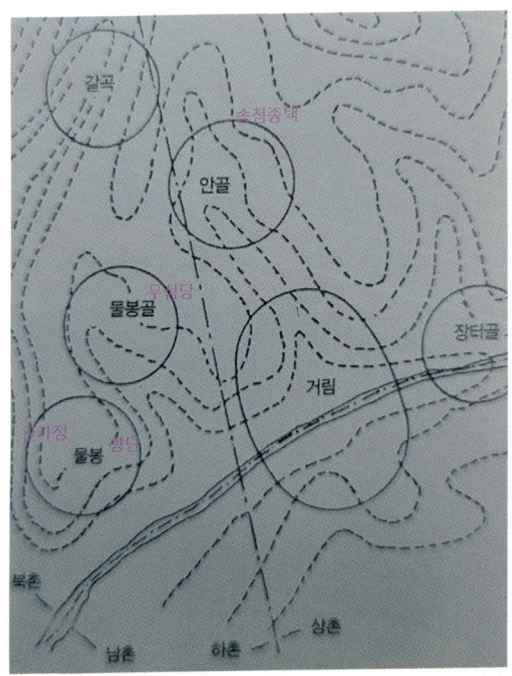

[그림 39] 양동마을 지세도(출처: 김봉렬, 『한국건축이야기』, 돌베개, 2022, 270면.)

과 합수한다. 그리고 양동마을 앞쪽인 남쪽에서는 멀리 경주 시내를 거쳐 온 형산강이 마을 방향으로 흘러오다가 마을 가까이에서 안락천과 합수한다. 그런데 안락천은 북쪽에서 남쪽으로 흐르고 형산강은 남쪽에서 북쪽으로 흘러온다. 즉, 형산강과 안락천은 역수(逆水)의 형태를 이룬다. 풍수지리에서는 역수 형태를 이루는 물줄기를 부(富)의 원천으로 본다. 형산강과 합수된 물은 동해로 들어간다.

강의 밑바닥이 높아져 배가 다닐 수 없는 요즘과는 달리 옛날에는 동해에서 형산강을 통하여 양동마을 인근까지 배가 드나들었다고 한다. 따라서 양동마을은 교통이 불편한 시대에도 배를 통한 물자 이동이 쉬웠고 동해의 싱싱한 해산물을 구하기도 쉬웠다.

풍요로운 주거 환경 외에도 양동마을은 훌륭한 인재가 많이 배출되는 곳이기도 하다. 사실 양동마을이 널리 알려진 것은 단순히 의식주 문제가 해결된 마을이라서가 아니다. 양동마을은 훌륭한 인재가 많이 배출되는 곳으로 더 유명하다. 그 요인에 대해 세상 사람들은 양동마을의 지형적인 요인, 즉 풍수지리적 요인을 들기도 한다.

양동마을과 성주봉

양동마을의 주산(主山)은 마을의 북쪽에 있는 설창산(雪倉山)이다. 거기서 뻗어 나온 왼쪽 산줄기인 좌청룡(左靑龍)이 마을 앞을 감돌아 성주봉과 방간산을 만든다. 마을 앞쪽에 있는 성주봉(聖主峰)은 양동마을의 최고 인기 봉우리이다. 성주봉은 좌우가 완벽하게 균형이 잡힌 부드러운 삼각형 모습이다. 이러한 형태의 봉우리를 필봉(筆峰) 혹은 문필봉(文筆峰)이라 한다. 문필봉은 산봉우리가 붓끝을 닮은 모양이다. 풍수에서는 이 문필봉이 있으면 문장가나 대학자가 출현한다고 본다.

양동마을의 집들은 지형적으로 불가피한 경우를 제외하고는 모두가 성주봉이 잘 보이도록 집의 방향을 정하고 있다. 양동마을의 대표적인 양반 가옥인 서백당, 향단, 관가정, 무첨당 등은 모두 이 성주봉이 반듯하게 잘 보이는 위치에 자리를 잡고 있다. 심지어 '대성헌(對聖軒)'[8]은 명칭조차 앞쪽의 빼어난 산봉우리인 '성주봉(聖主峰)과 마주하고 있다'는 뜻을 지니고 있다.

---

8) 순조 때 문과에 급제한 이재직(1805-1837)의 셋째 아들 이능단(1833-1912)이 결혼하여 분가하면서 무첨당 인근에 지은 집이다.

[그림 40] 왼쪽 위로부터 시계방향으로 서백당, 향단, 무첨당, 관가정에서 보이는 성주봉

물(勿)자형 마을 지형[9]

산천의 형세를 사물이나 사람, 동물, 문자 등의 형상에 비유하여 그 길흉을 판단하는 것이 풍수의 물형론(物形論)이다. 양동마을은 마을의 전체 지형이 한자 '勿(물)'자와 닮았다. 마을의 주산(主山)인 설창산에서 내려오는 산줄기가 크게 4갈래로 갈라져 '勿'자 모양을 하고 있다. 그 주요 산능선마다 양동마을 양반댁이 들어서 있다.

'勿'자 획순으로 볼 때, 제1획 중간 등성이에 있는 기와집이 향단(香壇)이고 그 바깥쪽 끝자락이 관가정(觀稼亭)이다. 가장 긴 2획은 마을의

---

9) 勿자형 양동마을에서 관가정, 향단, 무첨당, 서백당의 위치가 勿자의 어느 획에 해당하는지에 대해서는 견해가 조금씩 다르다.

왼쪽을 감싸는 산 능선인 좌청룡이 되고 이 산줄기가 마을 앞쪽으로까지 와서 마을의 앞에 있는 안산(案山)이 된다. 즉, 제2획의 산줄기가 마을 앞쪽의 성주봉과 방간산까지 이어져 마을 앞을 감고 있는 형세이다. 제2획이 시작하는 곳에서 내려온 제3획 능선에는 여강이씨 대종가인 무첨당(無添堂)이 있다. 위치상으로 보면 양동마을의 거의 가운데에 해당하는 곳이다. 그리고 '勿'자의 어깨 부분에서 내려온 제4획에 해당하는 곳에 송첨종택이 있다. 송첨종택 사랑채의 당호가 서백당이다. 서백당은 양동마을을 대표하는 상징적 존재와 같은 곳이다. 송첨종택 서백당의 산실에서 두 명의 성현이 탄생했기 때문이다.

외손이 마을

양동마을의 특징 중의 하나는 시집간 딸의 후손, 즉 외손(外孫)이 아들 자손인 친손(親孫)보다 더 발복(發福)을 많이 받는다는 점이다. 그래서 양동마을은 예로부터 '외손이 마을'이라 불렸다. 고려 시대에는 오태사(吳太師)에서 장태사(蔣太師)로 이어졌고, 조선 시대에는 유복하(손소의 장인)에서 손소(손중돈의 부친)로, 다시 이번(손소의 사위)으로 계속해서 외손 쪽으로 계승됐다.

양동마을이 이렇게 외손 쪽이 더 발복하는 원인은 무엇인가? 이에 대한 체계적이고 학문적인 연구 결과는 아직 없다. 추정컨대 결혼을 하면 남자가 여자 집으로 들어가서 생활하는 당시의 혼인 풍속의 영향도 있는 것 같다. 그러나 이것만으로는 설명이 충분하지 않다. 당시

[그림 41] 양동마을과 勿자 형상(출처: 경북 일보)

결혼 풍속은 조선팔도가 비슷했지만 다른 지방에서는 양동마을처럼 외손 발복이 많지 않았기 때문이다.

  이에 대해 풍수적 관점에서는 다음과 같이 풀이하고 있다. 첫째 마을의 주산인 설창산이 내려와 마을을 중심으로 왼쪽과 오른쪽으로 산줄기를 내려보내고 있다. 그런데 양동마을은 마을 왼쪽으로 내려가는 산줄기보다 마을 오른쪽으로 내려가는 산줄기가 훨씬 더 많고 두텁다. 양동마을의 형상을 '勿'자형으로 보고 중심점을 무첨당이나 서백당이 있는 안골을 중심으로 보면 마을 중심의 오른쪽으로 두 개 내지 세 개의 산줄기가 감싸고 내려간다. 풍수에서는 어떤 장소의 중심을 기준으로 오른쪽 지형이 더 발달하면 여성 쪽이 더 발복을 받는다고 본다. 양동마을 송첨종택 서백당을 기준으로 보면 서백당의 오른쪽으

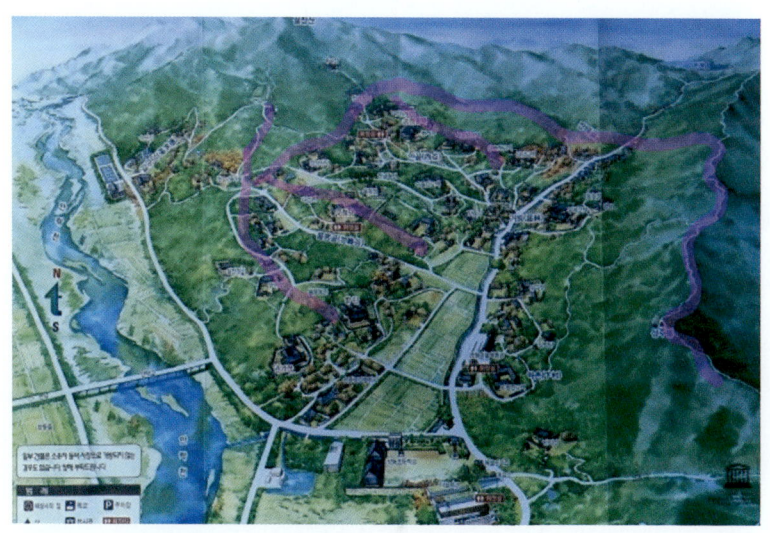

[그림 42] 양동마을 안내도와 勿자 형국(출처: 경주시 페이스북에 필자 추가 작도)

로 '勿'자형의 산줄기 두 개(혹은 세 개)가 앞을 감싸며 지나간다.

둘째, 방향으로 볼 때 양동마을에서 손방(巽方: 동남쪽)에 좋은 봉우리가 있다. 주역(周易)에서 손방인 동남쪽은 장녀를 의미한다. 그런데 양동마을의 동남쪽엔 성주봉이 있다. 성주봉은 양동마을의 산봉우리 가운데 가장 수려하고 인기가 많은 봉우리이다. 장녀를 상징하는 방향에 양동마을에서 가장 수려한 봉우리가 있으니, 여성 쪽에 발복이 크다고 본다. 그래서 친가보다 시집간 딸의 자손, 즉 외가의 후손들이 더 번창한다는 주장이다.

양동마을의 입지 조건과 풍수

양동마을의 입지 조건은 특이하다. 풍수적인 관점에서 살기 좋은 곳은 산진수회처(山盡水回處)이다. 즉, 산줄기가 끝나고 물이 감싸 안고 돌아나가는 곳이다. 그런데 양동마을의 종갓집이나 양반댁은 산이 끝난 평지가 아니라 산줄기 위인 산 능선 위에 자리를 잡고 있다.

양동마을의 주택 분포를 보면 제일 고도가 높은 산 능선에는 종갓집들이 자리를 잡고, 그 아래에는 방계 후손들이, 그리고 하인들의 집은 산 능선 아래 골진 부분에 있다. 이를 두고 조선 시대의 유교적 질서인 상하 관념이 반영된 것이라고 보기도 한다. 또 종갓집들이 사방 주변 산들의 중심점에 위치한 것을 유교적 종손 중심주의[宗法制]에 따른 결과로 해석하기도 한다.

그런데 사람의 집터가 산 능선 위에 있다면 바람에 취약하고 특히 식수 문제를 해결하는 게 어렵다. 양동마을 양반댁들이 생활의 불편을 감수하면서도 산 능선에 자리를 잡은 이유는 무엇인가? 유교적 위계질서 외의 다른 요인으로는 이에 대한 설명이 되지 않는 것인가?

조선의 국시(國是)는 억불숭유(抑佛崇儒)이다. 조선왕조의 공식적인 이념은 불교를 억압하고 유교를 숭상하는 것이다. 유교인 성리학 이외의 학문은 이단시되고 금기되었다. 그러나 실제 민간에는 풍수지리가 사회 전반에 널리 퍼져 있었다. 겉으로는 성리학을 공부하고 따르면서도 뒤로는 보이지 않게 풍수를 신봉하고 있었다. 그래서 낮에는 유학을, 밤에는 풍수를 공부한다는 주유야풍(晝儒夜風)이란 말이 나왔다. 심지어 조선 시대는 산송(山訟)이 70%였다. 산송은 조상 묫자리로 관가에 소송을 걸어 다툼을 벌이는 것이다. 그만큼 명당에 집착하고 풍수를 신봉하였다는 말이다. 따라서 양동마을의 입지 조건과 양반댁들이 산 능선에 자리를 잡은 이유도 풍수지리적 측면에서 설명할 수 있다.

풍수지리적인 관점에서 보면 양동마을은 마을의 앞에 있는 안산(案山)인 성주봉이 비교적 높은 편이다. 특정 터에서 바라볼 때 적당한 안산의 높이는 사람의 눈썹 아래에서 가슴께까지이다. 안산이 너무 높으면 안산의 높이에 눌려 압도당하고, 안산이 너무 낮으면 앞쪽에서 불어오는 바람을 갈무리하는 장풍(藏風)에 불리하다. 그래서 안산이 높은 곳이면 좋은 자리, 즉 풍수적 명당도 역시 높은 곳에 있다. 따라서 안산의 높이로 보면 양동마을의 산 능선에 있는 양반댁들이 능선 아래 골짜기에 자리를 잡은 초가집들보다 훨씬 좋은 자리이다.

실제 바람의 영향을 살펴보면 양동마을 양반댁들은 바람의 영향을 거의 받지 않는다. 마을 북쪽에는 마을에서 제일 높은 설창산이 겨울철 북풍을 막아준다. 마을 왼쪽으로는 설창산의 줄기가 마을을 둥글게 감싸면서 내려오고 이 산줄기가 마을 앞쪽까지 내려와 안산인 성주봉과 방간산을 만든다. 다만 마을의 제일 오른쪽 산 능선에 위치한 관가정과 향단은 안강평야에서 불어오는 바람의 영향을 일정 부분 받을 수 있다.

바람은 산곡(山谷)에 부는 골짜기 바람이 무섭다. 너른 평야에서 부는 바람은 사방으로 흩어져 버리므로 크게 영향을 주지 못한다. 그래서 평지에서는 바람에 대한 대비보다 득수(得水), 즉 물을 얻는 것이 더 중요하다고 본다. 반대로 산골에서는 득수보다 장풍, 즉 바람을 잘 피하고 갈무리하는 것이 중요하다. 예로부터 산골에서는 바람 피하는 것을 도적 피하듯이 하라고 했다.

그런데 양동마을 양반댁들은 식수 해결에는 어려움이 있다. 대부분 산 능선에 가옥이 있어서 집안에 우물이 있을 위치가 아니다. 더구나 양동마을은 마을 형상을 배가 가는 행주형(行舟形)으로 보고 마을에 우물을 함부로 파는 것을 금기시했다.

실제 답사로 확인한 결과 마을 우물은 무첨당 아래 골에 자리한 두 곳 정도였다. 그 외 몇 군데 더 있을 수도 있겠으나 우물이 다른 동네에 비해 흔치 않은 것은 분명하다. 그래서 양동마을 양반댁들의 하인이나 여인네들은 물동이를 이고 지는 육체적 노동을 더 심하게 하였을 것이다. 그러나 당시 조선 사회는 신분제 사회다. 이는 큰 시대적 흐름 속에서 살아가야 하는 자들의 운명이었고 그에 따른 차별과 불평등은 시대적 한계이다.

양동마을의 물흐름

풍수에서는 '물을 얻는 득수(得水)가 우선이고 바람을 갈무리하는 장풍(藏風)은 그 다음(得水爲上 藏風次之)'이다. 인간이 거주하며 생활하는 데는 그만큼 물이 중요하다는 의미이다. 또 산은 인물을 주관하고, 물은 재물을 주관한다(山管人丁 水管財物). 양동마을 주변의 물줄기는 양동마을의 부(富)와 관련된다.

양동마을의 안쪽을 흐르는 내수(內水)는 마을 앞쪽을 동에서 서로 흐르는 양동천이다. 안골과 물봉골 등 마을의 여러 골짜기에서 흘러내린 실개천이 양동천으로 모인다. 그런 다음 양동초등학교 부근에 있는 수구(水口)를 거쳐 안락천[기계천]과 합류한다. 안락천은 양동마을 오른쪽을 북에서 남으로 흘러서 관가정 오른쪽 모퉁이 부근을 지나 흐르는 하천이다.

양동마을의 외수(外水)는 안락천을 비롯해 크게 보면 형산강과 칠평천도 포함된다. 우선 양동마을 입구 근처에서 양동천과 안락천이 합수(合水)한다. 이 물이 칠평천이 더해진 형산강과 마을 앞쪽 인근에서 또 합쳐진다. 즉, 양동마을 앞쪽 인근에서 네 개의 물줄기가 합쳐지는데 그것이 형산강이다. 이 하천의 물들이 양동마을의 부(富)를 보장해

[그림 43] 양동마을 물흐름도

주는 큰 요인이다. 물이 모이면 재물이 모이는데, 네 줄기의 하천이 양동마을 앞쪽 인근에서 하나로 모이기 때문이다.

양동마을의 부(富)와 관련된 요인으로 여러 물길이 모이는 곳이란 점 외에 조수(朝水)가 있다. 조수란 특정 장소를 기준으로 볼 때 앞에서 다가오는 물이다. 형산강은 양동마을의 조수이다. 칠평천과 합쳐진 형산강이 양동마을을 향해 흘러오다가 마을 입구의 방간산에서 방향을 틀어 동해로 향해 간다. 풍수에서 물은 재물을 의미한다. 그러므로 앞에서 다가오는 물은 재물이 굴러들어오는 것과 같다.

실제 양동마을의 서편에는 넓은 안강평야가 펼쳐져 있다. 양동마을은 식량 걱정은 할 필요가 없다. 또한, 해물 반찬거리도 풍부하다. 옛날에는 형산강을 통해 포항 쪽의 고깃배들이 양동마을까지 일상 내왕하였다고 한다. 물자 이동이 어려웠던 시절에도 양동마을은 해산물의 공급도 풍족하게 이루어졌었다.

양동마을의 비보

비보(裨補)란 특정 장소의 지리적 결함을 인위적으로 보완하는 것이다. 양동마을은 마을의 물이 빠져나가는 동네 입구가 넓은 편이다. 풍수에서 물이 마지막으로 빠져나가는 곳을 수구(水口)라고 하는데 수구가 꽉 닫혀 있지 못한 형상은 매우 좋지 않다. 양동마을은 그런 측면에서 수구를 보완해야 할 필요가 있다. 현재 양동초등학교 뒤에는 큰 고목의 흔적이 있다. 숲이 사라진 흔적이다. 예전에 양동마을은 그 주변

[그림 44] 관가정과 양동초등학교 및 마을 입구 수구막이숲 흔적(출처: 경북일보에 필자 추가 작도)

에 나무를 심어 숲을 조성하였다. 마을의 넓은 수구를 나무를 심어 보완한 것이다. 이렇게 조성된 숲을 '수구막이숲'이라 한다. 마을에 따라서는 돌탑을 쌓거나 돌탑과 숲을 모두 조성하는 경우도 있다.

또 다른 예는 관가정 앞에서 찾아볼 수 있다. 관가정은 양동마을에서 제일 오른쪽 바깥쪽 산 능선 끝부분에 있다. 관가정 오른쪽은 넓은 안강평야가 펼쳐져 있을뿐 관가정을 감싸 주는 산이 없다. 그래서 관가정은 오른쪽 측면과 앞쪽이 허(虛)하다. 특히 관가정 앞쪽은 마을 입구인데 그 지역은 마을에서 상대적으로 좁은 지형이다. 서쪽 안강평야와 남쪽에서 불어오는 형산강의 강바람이 그대로 관가정으로 들이치게 된다. 더구나 한반도 겨울은 서북풍이 강하게 분다.

이를 보완하기 위해 관가정 아래에도 비보용 나무를 심었다. 현재 관가정 아래에 남아 있는 수백 년 묵은 은행나무 몇 그루가 그것을 증명한다. 현재 이 은행나무 바로 위쪽으로는 시멘트 포장도로가 나 있고 은행나무 아래는 경사진 언덕이다. 그런데 은행나무가 서 있는 언덕 아래쪽에는 조그만 제단 같은 것이 있고 거기엔 누군가가 올려둔 음식이 놓여 있다. 은행나무에 올리는 숭배의 표현이다. 그 은행나무

[그림 45] 관가정 앞의 비보숲 은행나무

[그림 46] 관가정 앞 은행나무 아래의 제단

의 위상을 짐작하게 하는 광경이다.

일제는 식민 지배 기간에 다양한 수단으로 한국적 정체성을 훼손시켰다. 그들은 내선일체(內鮮一體) 정책으로 조선을 그들의 속국으로 만들려 했다. 그 시기 양동마을도 몇 번의 큰 위기를 겪게 된다. 그러나 마을 주민들의 단결된 마음 덕분에 그 위기를 극복하고 오늘날까지 전통 마을의 명맥을 이어 올 수 있었다.

일제강점기에 일본은 양동마을을 통과하는 경동선(慶東線)10) 철도를 부설하려고 했다. 동네 코앞으로 기찻길이 지나가면 편리할 것도 같지만 마을 사람들은 결사반대하였다. 마을 주민들이 격렬히 반대한 주된 이유는 풍수지리적 요인이다. 양동마을 지형은 전체 형상이 勿(물)자와 비슷한데 철도가 마을 한가운데를 통과하면 마을의 지리적 형상이 血(혈)자 모양이 되어 좋지 않다. 결국, 경동선 철도는 경주에서

---

10) 대구-경주-울산을 연결하는 협궤철도 경동선은 1916년 신청, 1917년 공사 시작, 1921년 완공되었다. 나중에 동해중부선으로 개칭되고 표준궤도로 개량하였다.

양동마을을 향하여 오다가 급격히 방향을 틀어 마을 입구에 있는 방간산 뒤쪽으로 사라진다. 그즈음 양동초등학교도 설립되었다. 처음에 일본은 학교뿐만 아니라 각종 관공서와 시장도 같이 만들 계획이었으나 주민들의 반대로 학교만 설립하였다고 한다. 그런데 1990년대에 들어 학교 건물의 방향이 바뀌게 된다. 일제강점기에 최초 남향으로 건축되었던 양동초등학교를 동향으로 바꾼 것이다. 이때도 풍수지리적 요인이 변경 이유다. 즉, 학교 건물을 남향으로 해서 길쭉한 직사각형 모양으로 한다면 마을의 '勿'자 형국에 가로획을 추가해 '血'자 형상이 되기 때문이다.

최첨단 과학 시대에 사는 현대인들은 양동마을에서 일어난 이러한 일들에 대해 비판적인 시각에서 바라볼 수도 있다. 그러나 현대인들의 관점에서 옛 문화에 접근하는 것은 적절하지 않다. 특정 시대의 문화를 이해하는 기본적인 자세는 그 당시 사람들의 관점에서 우선 살펴야 하는 것이기 때문이다.

2. 월성손씨의 대종가, 서백당

서백당 개관

서백당은 양동마을 송첨종택 사랑채의 당호이다. 서백당은 양동마을의 입향조인 손소(1433~1484)가 1459년(세조 5년)에 지은 집으로 경주(월성)손씨의 큰 종가이다. 손소의 아들 손중돈(1463~1529)이 관가정으로 분가하면서 대종가의 지위가 400여 년간 관가정으로 옮겨졌다가, 20세기 전반에 다시 서백당으로 돌아왔다.

현재 전국에 산재한 경주(월성)손씨는 대략 10만 명 정도 되는데, 그 10만 명의 대종택이 바로 서백당(書百堂)이다. 서백당이란 '참을 인(忍) 글자를 백번씩 쓴다'는 의미다. 가문을 이끌어 가는 종갓집의 행동 원

[그림 47] 양동마을 서백당과 송첨 현판

칙이자 참된 선비로서의 마음가짐을 되새겨주는 당호이다.

양동마을의 월성손씨는 처가인 양동마을로 들어온 손소와 그의 아들 손중돈을 지나면서 크게 성장을 하였다.

한편 양동마을의 여강이씨는 회재 이언적(1491~1553)의 조부 이수회가 이주하면서 시작된다. 회재의 부친 이번(1463~1500)이 손소의 사위가 되었고, 이언적이 양동마을 서백당(書百堂)에서 태어나면서 이 마을에서 대대로 살게 된다.

현존하는 한국의 오래된 살림집으로는 충남 아산의 맹씨행단(孟氏杏壇)과 안동의 임청각이 있다. 그러나 맹씨행단은 사랑채와 부속채들이 없어졌고 안채도 일부만 남았다. 임청각은 일제가 중앙선 철도를 앞마당으로 지나가게 해서 절반 이상이 사라졌다. 서백당은 온전한 모습으로 남아 있는 가장 오래된 살림집이다.

서백당 마당에는 손소가 서백당을 지을 때 심었다는 향나무가 있다. 수령이 최소한 500년을 훌쩍 넘긴다. 이 나무는 아직도 무성한 잎을 자랑한다. 풍수계 일각에서는 고목이 무성하게 성장하고 있으

[그림 48] 서백당 마당에 있는 수령 580여 년의 향나무

면 그 땅을 좋은 땅으로 보기도 한다. 땅의 기운이 좋으니까 나무가 긴 세월 동안 살아갈 수 있는 게 아니겠는가!

양동마을에서 서백당의 위치는 마을의 '안골' 깊숙한 곳에 있다. 그리고 그곳으로 양동마을의 주산인 설창산의 줄기가 내려온다. 건축된 순서로 따져도 양동마을에서 서백당이 제일 먼저 지어진 집이다. 가장 아늑하고 포근한 곳에 집터를 잡았음은 물론이다. 서백당은 양동마을에서 최고의 명당이다.

[그림 49] 관가정 사당에 있는 손소의 초상

서백당 건축주, 손소

서백당을 건축한 손소는 어려서부터 영특하였고 21세 되던 1453년에 예비시험인 소과에 합격하였다. 1457년 풍덕류씨 집안과 혼인을 하면서 경주 양동마을로 들어온다. 그리고 2년 뒤 대과에 합격해 드디어 문신의 반열에 오른다. 손소는 영남 사림파의 영수인 점필재 김종직과 소과, 대과의 동방이었다. 요즘 말로 하자면 고시 합격 동기인 셈이다. 손소와 김종직은 30년 도의지교(道義之交)를 맺는다. 손소는 이후 문신으로서 엘리트 코스를 밟으며 승승장구하였으며 이시애의 난이 발발하자 종사관으로 참여하여 난을 평정하고 적개공신 2등에 올랐다.

손소는 사람됨이 순박하고 근신하여 관리로서의 재능이 있었다. 또 천성이 매우 효성스러워 어버이를 위하여 지방에 보임되기를 청하였을 정도다. 성주, 진주, 안동의 세 고을 맡았을 때 청렴하고 근면하다는 평판을 받았다. 현재 손소의 초상(肖像)은 대한민국의 보물로 지정되어 있다.

세 분의 혈식군자

서백당에는 세 분의 혈식군자(血食君子)가 이 탄생한다는 예언이 있다. 혈식군자란 직역하면 '피를 먹는 군자'란 뜻이다. 서원의 향사(享祀)에서 제물로 생고기를 바치는 데서 유래했다. 즉, 혈식군자란 서원에 배향될 정도로 훌륭한 인물을 말한다. 서백당에서는 이미 성현으로 추앙받는 손중돈 선생과 이언적 선생이 태어나셨다. 두 분은 서백당의 같은 방에서 태어나셨다. 송첨종택 서백당 안채에서 제일 오른쪽 방이 산실(産室)인데 바로 그 방에서 두 분이 태어나셨다.

이와 관련해 전해지는 일화가 있다. 이 집터를 고를 때 지관(地官)[11] 이 이렇게 말했다.

---

11) 풍수지리에 정통해서 좋은 명당 터를 찾아주는 사람을 말한다. 해당 과목의 시험을 치러서 합격한 관리이므로 '관(官)' 자를 붙인다.

"이 마을은 '勿(물)'자 모양의 명당이다. '勿(물)'자 모양의 지형에서 땅기운이 모이는 곳은 '勿(물)'자 모양의 어깨 부분이다. 이곳이 마을 뒷산의 땅기운을 모으고 있으므로 이곳에서 세 명의 현인(賢人)이 출생할 것이다."

위 예언의 3분의 2는 적중했다. 서백당에서 손중돈과 이언적이라는 걸출한 두 분의 성현이 탄생했으니까 말이다. 이를 두고 세간에서는 설창산의 기운이 내려와 뭉친 서백당 산실(産室)이 명당임을 말해주는 것이라고들 한다. 이후 현재까지 서백당은 양동마을에서 가장 관심을 많이 받는 장소이다. 월성손씨 문중에서는 서백당에서 아직 태어나지 않은 한 명의 성현을 애타게(?) 기다리고 있다.

[그림 50] 대문에서 본 송첨종택 사랑채 서백당

그런데 월성손씨의 동족 마을에서 외손 쪽인 여강이씨가 두각을 나타내게 된 것은 다음과 같은 사연이 있다.

월성손씨 손소의 딸에게 여강이씨 남자가 장가를 왔고, 그 부인이 친정인 양동마을 서백당에서 출산을 하게 된다. 이때 태어난 아이가 바로 훗날의 회재 이언적(1491~1553)이다.

회재 이언적은 입향조인 손씨 집안에서 보면 외손(外孫), 즉 딸의 자손이다. 이언적은 손씨 집안 손중돈의 외조카이다. 손씨 집안에서 보면 여강 이씨는 박힌 돌이 아니라 굴러온 돌이다. 그런데 이 굴러온 돌이 박힌 돌인 월성 손씨와 점점 대등한 위치까지 가게 된다. 특히 이언적은 원래 이름은 '적(迪)'이었으나 당시 임금인 중종으로부터 '선비 언(彦)'자를 하사받아 이언적(李彦迪)이 된다. 당시 임금으로부터 이름자를 하사받는 것은 가문의 영광이었다. 시간이 흐를수록 월성손씨 집안과 여강이씨 집안의 은근한 경쟁이 생겨나기 시작했다.

이언적은 비록 외삼촌 손중돈의 보살핌이 있었으나 아버지를 일찍 여의고 홀어머니 밑에서 외롭게 성장하였다. 이러한 환경은 이언적에게 여강이씨 가문의 중흥에 대한 사명감을 불러일으켰다. 특히 일찍 남편을 잃고 홀로 어린 자식들을 잘 키워준 어머니에 대한 이언적의 효심은 지극하였다.

이는 이언적이 후일 경상감사가 된 후, 건축한 향단에서 나타난다. 향단은 이언적이 관직으로 외지에 있을 때, 고향에서 어머니와 함께 생활하는 동생 이언괄을 위해 지어준 집이다. 향단은 손중돈이 지은 인근의 관가정과 곧잘 비교된다. 향단은 관가정보다 훨씬 규모가 크고 화려하다. 또한, 향단은 입지 선정에서부터 많은 신경을 쓴 흔적이 보인다. 향단은 양동마을에 들어서면 제일 먼저 눈에 들어오는 위치에 당당하게 자리를 잡고 있다. 향단은 인근에 있는 관가정을 의식한 모습이 여러 곳에서 나타난다. 관가정이 월성손씨를 상징하는 건물이라면 향단은 여강이씨를 대표하는 건물이기 때문이다.

월성손씨의 서백당 보호

서백당에서 외손인 이언적이 출생한 이후, 월성손씨 문중에서는 시집간 딸들이 임신해서 친정에 오는 것을 경계하기 시작했다. 서백당 사람들은 혈육 간의 반가운 정(情)은 잠시이고 이내 냉정함을 되찾는다. 월성손씨 가문의 영광을 또 빼앗기지 않기 위해서다. 그래서 딸들이 서백당 산실에서 출산하는 것을 다시는 허락하지 않는다. 출산을 앞둔 딸들이 그리운 친정집으로 오더라도 해산만큼은 서백당 산실이 아닌 다른 곳에서 하게 한다. 서백당 산실의 명당 기운을 빼앗겨서 서백당에 예정된 마지막 남은 한 분의 성현이 또 외손 쪽인 여강이씨에서 나오는 것을 막기 위해서다.

월성손씨 집안이 서백당의 명당 기운을 얼마나 철저히 관리하고 있는지는 요즘에도 느낄 수 있다. 오래전부터 서백당 안채는 관람객이 들어갈 수 없었다. 이제 서백당 산실은 멀찌감치에서 바라볼 수도 없다. 나아가 서백당 관람조차도 여러 가지 제약을 받고 있다. 서백당 사랑채에서 안채 쪽으로 조금만 들어가려 해도 이내 비상 사이렌 소리가 온 동네에 들릴 정도로 요란하게 울린다. 자동경비시스템이 작동하기 때문이다.

필자도 두어 번 그 경험을 한 적이 있다. 어느 추운 겨울날 양동마을 한옥에서 하룻밤을 지내고 열차 시간을 맞추기 위해 아침 일찍 서백당을 찾아갔다. 그런데 대문 앞에 어떤 할머니가 겨울 아침 찬바람을 맞으며 서 계셨다. 서백당 종부(宗婦)이셨다. 사정을 말씀드리고 정중하게 서백당 입장을 요청했지만 단박에 거절당했다. 종부께서는 그날따라 이상한 느낌이 들어 아침 일찍 대문 밖에 나와 있는 중이라고 하셨다. 명당의 좋은 기운을 뺏으러 온 도둑(?)을 막기 위해 이른 아침부터 겨울 찬바람을 맞으며 대문 앞에서 보초를 서고 계셨던 것이다. 죄송한 마음과 함께 종갓집 맏며느리의 책임과 고충이 느껴지기도 했다. 그런데 종부께서는 필자가 아침 일찍 올 것을 어떻게 미리 알고 계셨는지 아직도 궁금하다.

구유낭형 지세

양동마을의 지세(地勢)를 勿(물)자가 아닌 다른 형상으로 보는 견해도 있다.[12] 이 견해는 양동마을을 구유낭형(狗乳囊形), 즉 '개가 젖을 먹이는 형상'으로 본다. 이를 勿자를 쓰는 순서에 따라 살펴보면 다음

---

12) 장영훈, 『대학풍수강론』, 도서출판 담디, 2006, 180-181면.

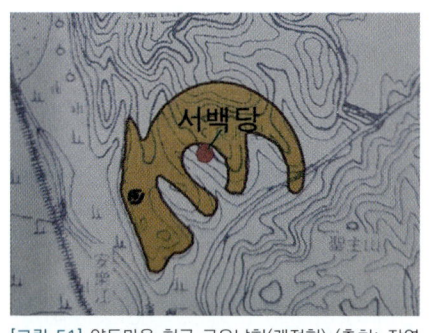

[그림 51] 양동마을 형국 구유낭형(개젖혈) (출처: 장영훈, 2006, 『대학풍수강론』, 도서출판 담디, 180면.)

과 같다. 먼저 勿자에서 첫째 획은 개의 머리에 해당한다. 둘째 획은 개의 등으로부터 시작하여 꼬리까지에 해당한다. 그리고 勿자의 셋째 획은 앞다리, 넷째 획은 뒷다리에 해당한다고 본다. 그중에서 서백당은 勿자 형상에서 네 번째 획의 시작점 근처에 위치하는 것으로 본다. 그리고 그곳이 바로 개가 젖을 먹이는 형상에서 개의 자궁이라고 본다. 개의 자궁은 생명을 잉태하는 가장 중요한 곳이다.

서백당을 양동마을 전체 형상에서 개의 자궁에 해당하는 곳으로 보면 서백당은 마을에서 가장 핵심적인 장소가 된다. 그중에서도 서백당의 산실은 계란의 노른자위와 같은 명당의 혈(穴) 자리라고 볼 수 있다.

서백당의 건축학적 의문점

서백당은 건물을 지은 기법과 배치 방법들이 독특하여 조선 전기의 옛 살림집 연구에 중요한 자료가 되고 있다. 일반적으로 한옥의 뒷마당은 공간이 좁고 앞마당은 넓다. 그러나 송첨종택 서백당은 뒷마당이 아주 넓다. 정확히 말하면 뒷마당이 아니라 안채 뒤뜰의 공간이라고 해야 맞다. 그리고 안채 앞쪽에 있는 안채의 안마당은 상대적으로 좁은 편이다. 또 서백당 사랑채 왼쪽 측면 동남쪽에는 안마당보다 더 넓은 사랑채 마당이 있다.

상식적으로 볼 때, 안채의 위치를 북쪽인 뒤쪽으로 물려서 정했더라면 넓은 안마당을 확보할 수 있었다. 즉, 안채 뒤뜰의 경사면을 절개해서 조금만 평탄 작업을 하면 얼마든지 공간이 확보되고 거기에 안채를 지었다면 안마당이 현재처럼 좁지는 않았을 것이다. 그런데 서백당 측은 그렇게 하지 않았다. 또한, 현재 서백당 안채 안마당 앞에는 행랑채가 앞쪽의 시야를 완전히 가린다. 행랑채는 특히 서백당 사랑채와는 답답할 정도로 가까이 붙어 있다.

이처럼 현대 건축학적 관점에서 서백당[송첨종택]의 구조는 이해가 되지 않는 부분이 많다고 한다. 서백당 사랑채 앞마당을 앞쪽인 남쪽이 아니라 서백당의 측면인 동쪽에 넓게 조성한 점, 안채의 넓은 뒤뜰을 마치 공터를 그냥 놀리고 있듯이 그냥 방치(?)하고 있는 점, 그리고 서백당 앞쪽으로 바깥 경치가 거의 보이지 않을 정도로 행랑채를 바짝 붙여서 높게 지은 점 등이 그러한 예이다.

송첨종택 서백당 구조를 이해하기 위해서는 서백당 건축 당시에 적용된 건축 기법을 살펴야 한다. 서백당은 조선 초기인 세종 때 지어진 집이다. 그리고 그 당시 건축은 서구 건축학적 기법이 아니라 동양 사상과 전통 풍수 원리에 의해 설계되고 건축되었다. 따라서 서백당에 대한 본질적 이해는 동양적 관점과 풍수 원리에 의해 탐구하여야 가능하다.

서백당의 뒤뜰(후원)에 대한 건축학적 해석

서구 건축학 관점에서는 서백당에 대해 이렇게 분석, 이해한다.

"서백당은 □자형의 살림채와 그 앞의 긴 행랑채 그리고 동쪽의 사당채로 구성된다. 살림채는 사랑채와 안채가 복합돼 있다. 살림채 뒤쪽 넓은 후원에는 사당의 제사를 위한 제청이 있었다는 추정도 한다." [13]

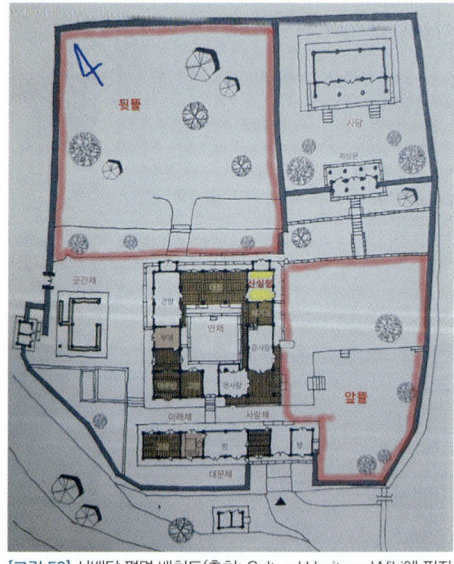

[그림 52] 서백당 평면 배치도(출처: Cultural Heritage Wiki에 필자 추가 작도)

위의 글에서 살림채 뒤쪽 넓은 후원은 서백당 안채 뒤의 넓은 뒤뜰을 의미한다. 서백당에서 넓은 공간이 있는 곳은 안채 뒤의 뒤뜰과 사랑채 옆에 있는 공간(그림52) 두 곳이다.

살림채 뒤뜰 후원에 사당의 제사를 위한 제청(祭廳)이 있었다고 추정하는 근거는 무엇인가? 아마 후원 바로 옆에 사당이 있기 때문일 것

---

13) 김봉렬, 『한국건축 이야기1』, 돌베개, 2022, 311면.

이다. 그런데 사당은 사방이 담으로 둘러싸여 격리되어 있다. 조상에 대한 숭배의 의미와 정숙하고 엄숙한 공간을 확보하기 위해서다. 만약 제청이 살림채 뒤쪽에 있었다면 제청의 제사음식을 사당으로 옮기기도 쉽지 않다. 더구나 한옥에서 제청을 안채와 연결된 살림채 뒤뜰에 짓는 경우는 찾아보기가 흔치 않다. 그리고 그림에서 서백당의 평면 배치도를 보면 산실청 앞에 '제기고'가 별도로 있다. '제기고(祭器庫)'란 제사 때에 쓰는 그릇, 기구 따위를 넣어 두는 창고이다. 즉, '제기고'는 제청의 기능을 하는 장소이다. 그러므로 서백당에서 '제기고' 외에 또 다른 제청이 있었다고 보는 것은 설득력이 약하다.

그렇다면 서백당 안채 뒤뜰의 넓은 공간을 현재까지도 그저 공터로 놀려두는 이유는 무엇 때문인가? 이에 대해서는 서백당을 지을 당시, 즉 조선 시대의 지배적인 건축 논리로 풀면 해답이 보인다. 조선 시대의 지배적인 건축 논리는 풍수지리이다.

서백당 뒤뜰에 대한 풍수적 해석

서백당 산실에서는 두 명의 성현이 태어나셨다. 세상 사람들이 서백당을 풍수적으로 좋은 장소인 명당으로 보는 이유이다. 그런데 풍수적으로 좋은 터의 조건으로는 몇 가지가 있다. 그중 하나는 뒤에서 내려오는 산줄기가 좋아야 한다. 그리고 그 산줄기의 힘, 즉 땅 기운이 터에 맺혀야 한다. 이것을 판별하는 방법 중 하나는 터 뒤의 지형이 약간 둥그스름한 모습인지를 보는 것이다. 마치 임신한 여성의 배처럼

[그림 53] (좌)서백당 안채로 들어가는 불룩한 산줄기(붉은 색 타원). (우)널찍한 서백당 안채의 뒤뜰.

둥그런 모습이면 일단 합격이다. 풍수에서는 이를 '잉(孕: 임신할 잉)'이라고 한다.

   서백당의 '잉'은 서백당 뒤쪽 담장으로 돌아가 보면 확인할 수 있다. 서백당 담장 뒤쪽 한쪽 끝에서 반대쪽을 바라보면 담장의 중간 지점 정도에서 담장 가운데가 불룩하게 올라온 모습이 보인다. 그리고 담장 가운데의 좌우는 점차 낮아진다. 그것은 설창산의 주된 산줄기가 서백당 안채 뒤로 내려가는 모습이다. 그리고 그 산 능선은 둥그스름한 모습으로 안채 뒤뜰을 차지하고 있는데 그것이 바로 '잉'이다.

   풍수에서 땅 기운은 산줄기를 타고 흐른다고 본다. 설창산의 주된 기운은 뒤뜰 담장 가운데의 불룩한 부분을 통해 뒤뜰의 둥그스름한 곳에 응축이 된 후, 서백당 안채 및 산실로 전달된다. 그래서 조선시대 우리 조상들은 건물의 터를 정할 때, 바로 이 '잉'의 존재 여부를 먼저 확인하였고, 그 '잉'의 아래쪽에 터를 잡았다. 그리고 집을 지을 때는 '잉'을 훼손시키지 않고 보호했다. 그곳은 땅의 기운이 응축되어있는 곳이기 때문이다. 서백당도 마찬가지이다. 서백당 넓은 뒤뜰을 그냥 공터로 비워두는 것은 서백당의 '잉'을 보호하기 위해서다.

그런데 서백당 뒤뜰을 자세히 보면 크게 두 지역으로 나뉜다. 비교적 경사가 있는 지역과 그 아래의 경사가 거의 없는 평탄한 지역이다. 경사도가 심한 부분은 뒷산 설창산에서 내려오는 산줄기와 풍수에서 말하는 '잉'이다. 그리고 그 아래에 안채를 따라서 옆으로 평탄한 지역이 있고, 바로 아랫부분에 현재의 서백당 안채가 자리를 잡고 있다.

[그림 54] 서백당 안채 구터로 추정되는 지역(붉은색 빗금친 부분)

현재 서백당 안채의 바로 뒤와 뒷산에서 내려오는 산능선 사이의 평탄한 지역은 무슨 용도였는가? 서백당 후손들이 전하는 이야기에 의하면 현재 안채 뒤뜰 바로 뒤에 원래의 안채가 있었다고 한다. 그런데 화재로 인해 원래의 안채가 소실되었고 현재의 위치에 안채를 새로 앉혔다고 한다.[14]

민간 속설에 '불난 집터는 10년 동안 재수가 없다'는 말이 있다. 한낱 속설로 치부해 버릴 수도 있지만, 풍수적으로 해석하면 '단맥(斷脈)'과 관련된다. 단맥이란 '땅의 맥을 끊는다'는 뜻이다. 땅 기운을 차단

---

14) 박선주, 『하늘 아래 기와집을 거닐다』, 다른 세상, 2006, 185면.

[그림 55] 회안대군 묘와 뒤 표지판(혈맥을 끊은 흔적. 산맥을 끊은 흔적지)(출처: 주간동아)

하기 위해 땅을 파거나 그 자리에 뜸을 뜨는 경우도 있다.

단맥의 사례를 들면 조선 태종의 형인 회안대군 방간의 묘가 있다. 방간은 2차 왕자의 난 때 동생인 방원(훗날 태종)에게 패하여 귀양을 가게 된다. 후일 태종은 친형인 방간이 죽자 후히 장례를 치러준다. 그러나 방간의 묘터가 명당이라는 얘기를 듣고 그 묘터에 단맥을 한다. 방간의 자손이 명당의 기운을 받아 군왕이 되는 것을 막기 위해서였다. 방간 묘 뒤쪽의 땅을 파고 불로 뜸을 떠 버린 것이다.

전주에 있는 회안대군의 묘 뒤쪽 산 능선에 가면 지금도 여기저기 심하게 땅을 파헤친 흔적과 뜸을 뜬 흔적이 있다고 한다. 얼마 전까지는 이를 나타내는 표지판까지 있었으나 최근에 그 표지판은 보이지 않는다고 한다.

아무튼 '불난 집터에 새집을 짓지 않는다'는 속설 때문인지는 모르나 서백당은 화재가 난 후 새로운 안채를 원래 자리에 짓지 않았다. 원래의 안채가 있던 자리보다 앞쪽으로 옮겨서 안채를 새로 지었다고 한다. 그래서 원래 안채 자리의 흔적이 지금도 남아 있는 것이다. 그런데 뒤쪽에도 공간이 있는데 왜 앞쪽으로 옮겨서 새로이 안채를 지었는가? 안채 뒤뜰에는 보호해야 할 '잉(孕)'이 있기 때문이다.

현재 서백당 안채 뒤뜰에 있는 장독대는 원래 방앗간이 있던 자리이다. 서백당 안채에 들어갈 수는 없지만, 뒤쪽 담장 너머로 보면 그 위치를 알 수 있다. 그 위치에서 옆으로 연장선을 그으면 그 자리가 원래 서백당 안채가 있던 장소라고 볼 수 있다.

서백당 사랑채 마당에 대한 해석

송첨종택 서백당의 안채는 남향이다. 그런데 서백당 사랑채 대청마루는 남쪽과 동쪽 양쪽으로 열려있고 서백당 사랑채 마당은 건물의 동쪽으로 널찍하게 조성되어 있다. 서백당은 왜 사랑채 마당을 건물의 측면에다 조성하였으며 그것도 지나치다 싶을 정도로 넓게 만들어 놓았는가?

이 부문에 대한 서구 건축학적인 설명은 다음과 같다.

"사랑대청은 묘하게도 ㅁ자형 살림채의 남서쪽 모퉁이에 놓이고, 2개의 사랑방이 대각선으로 놓였다. 방들의 위치가 비대칭적이기 때문에 대종가가 가져야 할 위엄이 약화된다. 그러나 역시 사랑대청에 앉아봐야 그 이유를 알 수 있다. 마을의 안산인 성주봉이 집의 남서쪽에 있기 때문에 남서 모퉁이를 개방할 수밖에 없었다."[15]

위 견해는 마을의 '안산'인 성주봉이 집의 남서쪽에 있어서 서백당 사랑채의 구조가 현재와 같이 되었다고 본다. 여기서 '안산'은 풍수학적인 용어로 특정 장소의 앞쪽에 있는 작은 산을 말한다. 따라서 위 견해는 서구 건축학적 관점이라기보다는 전통 풍수학적 관점에 더 가깝다.

[그림 56] 서백당과 서백당 사랑채 마당에서 보이는 성주봉

서백당 사랑채의 측면에 넓은 마당이 있는 것은 우선 지형적인 조건 때문이라고 볼 수 있다. 사랑채의 앞쪽에 공간적 여유가 없기 때문이다. 거기에다가 불이 난 원래 안채의 터를 피해서 안채의 위치를 앞쪽으로 바짝 당겨서 다시 안채를 지었기 때문에 앞쪽으로는 더욱 여유 공간이 없다.

또 다른 관점인 풍수적인 이유를 든다면 좋은 산의 기운을 집안으

---

15) 김봉렬, 『한국건축 이야기1』, 돌베개, 2022, 311-312면.

로 끌어들이기 위해서다. 서백당 사랑채의 측면에 널찍한 마당을 조성한 것은 그쪽에 좋은 모양의 산이 있기 때문이다. 그 산이 바로 양동마을의 최고 인기스타인 성주봉이다. 이것은 우리 전통 건축 기법에서 활용되는 일종의 차경(借景)이기도 하다. 차경이란 '경치를 빌린다'는 뜻으로 외부의 좋은 경치를 집안으로 끌어들이는 것이다. 즉, 창이나 대문, 마당 등을 통하여 집 주변의 좋은 모습을 잘 보이도록 하는 것이다. 서백당 사랑채 마당은 성주봉을 좀 더 잘 보이도록 하기 위한 풍수적 조치이다.

여기서 또 하나 주목할 부분은 서백당 사랑채의 담장 높이이다. 사랑채 마당의 담장 높이가 높지 않다. 성주봉을 잘 보이게 만들기 위해서다. 그렇다면 아예 담장을 없애버리는 것이 더 낫지 않을까? 풍수 고전인 『황제택경(皇帝宅經)』에는 오허오실(五虛五實)이 있다. 다섯 가지의 나쁜 집과 다섯 가지의 좋은 집의 조건이다. 나쁜 집의 세 번째가 담장이 허물어지거나 없는 집(牆院不完三虛)이며, 좋은 집의 세 번째가 적당한 높이의 담장이 있는 집(牆院完全三實)이다. 서백당 사랑채는 적당한 높이의 담장을 두르고 있다. 즉, 적당한 높이의 담을 쌓아 성주봉 산허리 아래의 불필요한 부분은 가려주고 산봉우리의 단아한 모습만 보이게 한다. 서구적 용어로 표현하자면 서백당 사랑채 담장은 성주봉을 돋보이게 하는 일종의 시각적 틀(picture frame)의 기능도 하고 있다.

풍수지리에서는 좋은 형상은 잘 보이게 하고[見처리] 나쁜 형상은 보이지 않도록 막거나 가리는 방법[不見처리 혹은 차폐]을 쓴다. 서백당이 측면에 널찍하게 사랑채 마당을 조성한 것은 성주봉을 잘 보이게 하는 '견처리' 기법이다. 서백당뿐만 아니라 양동마을의 가옥들은 거의 모두가 이 성주봉을 잘 볼 수 있는 구조를 취하고 있다.

서백당의 대문

서백당 대문에 도착하면 대문 안으로 보이는 모습이 방문객을 당황케 한다. 뭔가 구획이 나눠진 물체가 바로 눈앞을 가로막고 있기 때문이다. 보통 한옥의 대문을 들어서면 여유가 있는 공간이 보이는데 서백당은 그렇지 않다. 왜 대문 위치를 이렇게 정했을까? 이러한 서백당 대문에 대해 서구 건축학적 견해는 다음과 같다.

"서백당의 핵심은 동쪽에 있는 사당이다. 대종가는 사당에 제사를 지내기 위해 존재하는 의례용 주택이기 때문이다.…대문간을 통해서 보이는 장면에서 이 집의 모든 의도와 성격을 알 수 있다. 화면은 4개로 분할된다. 왼쪽으로는 사랑채 기단과 사랑대청의 간결한 난간들이, 오른쪽으로는 몇 개로 접혀 들어간 마당의 기단들과 짧게 끊어진 내담. 이 네 부분의 요소들은 모두 재료와 질감이 다르다. 또한, 그들은 서로 다른 크기로 분할되어 역동감이 강하다. 왼쪽 사랑채 장면이 형태와 물체로 이루어졌다면, 오른쪽 장면들은 계속 접혀져 들어가는 공간의 흐름이 주제다. 그 흐름은 어디로 향하는가?…무의식적으로 대문을 들어서면 모두 오른쪽 사당으로 향하게 되지만, 어느 누구도 왼쪽 안채 쪽으로 향하지 않는다. 오른쪽으로 들어가면 넓게 펼쳐진 입체적인 마당이 전개되고, 그 마당의 오브제로 잘생긴 향나무가 줄기를 틀고, 그 뒤 계단식 정원 위로 사당문이 나타난다. 여전히 사당은 모습을 드러내지 않지만, 암시와 유도만으로도 이 집의 중심이 그 안에 있으리란 걸 느끼게 한다.…보이지 않는 핵심, 의식하지 못할 교묘한 유도법, 고도로 절제된 공간 요소들. 원형적인 구조체의 구성과 함께 서백당이 이루어낸 고전적인 방법론이다."[16)]

[그림 57] 서백당 대문 위치와 사랑채

위 견해는 서백당 대문이 대문 안쪽의 모습을 4개의, 서로 다른 크기와 질감을 가진 화면으로 분할하여 역동감을 주며, 서백당의 중심인 사당으로 유도하는 역할을 한다고 보았다. 서백당은 월성손씨 대종가이므로 사당이 서백당의 중심이고 집 대문의 위치는 방

---

16) 김봉렬, 위의 책, 312-313면을 요약정리함.

문객들이 자연히 사당으로 발길을 옮기도록 유도하게끔 배치되었다는 주장이다. 이는 현대적 시각에서 우리 전통 한옥에 숨어 있는 조형미를 적확하게 잘 표현한 거라고 본다.

그런데 대문의 위치가 왜 그 자리에 있을 수밖에 없는가에 대해서는 추가 설명이 필요한 것 같다.

현재 대문의 위치는 그림에서 붉은색 화살 표시이다. 만약 왼쪽 청색 표시 부분으로 대문을 내면 서백당이란 현판이 걸린 사랑방이 대문과 직통으로 보인다. 이렇게 되

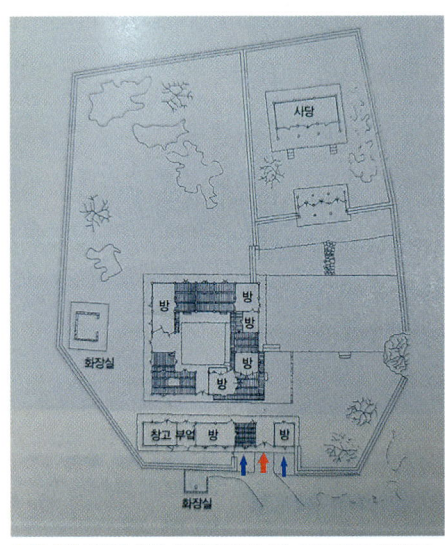

[그림 58] 서백당 대문 위치(출처:김봉렬, 『한국건축 이야기1』, 돌베개, 2022, 311면에 필자 추가 작도.)

면 풍수에서 꺼리는 노충살(路衝殺)[17]을 받는다. 또 개인의 사생활 보호나 거주하는 사람에게 여러 가지 불편한 점이 발생한다.

그렇다면 현재의 대문에서 우측으로 이동한 자리에 대문을 내면 어떨까? 이렇게 되면 거주하는 사람들의 사생활은 더 보호되겠지만 노충살이 사당 쪽으로 향하게 된다. 종가의 중심인 사당을 풍수적으로

---

[17] 도로와 부딪히는 살이란 의미로 어떤 대상이 도로와 정면으로 마주함으로써 발생하는 나쁜 기운을 말한다.

흉한 기운을 받도록 할 수는 없다. 그리고 서백당 사랑채 옆의 넓은 마당은 양동마을의 최고 인기 스타인 성주봉의 기운을 더욱더 많이 받아들이기 위한 것이다. 그런데 대문의 위치를 사랑채 마당 쪽으로 옮겨서 낸다면 성주봉을 맞이하기 위한 마당의 면적이 좁아지고 모양이 틀어지게 된다. 따라서 서백당의 대문 위치는 현재의 위치가 가장 적합하다.

서백당의 행랑채 높이

양동마을 서백당 행랑채는 안채에서 볼 때 앞의 전망을 완전히 가리고 있다. 행랑채 지붕의 높이를 조금 낮춘다면 안채에서도 시원스럽게 밖을 내다볼 수 있는데 왜 저렇게 하였을까?

우선 서백당의 위치가 산 능선에 있으므로 앞쪽에서 불어오는 바람을 막기 위한 것이라고 볼 수 있다. 즉, 풍수에서 말하는 바람을 갈무리하는 장풍(藏風)을 위한 용도이다.

[그림 59] 서백당 행랑채와 풍수의 차폐[불건처리]

그리고 또 다른 풍수적 이유가 있다. 서백당 앞에는 설창산에서 내려온 2개의 산줄기가 골짜기를 형성하며 지나간다. 그런데 이 산줄기의 모양이 거의 일직선이다. 마치 죽은 미꾸라지 모습과 같다. 풍수에서는 산줄기를 용(龍)으로 비유하는데 용은 좌우나 아래 위로 움직여야 살아있는 생룡(生龍)이다. 산줄기가 그냥 일직선 형태로 지나가면 죽은 용, 즉 사룡(死龍)이다. 산줄기가 좌우나 아래위로 꿈틀꿈틀하며 내려오는 모습이 아니라 미꾸라지가 죽은 모습인 뻣뻣한 형태이면 그 산줄기에는 땅의 기운이 없는 것으로 본다.

[그림 60] 서백당 사랑채와 행랑채 지붕의 높이(출처: 오마이포토)

송첨종택 서백당 앞쪽으로 지나가는 산 능선은 풍수적으로 좋지 않은 형상이다. 그러므로 흉한 모습은 보이지 않도록 가려서 좋지 않은 기운을 피해야 한다. 서백당 행랑채가 앞의 전망을 완전히 가리도록 설계된 이유이다. 즉, 서백당 행랑채는 풍수의 불견(不見)처리 혹은 차폐(遮蔽) 원리를 적용한 것이다.

풍수무전미(風水無全美)!

풍수적으로 완벽한 땅은 없다는 뜻이다. 양동마을의 터도 그렇고 서백당 자리도 그렇다. 그 부족한 면을 보완하면서 살아가는 것이 사람들의 지혜이고 슬기로운 삶이다. 조선시대 풍수는 그러한 도구로 사용되었다.

3. 여강이씨의 자부심, 향단(香壇)

여강이씨와 향단

향단의 건립연대는 불분명하지만 1543년(중종 38)경 회재 이언적(李彦迪)이 경상감사로 부임할 때, 자기 대신 모친을 모시는 동생 이언괄에게 지어준 집이라고 한다. 또는 향단파 16대 종손에 따르면 향단은 병환 중인 회재 선생의 노모를 위해 중종 임금이 하사하신 집인데, 이를 회재 선생이 아우인 이언괄에게 다시 물려준 것이라고 한다. 향단이란 명칭은 이언괄의 손자 이의주의 호에서 따왔다.

향단은 원래 99칸이었다. 한국 전쟁 당시는 인민군 사령부로 사용되기도 했다. 그러나 이때의 폭격으로 향단의 정침, 사당, 별묘, 방앗

[그림 61] 양동마을 향단 전경(출처: 국가유산 포털)

간채, 도장채 등이 훼손되었다. 1976년에 1차 복원이 있었으며 현재 모습은 대부분이 1995년에 복원된 것이다.

향단은 여러모로 파격적이다. 당시 조선 상류 주택의 일반적 격식에서 벗어난 형식이다. 일반적으로 조선시대 양반 가옥은 각 건물이 따로 떨어져 있는 구조이다. 그러나 향단의 건물들은 서로 하나로 연결되어 있다. 행랑채, 안채, 사랑채가 모두 한 몸체로 되어있다. 특히 행랑채 앞마당과 사랑채 마당이 아주 특이한 형태를 취하고 있다.

향단은 여강이씨의 자부심이다. 바로 인근에 있는 월성손씨 손중돈의 관가정과 비교가 된다. 관가정이 유교적인 절제미를 지니고 있다면 향단은 격식 파괴와 화려함을 띤 낭만주의적 분위기의 건축물이라고 한다. 또한, 향단은 그 규모로 볼 때 관가정의 2배나 된다. 건축 시기로 보면 향단은 관가정보다 한 세대 정도 늦다. 여강이씨의 향단은 월성손씨의 관가정을 의식해서 건축하였음을 여러 면에서 느낄 수 있다.

전통 가옥 향단과 서구 건축학

향단은 서구 건축학자들에겐 풀리지 않는 수수께끼와 같다. 향단에 대한 건축학자들의 평가를 보면 다음과 같다. '향단의 집 구성은 우리나라 그 어디서도 이와 비슷한 형식을 찾아볼 수 없다.' '분명 향단은 우리 반가(班家)의 관습을 따르지 않았다.'[18] '이 집은 도무지 이해할 수 없는 점들이 많다. 사랑채와 안채의 연결은 어떻게 되는가. 조직적

[그림 62] 향단의 안마당 모습(출처:오마이포토)

으로 구성된 하인들의 공간, 부엌 마당에 비해 무언가 불완전한 안주인의 안마당, 특히 안방과 건넌방을 엇갈리게 배열한 안채 부분의 구성은 쉽게 납득하기 어렵다.'19) 등등.

향단의 입지, 좌향과 건축학

향단은 양동마을의 勿(물)자 형상에서 勿자의 첫 번째 획에 해당하는 곳의 동남쪽 끝자락(혹은 勿자의 세 번째 획의 끝자락)에 있다. 양동마을의 주산 설창산은 북쪽에서 향단으로 내려온다. 그러므로 향단은 북쪽으로 산을 등지고 남쪽을 바라보는 게 정상이다. 그렇게 방향을 잡으면 한옥의 전통적인 터 잡기인 전저후고(前低後高), 즉 집의 앞은 낮고 뒤가 높은 원칙과 맞다. 또한, 햇빛을 받아들이는 일조량의 측면에서도 유리하다. 향단은 외부에서 보면 남향인 것처럼 보인다. 그러나 향단의 실제 가옥 내부 구조는 동향, 즉 동쪽을 바라보고 있다. 이것이 향단에 대한 첫 번째 의문점이다.

한옥에서 용마루는 건물 지붕 중앙의 수평으로 된 부분이다. 한옥

---

18) 박선주, 『하늘 아래 기와집을 거닐다』, 다른 세상, 2006,194면.
19) 김봉렬, 앞의 책, 292면.

[그림 63] 향단 행랑채의 용마루 선(붉은색)과 사랑채의 용마루 선(노란색) (출처: 경주시청에 필자 추가 작도)

에서는 보통 용마루 선과 수직인 방향이 건물의 좌향, 즉 바라보는 정면이 된다. 다시 말하면 긴 용마루를 수평으로 바라보는 면이 한옥의 정면이다. 향단을 외부에서 보면 행랑채는 용마루 선(사진63 붉은 선)과 수직인 남쪽이 건물의 정면이 된다. 실제 향단 행랑채는 남향이고 행랑채 앞에는 널찍한 마당이 있다.

그런데 행랑채 위에 있는 안채와 사랑채의 용마루 선(사진63 노란 선)은 행랑채와는 직각으로 되어있다. 안채와 사랑채는 남쪽이 아니라 동쪽을 바라보고 있다. 즉, 향단의 안채와 사랑채는 행랑채와는 달리 동향(東向)이다. 이렇게 되면 향단의 안채와 사랑채의 방향[좌향]은 산이 내려오는 흐름과 맞지 않는다. 산줄기는 북쪽에서 남쪽으로 내려오는 데 안채와 사랑채는 산줄기의 방향과 90도 수직인 동쪽을 향하고 있다. 이는 양택의 기본 원리인 전저후고의 원칙에 위배된다. 또 집 뒤에 산을 등지고 집 앞으로 물을 바라보는 배산임수(背山臨水)의 원칙에도 어긋난다. 향단은 안채와 사랑채의 건물 방향을 왜 이렇게 정한 것인가?

서구 건축학적 관점에서는 향단 건축물에서 이 부분이 쉽게 설명이 되지 않는다. 그래서 향단 건축을 전통 건축의 양식에서 벗어난 파격으로 본다. 또 '시대를 앞서간 선각자의 작품이거나 시대를 비껴간 이단아의 반골 기질에서 탄생한 작품'이라는 평가를 하기도 한다.[20]

향단 좌향과 풍수

향단 행랑채는 산을 등지고 남향을 하고 있는데, 향단의 안채와 사랑채는 실제 동쪽을 바라보고 있다. 전통 한옥 건축의 일반적인 원리를 일탈하면서까지 말이다. 수수께끼 같은 향단 건축물의 좌향을 풍수적 관점에서 풀어보면 다음과 같다.

우선 향단의 안채와 사랑채를 하늘에서 보면 건물 형태가 日(날 일)자 모양임을 알 수 있다. 전통 한옥에서는 좋은 기운을 얻기 위해서 주택의 배치를 특정 문자의 형태를 따라 하기도 한다. 대체로 日(일), 月(월), 用(용) 자를 활용한다. 日자 형태는 태양의 기운을, 月자 형태는 달의 기운을, 用는 日자와 月자가 합성된 것으로 보고 해와 달의 좋은 기

---

20) 박선주, 앞의 책, 194면.

[그림 64] 향단가옥의 日자 모양(출처: 국가유산 포털에 필자 추가 작도)

운을 받는다고 본다. 이는 가옥건축에 풍수적 원리를 적용한 것이다.

향단 본채가 日자 형태인 것은 태양의 기운을 받아들이려는 풍수적 조치이다. 유사한 사례로 안동 임청각 고택이 있다. 임청각은 전체적으로 用자 형태를 취해서 해와 달의 기운을 받아들이려 했다. 실제 향단의 뒤쪽 언덕에 올라 보면 향단의 본채 건물구조가 日자를 옆으로 눕힌(사랑채 정면에서 보면 日자) 형태를 취하고 있음을 확인할 수 있다.

위와 같은 논리는 현대 사회의 과학적 사고와는 맞지 않을 수도 있다. 하지만 조선시대 가옥건축에는 풍수적 원리가 적용되었다. 당시 풍수는 사회 전반을 지배하는 강력한 기저 신앙이었다. 또한, 이를 서구적 관념에서 보더라도 풍수는 일정한 효과가 있을 수 있다. 서구 학문에서 주장하는 자성 예언(self-fulfill prophecy), 위약효과(僞藥效果), 피그말리온 효과[로젠탈 효과] 등은 일종의 심리적 효과이다. 풍수에서 좋은 글자 형상으로 집을 지으면 그 글자의 긍정적 에너지를 받을 수 있다는 것도 심리적 효과이다. 글자의 상징적 의미와 그에 따른 자기 암시 효과는 심리적 주거 환경이라고 볼 수 있기 때문이다. 그런데 비슷한 것인데도 서구의 이론은 과학이고 동양의 풍수는 비과학이며 심지어 미신이라고 취급하는 풍조는 학문적 사대주의 영향은 아닌지…?

그러면 향단 안채와 사랑채의 실제 좌향이 동향을 취하고 있는 이유는 무엇 때문인가? 그 풍수적 해답은 양동마을의 성주봉에 있다. 양동마을 양반 고택들은 어떻게 해서든 성주봉을 맞이하려는 구조를 취한다. 향단 또한 예외가 아니다. 실제 향단 사랑채 대청에 앉으면 앞쪽에 보이는 수려한 성주봉을 마음껏 감상할 수 있다. 중국 고사의 우공(愚公)이 아닌 이상, 인간의 힘으로 수려한 모습의 산을 집 앞에다 옮겨 놓을 수는 없다. 그러나 집의 구조나 배치를 적절히 하여 그 산을 잘 보이게 만들 수는 있다. 이것이 전통 건축에서 활용되는 차경(借景)이고 풍수적 기법이다.

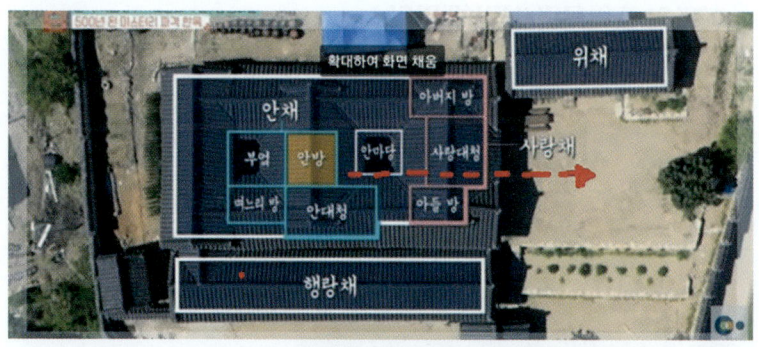

[그림 65] 안채 안방에서 외부로의 시선 방향(붉은 점선)(출처: 교육방송 캡처에 필자 추가 작도)

이언적의 노모가 계시는 향단의 깊숙한 안채 안방에서도 이 차경의 원리가 활용되었다. 즉, 안채 안방에서 방문을 열면 안채 안방에 앉아서도 사랑채 대청을 통해 바깥 경치를 볼 수 있다. 이를 위해 향단의 사랑채 대청과 안방 사이에 있는 문들은 필요시에는 개폐가 가능한 구조이다. 이언적의 노모는 안채 안방에서 신선한 공기를 마시고 바깥 경치를 감상할 수 있었다.

이러한 배치는 이언적의 풍수적 안목과 모친에 대한 효심이 결합하여 나타난 결과이다. 존경받는 대유학자이자 유능한 고위직 관리였지만 이언적은 풍수적 소양도 있었다고 한다. 실제 그의 저서인『회재집』에는 풍수와 관련한 여러 구절이 등장한다.[21] 또 이언적은 어머니를 모시기 위해 자청해서 벼슬을 내려놓고 지방직인 밀양 부사로 부임할 정도로 효성이 지극했다. 이렇게 볼 때 향단을 이해하는 두 가지 주요 코드는 풍수와 효심으로 압축할 수 있다.

향단의 출입문과 사랑채 마당

향단은 바깥 대문이 1개, 중문이 2개 있다. 그런데 바깥 대문과 중문의 배치가 매우 특이하다. 즉, 행랑채 앞마당에 향단으로 들어오는 바깥 대문이 있고, 그 바로 위쪽에 사랑채로 가는 사랑채 중문이 있다. 또 하나의 중문은 행랑채 앞마당에서 행랑채로 들어가는 문이다. 특히 바깥 대문과 사랑채 중문은 바로 옆에 연이어서 붙어 있고,

[그림 66] 양동마을 향단의 대문, 중문과 성주봉

---

[21] 박성대·지종학,「회재 이언적 유적지의 풍수적 특성」, 한국민족문화, 77, 2020. 405면.

출입 방향은 180도로 전환되어 있다.

이러한 구조는 일반인들은 물론 건축학자들도 쉽게 이해가 가지 않는다. 구태여 바깥 대문 바로 옆에 또 하나의 대문인 중문을 만들 필요는 없다. 그것도 출입 방향은 서로 정반대이다. 상식적으로 보더라도 대문과 중문을 하나로 합쳐서 단일 출입문을 만드는 것이 실용적이다.

보통 한옥에서는 행랑채가 제일 바깥에 있고 사랑채 주인은 행랑채의 대문을 지나 사랑채로 가는 구조이다. 그런데 향단에서는 행랑채 중문과는 별도로 사랑채 중문을 만들고 그 안에 널찍한 사랑채 마당을 2단으로 조성했다. 즉, 사랑채 중문 앞에 1차 사랑채 마당이 있고, 그 마당에서 경사진 계단을 오르면 사랑채 앞에 더 넓은 사랑채 마당이 2차로 조성되어 있다.

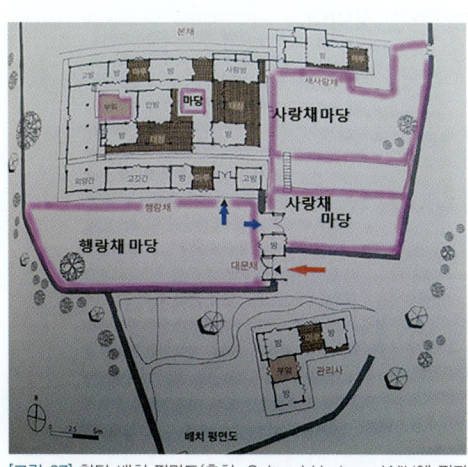

[그림 67] 향단 배치 평면도(출처: Cultural Heritage Wiki에 필자 추가 작도)

사실 향단에서 제일 풍광이 좋은 장소는 바로 이 사랑채 마당이다. 물론 행랑채 마당도 널찍하고 좋은 경관을 선사하는 장소이기는 하지만 사랑채 앞마당만은 못하다. 특히 사랑채 대청에 앉아서 바라보는 성주봉은 가히 일품이다. 거기에다 차와 음식이 곁들여지고 마음 통하는 사람이 함께 있으면 더할 나위 없겠다. 향단이 북쪽에서 내려오는 산줄기를 타고 앉았지만, 안채와 사랑채의 실제 방향은 남쪽이 아니라 동쪽인 것은 바로 이러한 이유 때문이다.

향단 출입문에 대한 풍수적 이해

향단 대문과 사랑채 중문은 서로 바로 옆에 붙어 있고 그 방향만 반대이다. 즉, 동쪽을 향해 난 향단의 바깥 대문을 들어서면 넓은 마당이 나타나고 대문 바로 옆 위쪽으로 사랑채 중문이 있다.

이렇게 향단 대문 구조가 특이한 것은 성주봉이 잘 보이는 위치를 잡으려고 한 결과다. 조선 시대에 집터를 정할 때는 주변에 보이는 사물이나 형상이 좋은 것은 가능한 한 많이 보이게 한다. 그래서 집안으로 좋은 기운을 많이 받아들이려는 것이다.

양동마을에서 단연 인기 최고는 성주봉이다. 양동마을 집들은 지형적 조건만 허락되면 모두가 이 성주봉을 향하고 있다. 향단도 역시 이 성주봉의 모습을 가능한 한 많이 볼 수 있는 구조를 취하고 있다. 향단이 위치한 산줄기는 북쪽에서 남쪽으로 내려오고 있다. 그래서 집 뒤에 산을 의지하며, 앞은 낮고 뒤는 높은 위치에 터를 잡으려면 향단 본채의 정면은 남쪽을 향하는 것이 자연스럽다.

그런데 향단 본채의 실제 방향은 남쪽이 아니라 동쪽을 향하고 있다. 사랑채 마당도 동쪽으로 조성되어 있고 사랑채의 대청마루도 동

쪽을 향해 개방되어 있다. 또 사랑채 앞에는 성주봉이 잘 보이도록 넓은 마당이 있고 그 아래쪽에도 제2의 사랑채 마당이 조성되어 있다.

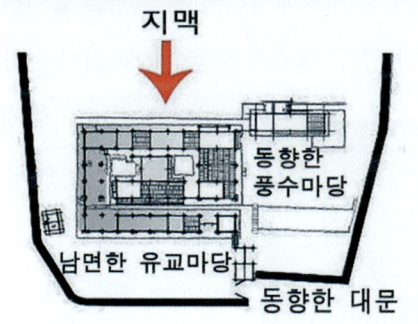

[그림 68] 향단의 지맥과 배치도 (출처: 장영훈, 『대학풍수강론』, 도서출판 담디, 2013, 187면.)

모두가 성주봉을 위한 것이다. 그래서 향단의 주인이 사랑채를 나서서 밖으로 외출을 한다면 사랑채 앞의 1차 사랑채 마당에서 성주봉을 감상하고 그 아래 2차 사랑채 마당에서 또 한 번 성주봉을 감상할 수 있다. 그리고 중문을 나서 행랑채 앞마당을 지나 바깥 대문으로 나갈 때 다시 한번 더 성주봉의 기운을 느낄 수 있게 된다.

향단의 여성들이 바깥 외출을 할 때는 행랑채 고방 옆에 나 있는 중문을 나서며 성주봉을 볼 수 있고, 행랑채 마당으로 내려와 성주봉을 감상하며 바깥 대문으로 나갈 수 있다.

이상과 같이 특이한 출입문 구조와 사랑채의 2단계 마당, 그리고 남향한 행랑채와 달리 동쪽을 바라보고 있는 본채, 일조량의 감소를 무릅쓰고 본채의 구조를 日자 형태로 한 것 등 향단의 풀리지 않는 수수께끼 같은 문제점들은 풍수적 시각에서 바라보면 해소가 된다.

행랑채 중문과 안채

향단을 비판적으로 보는 관점 중의 하나는 행랑채에서 안채로 가는 통로에 관한 것이다. 향단 행랑채 마당에서 행랑채 중문을 들어서면 앞에 높은 축대가 가로로 막고 있다. 여기서 오른쪽으로 가면 사랑채 마당을 거쳐 사랑채의 작은 사랑방 옆의 좁은 처마 밑 통로를 거쳐 안채로 통한다. 행랑채 중문에서 왼쪽으로 가면 좁고 어두운 통로를 따라 안채 부엌으로 통한다. 이 길을 향단의 하인들이 수없이 오가며 육체적 노동을 하게

[그림 69] 향단 출입문(출처: 김봉렬, 『한국건축 이야기1』, 돌베개, 2022, 293면에 필자 추가 작도

만들었다고 비판한다.

양동마을 형상은 배가 나아가는 행주형(行舟形)으로도 본다. 그래서 마을에 함부로 우물을 파는 것이 금지되었다. 행주형 마을에서 우물을 파면 배가 가라앉을 위험이 있다고 생각하기 때문이다. 향단에서

필요한 식수는 하인들이 멀리 떨어진 마을의 공동 우물에서 물을 길어와야 했다. 향단의 하인들은 추운 겨울날에도 무거운 물짐을 지고 경사진 길을 오르락내리락하며 힘든 육체적 노동을 했을 것이다.

이를 두고 향단의 하인들은 봉건적인 계급사회에서 비인간적인 삶을 영위했으며 향단의 가옥 구조가 그러한 삶을 조장하게 했다는 말도 한다. 그러나 이것은 향단의 가옥 구조로 인한 향단만의 문제가 아니다. 당시 조선 사회의 시대적 한계에서 비롯된 사회 전반적 문제이다. 조선 사회는 계급사회였고 신분에 따른 차별이 엄연히 존재하던 사회였다.

향단 안채에 대한 관점

향단 안채와 관련하여 손바닥만 한 안주인의 안마당과 시어머니 방인 안방과 며느리 방인 건넌방을 엇갈리게 배열한 안채의 배치가 납득하기 어렵다[22]고 말한다. 사방이 막히고 겨우 하늘만 빠끔히 보이는 안마당에서 향단 며느리는 부엌 하인들을 관리하고 집안일만 하는 지옥 같은 생활을 했을 것이라고 비판한다. 또한, 시어머니 방과 며느리 방이 엇갈리게 배치된 구조에서, 며느리는 시어머니의 감시 눈초리 속에 모진 시집살이를 했을 것이라고 상상한다. 여기서 시어머니는 이언적의 노모이고 며느리는 이언적의 동생인 이언괄의 부인이다.

---

[22] 김봉렬, 앞의 책, 292면.

그런데 과연 그러했을까?

향단을 이해하는 코드 중의 하나가 이언적의 효심이라고 했다. 향단은 이언적이 노모를 위해 지은 집이다. 따라서 향단 본채의 평면 배치는 당연히 안방을 중심으로 이뤄져 있다. 안방에서 사랑채 대청을 통해 바깥 경치를 볼 수 있고, 바깥 공기도 쐴 수 있다. 그래서 시어머니 방을 중심에 배치하고 며느리 방인 건넌 방은 가장자리로 배치한 것이다. 며느리를 감시하고 모진 시집살이를 시키기 위해 방 배치를 그렇게 한 건 아니라고 본다. 이언석 노모의 성품이 어떤 분이였는시는 자세히 알 수 없다. 모진 시집살이를 시키는 엄한 시어머니였는지 아니면 온화하고 인자한 성품의 소유자였는지는 알 수도 없을 뿐 아니라 가옥의 구조와 관련하여 논의할 사안도 아니다.

그러나 최악의 경우를 가정하더라도 이 또한 당시의 시대적 한계와 전통 가옥의 특성에서 나오는 피치 못할 결과일 뿐이다. 향단의 가옥 구조가 특이해서 다른 집안에 비해 며느리가 심한 시집살이를 했다고 볼 수는 없다. 더구나 대학자 이언적의 인품을 보면 노모의 성품도 간접적으로 추정이 가능하다.

향단 행랑채는 원래 그렇게 높지 않았다

향단에 대해 비판적 생각을 지닌 분들은 향단 안채의 구조가 폐쇄적이라는 주장을 한다. 특히 안채 앞에 있는 행랑채가 안채에서 생활하는 여인들을 더욱 폐쇄적 환경에 몰아넣는다고 본다. 이에 관한 건축학자들의 평을 보면 다음과 같다.

"안채 공간에서 보이는 바깥세상이라고는 오로지 하늘뿐이라니! 안채 마루에서 까치발을 디뎌도 보이는 건 오로지 하늘이고 행랑의 지붕만이 간신히 하늘과의 경계선이 되어 준다. 이곳에서 어떻게 살 수 있었을까?"[23]

"가뜩이나 높게 자리 잡은 안대청 바로 앞에 행랑채가 가로막아 안대청에서 보이는 것은 행랑채 지붕과 빈 하늘뿐이다."[24]

"어둡기 짝이 없는 부엌 공간, 죄수를 가둔 곳처럼 창살을 달아 놓은 2층의 광은 안채 분위기를 극단적으로 말해 준다. 이 집에도 뜰집처럼 □자 모양의 마당이 있는데, 한 개가 아니라 두 개씩이나 있다. 하지만 이 집의 안마당은 그 규모와 기능 면에서 볼 때 하늘을 향해 뚫린 창으로밖에 보이지 않는다. '손바닥으로 하늘을 가린다'는 우리의 옛말이 이곳에서는 가능하다."[25]

현대적 관점에서 한옥의 구조에 대한 객관적 비평은 당연히 있을

---

[23] 박선주, 앞의 책, 195면.
[24] 김봉렬, 앞의 책, 292면.
[25] 박선주, 앞의 책, 195면.

[그림 70] 향단 행랑채 지붕과 안채 대청마루(출처:나무신문)

수 있다. 그러나 고건축물은 현재의 모습이 애초의 모습과는 다를 수 있다는 점을 염두에 둬야 한다. 세월의 흐름이나 수리나 복원 과정에서 변형되는 경우가 많기 때문이다.

현재 향단의 본채(사랑채, 안채) 앞에 길게 늘어서 있는 행랑채도 그런 경우이다. 현재 행랑채는 보수 공사 과정에서 원래보다 지붕이 높아지게 되었다. 즉, 원래 행랑채는 현재보다 낮았다. 그래서 안채 대청에서 행랑채 지붕 너머로 바깥 경치를 어느 정도 감상할 수 있었다.[26]

현재 향단 안채 대청에서는 행랑채 지붕 때문에 앞쪽에 있는 바깥 경치를 전혀 볼 수 없다. 행랑채 지붕을 따라 이어지는 길쭉한 천 모양의 하늘만 보인다. 그러나 애초의 향단 모습은 달랐다. 적당한 높이의 행랑채가 안채 앞에 늘어서 있어서 안채의 여인들은 대청에 서서 향

---

[26] 이상현, 『이야기를 따라가는 한옥 여행』, 시공아트, 2012, 315면.

단 바깥의 경치를 감상할 수 있었다. 물론 향단 앞쪽에서 불어오는 바람에 대한 대비를 위해 행랑채 지붕을 완전히 낮출 수는 없었다. 바깥 경치도 볼 수 있고 바람도 막아주는 적당한 높이의 행랑채 지붕이 원래 모습이었다.

또 하나 ㅁ자 형태의 좁은 안채 구조에 대해서 비판하는 견해도 있다. 좁은 안채 마당에서 북적거리며 부엌일을 하는 당시 여인들의 모습을 상상하면 끔찍할 만도 할 것이다. 특히 현대식 넓은 아파트에서 편리한 생활에 젖어있는 현대인들의 관점에서 보면 더욱 그럴 것이다.

[그림 71] 향단 내부(출처: 오마이뉴스)

그러나 그때는 시대가 달랐고 환경도 달랐다. 풍수고전 『황제택경』에는 좋은 양택[집]의 다섯 가지 조건이 있는데 그중의 하나가 '집은 작고 사람이 많은 경우(宅小人多)'이다. 옛날 우리 조상들은 조금 좁은 듯한 공간에서 서로 복작거리며 살아가는 것을 활기 넘치는 좋은 모습으로 보았다. 향단 안채는 그러한 관념을 바탕으로 설계되고 건축된 것이다. 작은 축구장만 한 넓이의 아파트에서 달랑 부부 두 사람만 거주한다면 썰렁하다 못해 공간의 기에 사람이 눌리는 형세가 되고 만다.

　향단의 가옥 구조가 당시 여성들의 삶을 옥죄고 감옥 같은 삶을 강요하였다고 보는 것은 당시의 가치관과 문화를 살피지 못한 오류가 있다. 향단 건축의 목적은 회재 이언적이 노모 봉양과 여강이씨의 위상을 돋보이기 위한 것이다. 효성 깊은 회재 선생이 노모를 창살 없는 감옥에 가두기 위해 행랑채 지붕을 높게 만들어서, 안채에서 하늘만 보이는 집을 건축했을 리는 없다. 이언적의 극진한 효심만으로도 향단의 건축 구조는 충분한 이해가 된다. 양동마을 향단은 회재의 마음이 담긴 결정체이다.

전통의 보전과 변화

　국가유산의 보전과 시대에 따른 변화 간의 갈등은 양동마을에서도 보인다. 향단은 원래 99칸의 대저택이었으나 한국 전쟁 때 절반 정도가 파괴되었고 이를 1976년 보수를 하여 56칸으로 축소되었다.

　그런데 근래에도 행랑채 마당에서 행랑채로 올라가는 통로에 변화

[그림 72] 향단 행랑채 출입문의 변화 과정을 보여주는 모습 (출처: 국가유산 포털, 문화유산신문)

[그림 73] 향단 행랑채의 현재(2024.7.30.)모습. 마당에서 행랑채로 올라가는 계단이 없다.

가 많다. 행랑채 마당에서 행랑채 중문으로 올라가는 통로[층계]가 있었다 없었다를 반복한다. 행랑채 마당과 행랑채의 높이 차이는 상당하다. 중간을 이어주는 길이나 계단이 없다면 쉽게 오를 수 없다. 더구나 남성들은 사랑채 중문을 통해 사랑채로 출입했고 행랑채를 통해 출입하는 대상은 주로 향단의 여성들이다. 계단이 없으면 절대 오를 수 없는 높이다. 그런데 현재 향단 행랑채 마당과 행랑채를 이어주는 구조물은 아무것도 없다. 이전에 있었던 약간의 보조 설치물조차 없어졌다.

시대가 변한 상황에서 옛것만을 고집할 수는 없다. 그리고 그곳에 거주하는 사람들의 편리함도 생각해야 한다. 그러나 문화유산의 보존, 관리는 원형 유지가 최우선 목표이다. 현재의 편의를 위해 원형을 변형, 훼손하는 행위는 삼가야 한다. 향단 행랑채 마당과 행랑채를 이어주는 원래의 모습이 복원되기를 바란다.

향단에 대한 평가

문화유산을 이해하는 바람직한 방법은 당시의 가치관과 시대적 상황을 정확히 파악하고 그 토대 위에서 살피는 것이다. 일각에서 보는 것처럼 향단의 가옥 구조가 조선시대 노비와 여성의 인권을 억압하고 유린하였다고 볼 수도 있을 것이다. 특히 현대의 민주와 평등의 이념에 비춰보면 그러한 평가는 당연하다. 그러나 국가유산인 문화재는 문화유산 그 자체에 충실한 평가가 우선이다. 현재의 시대적, 정치적, 종교적 이념을 잣대로 평가하고 그 기준을 충족하지 못한다고 해서 문화유산을 폄훼할 수는 없다. 중국 베이징의 자금성, 이탈리아 로마의 콜로세움, 프랑스의 베르사유 궁전, 이집트의 피라미드 등 세계적으로 널리 알려진 인류문화유산들을 현대사회의 가치관과 부합되지 않는다는 이유로 폄하하거나 훼손할 수는 없다.

[그림 74] 향단 별채 다실에서 본 성주봉(출처: 인터넷)

그것은 문화유산을 대하는 올바른 자세가 아니다. 문화유산은 그 당시 가치관에 따라 그 본질을 파악하고 보존하여 이를 후대에 길이 물려주는 것이 최우선 과제이다.

CHAPTER
03

독립운동의 상징
안동 임청각

한국 정신문화의 수도, 경상북도 안동에는 임청각(臨淸閣)이 있다. 임청각이 있는 안동은 한국 보수의 심장이다.

임청각과 중앙선 철도(출처: 안동 뉴스)

한국 정신문화의 수도, 안동

한국 정신문화의 수도, 경상북도 안동에는 임청각(臨淸閣)이 있다. 임청각이 있는 안동은 한국 보수의 심장이다. 혹자는 조선왕조 5백 년 동안 나라가 정체되었고 양반들이 나라를 말아먹었다고 말하기도 한다. 그래서 양반의 고을인 안동에 대해서 부정적 평가를 하는 자들도 있다. 그러나 나라를 빼앗겼을 때 분연히 일어나 목숨을 초개같이 던지며 저항한 인물도 역시 안동이 제일 많다.

안동은 한국 독립운동의 발상지이며 시·군 단위로 전국에서 독립유공자(약 350명)가 가장 많은 지역이다. 구한말에 일어난 독립운동은 1894년부터 1945년까지 51년 동안 전개되었다. 그 첫머리를 장식한

[그림 76] 낙동강 건너에서 바라본 임청각. 가림막을 치고 복원공사가 진행 중이다.

것이 1894년 갑오년에 안동에서 일어난 갑오의병(甲午義兵)이다. 이후 안동은 1945년 광복을 맞을 때까지 끊임없이 독립운동을 전개하였다. 또 안동 지역의 독립운동은 의병 항쟁, 계몽운동, 3·1운동, 유림단 의거, 청년운동, 농민운동, 6·10만세 운동, 공산주의 운동에 이르기까지 모든 분야를 망라한 것이다.

안동은 보수적 성향이 강한 지역이면서도 혁신적 기풍이 있다. 이념과 계파로 분열된 독립운동 과정에서도 통합 정신을 추구한 인사들이 많다. 독립운동 초기 의병 활동이 실패한 뒤 안동은 신학문을 받아들인 혁신 유림이 생겨난다. 혁신 유림은 일본에 나라를 빼앗긴 이후 만주로 건너가 항일 투쟁을 이어가는데, 이때 가족과 친지 등 이들을 따라 망명한 사람이 1911년에만 2,500명이 넘었다고 한다. 5인 가족으로 보면 500가구이고, 7~8인 가족으로 봐도 300가구가 넘는 숫자이다.

1920년대와 1930년대 사회주의운동에도 어김없이 안동 사람들이 그 중심에 있었다. 이들은 대개 가진 자이자 지배 계층 출신이지만, 독립이라는 목적을 달성하기 위해 기득권을 과감히 포기하였다. 그래서 안동 사람들을 일컬어 '갓 쓰고 공산주의 운동을 하였다'고 한다. 특히 임청각 사람들은 독립운동 과정에서 좌우 통합을 위해 많은 노력을 하였다. 이로 인해 해방 후 사회주의 성향으로 오해를 받아 대한민국에서 제대로 된 처우를 받지 못한 때도 있었다.

임청각(臨淸閣)의 역사

임청각은 국보 제182로 우리나라에서 원형을 유지하고 있는 가장 오래된 민가(民家) 중의 하나이며[27] 안동 고성이씨(固城李氏) 집안의 대종택이다. 이곳은 임시정부 초대 국무령을 지낸 석주 이상룡(1858~1932) 선생이 태어난 곳이며 현재까지 11명의 독립투사를 배출한 독립운동의 산실이다. 석주 선생의 부인(김우락)과 아들(준형), 손자(병화), 손자며느리이자 병화의 부인(허 옥)을 비롯해 임청각 사람 11명이 독립운동 서훈을 받았다. 석주 선생의 처가와 사돈집까지 합하면 40여 명이다. 임청각은 나라가 위기에 처했을 때 사회지도층이 어떻게 처신해야 하는지를 보여주는 대한민국 노블레스 오블리주를 상징하는 장소이자 역사적 교훈 공간이다.

원래 임청각은 아흔아홉 칸의 대저택이었으나 일제가 건설한 중앙선 철도가 앞마당으로 지나가면서 거의 반 토막이 되었다. 그 이후 임청각은 매일 열차의 소음과 진동에 시달리며 근근이 버텨오고 있었다. 그간 독립운동 명가(名家)에 상응하는 대접을 받지 못하던 중 2017년 8·15 대통령 경축사에서 임청각이 언급된다. 이후 세간의 관심이 집중되었으며 집 앞마당을 통과하던 중앙선 철도를 철거하고 원래의 임청각을 복원하는 공사가 진행 중이다. 2025년 완공을 목표로 공사가 마무리 단계에 접어들고 있다.

---

[27] 우리나라에서 가장 오래된 민가는 고려말 최영 장군의 집이었다가 후일 그의 사위가 된 맹사성의 고택인 '맹씨행단'이나 복원 과정에서 변형이 있었다.

임청각의 주인인 고성이씨가 안동에 자리를 잡게 된 계기는 16세기로 거슬러 올라간다. 고성이씨는 원래 경상도 고성현(현재 경남 고성)에 자리 잡았는데, 이증(李增: 1419~1480)이 안동에 자리를 잡으면서 이 지역 양반 집안이 되었다. 이증은 1453년(단종 1년) 진사시에 합격하여 관직에 있었으나 수양대군이 단종을 몰아내고 왕위를 빼앗는 계유정난을 일으키자 관직을 버리고 안동으로 이주하였다.

임청각은 이증의 셋째 아들 이명(李洺)이 1515년(중종 10)에 건립하였다. 임청각이란 명칭은 중국 도연명의 「귀거래사」구절 중 "동쪽 언덕에 올라 길게 휘파람 불고(登東皐以舒嘯), 맑은 시냇가에서 시를 짓기도 하노라(臨淸流而賦詩)"라는 시구에서 '臨(임)'자와 '淸(청)'자를 취한 것이다.

[그림 77] 임청각과 중앙선 철도(출처: 경북일보)

임청각은 임진왜란 때 명나라 군대가 주둔하였으며 이때 99칸 중 10여 칸이 소실되었다. 일제 강점기에는 일제가 임청각의 앞마당을 관통하는 중앙선 철도를 개통시킴으로써 정문·행랑채·누대 등 36칸이 철거되어 현재는 50칸 정도만 남아 있다.

임청각에서 태어난 이상룡은 일제가 국권을 침탈하자 전 가족을 대동하고 만주로 이주한다. 만주에서 독립운동 중에 자금 마련을 위해 한때 임청각을 팔려고 매물로 내어놓기도 하였다. 이 과정에서 임청각이 일본인에게 팔리는 등 우여곡절을 겪었으나, 종가(宗家)를 팔 수 없다는 일가친척들의 만류로 임청각은 문중 인사들에게 '매각 형식'으로 넘어가게 된다. 당시 받은 금액 5백 원은 독립운동 자금으로 사용되었다. 하지만 이때의 매매 관계가 최근까지 임청각 소유권에 관한 법률적 분쟁의 단초가 되기도 한다.

임청각의 지형 지세

임청각은 안동 시내의 동쪽 외곽에 있다. 높이 250m가량의 영남산(映南山)을 뒤로하여 산비탈 끝자락 즈음에 앉아 남쪽의 낙동강을 바라보고 있다. 풍수에서 말하는 전형적인 배산임수(背山臨水), 즉 뒤에는 산이 있고 앞에는 물이 있는 자리이다. 임청각의 주산(主山) 영남산은 경북 봉화의 문수산(1207.3m) 줄기에서 내려왔고, 문수산은 강원도의 태백산(1,566.7m) 줄기에서 내려왔다. 즉, 임청각은 백두대간 줄기의 기운을 내려받고 있다.

[그림 78] 임청각의 옛 모습(출처: 안동문화)

임청각 앞으로는 낙동강이 흐른다. 태백산 황지에서 발원한 낙동강은 400여 리를 흘러 임청각 앞을 지나간다. 낙동강 건너 임청각 맞은편에는 무협산이 있다. 무협산으로 인해 임청각이 자리한 지점의 낙동강은 강폭이 다른 지점에 비해 상대적으로 좁다. 일정한 수량의 물이 흐를 때 그 폭이 좁으면 수심은 깊어지는 반면 물의 흐름은 빨라지게 된다. 이는 풍수적으로 장단점이 있다. 풍수에서 물은 곧 재물이다. 수심이 깊어지면 재물이 늘어나지만, 물의 흐름이 빨라지면 재산이 오래 가지 못한다는 단점도 있다.

임청각 맞은편에 있는 무협산은 안산(案山)이다. 안산이란 주인 앞에 놓인 작은 책상과 같은 산을 말한다. 그런데 무협산의 위치가 임청각 중심에 있는 것이 아니라 중심에서 왼쪽으로 절반 정도 치우쳐 있다. 주인과 손님 사이에 놓인 작은 소반이 주인 정면에 놓여 있는 것이 아니라 주인의 왼쪽으로 치우쳐 있는 형상이다. 이렇게 되면 임청각의 좋은 기운이 온전히 보전되지 못한다. 그나마 다행인 것은 낙동강 물이 임청각 앞을 지나가면서 그러한 결점을 어느 정도 보완하고 있다는 점이다. 계수즉지(界水則止), 즉 산은 강을 건널 수 없고 물을 만나면 지기(地氣)는 멈추기 때문이다. 따라서 주택으로 좋은 터는 산이 다

[그림 79] 임청각 11대 종손인 이종악이 1763년에 그린 임청각

한 곳에 물이 감아 도는 곳인 산진수회처(山盡水回處)이다.

낙동강은 임청각을 조금 지난 지점에서 반변천과 합류한다. 여기서부터 강폭이 넓어지고 유속도 느려진다. 임청각 맞은편 낙동강 남쪽은 안동의 용상동과 강남동이다. 현재 이 지역은 개발이 되어 건물이 들어서 있다. 이 지역이 개발되기 이전, 임청각에서 바라보는 낙동강과 주변 풍경은 지금과는 사뭇 달랐다. 예전의 임청각 군자정 툇마루에 서면 남서쪽 저 멀리에 낙동강의 백사장이 비단처럼 늘어져 있고 그 가운데 백로가 한가로이 노닐고 있었다.

임청각의 물길과 바람

물길은 바람길이기도 하다. 안동시내는 임청각의 서쪽과 서북쪽에 형성돼 있고 그 남쪽 끝으로 낙동강이 감싸며 흘러간다. 안동시내를 통과한 바람이 낙동강을 타고 임청각 앞으로 몰려온다. 임청각이 있는 지역은 강폭이 좁아 바람의 속도가 빨라지고 기압은 낮아진다. 특히 겨울철 낙동강을 거슬러 임청각으로 불어오는 강바람은 더 거세다.

[그림 80] 임청각의 주변의 지세와 물흐름(구글 위성 지도에 필자 추가 작도)

 임청각은 풍수에서 말하는 바람이 잘 갈무리는 되는 지형은 아니다. 임청각을 중심으로 왼쪽과 오른쪽에서 임청각을 감싸주는 산줄기가 짧고 약하다. 특히 임청각 오른쪽 산줄기의 끝이 임청각의 바깥쪽인 안동 시내 방향으로 휘어져 있다. 이로 인해 임청각의 오른쪽은 낙동강을 통하여 들이치는 겨울바람을 제대로 막지 못한다. 풍수적 관점에서 보면 일정한 터의 오른쪽 산줄기인 우백호(右白虎)는 그 터에 사는 사람의 재물과 관련된다. 임청각 오른쪽 산줄기가 약한 것과 임청각의 재물이 외부로 흩어지는 것은 무관하지 않다.

 현재 임청각 우측에는 흉측한 모습의 폐가(廢家)가 있다. 얼핏 보면 그 집은 낙동강을 눈앞에서 볼 수 있는, 전망이 일품인 명품 저택처럼 보인다. 그러나 사실 그 위치는 겨울철 북서풍과 강바람에 대한 대비가 전혀 안 되는 장소이다. 거기에다 매일 겪는 열차의 소음과 진동 등 여러 가지 악조건을 모두 지닌 장소다.

[그림 81] 임청각 옆 폐가와 폐가의 확대 사진

굳이 그런 곳에 사람이 살 이유가 없다. 설령 사람이 살더라도 오래 거주하지 못하는 장소이다. 잠시 머물다 가는 숙박업소용 장소로는 효용이 있을 수 있겠으나 아직 때가 오지 않은 모양이다. 현재 흉물로 남아 있는 2층 양옥집이 그러한 사실을 증명하고 있다.

낙동강은 임청각을 지나서 반변천과 합류한다. 두 줄기의 물이 합류하는 합수처(合水處)는 재물이 불어나는 곳이다. 그래서 임청각이 부자였다고 생각할 수도 있다. 그러나 물이 합류되는 지점이 좋지 않다. 낙동강과 반변천이 임청각의 앞이나 위쪽에서 합수되는 것이 아니라 임청각을 지나서 합수한다. 그리고 합수된 물줄기는 안동 시내 쪽으로 빠져 버린다. 물을 재물이라고 본다면 임청각의 재산이 임청각 내에 보관되는 것이 아니라 안동 시내나 다른 곳으로 빠져나간다는 의미이다. 땅은 생각이 없다. 생긴 모양대로 기능을 발현할 뿐이다.

임청각은 그 많은 전답을 팔아 독립운동자금으로 사용하였다. 그것도 모자라 급기야 대대로 이어 온 종갓집마저 팔아서 독립운동 자금으로 충당했다. 비록 독립운동 자금으로 사용되었더라도 임청각의 재산이 다른 곳으로 빠져나간 것은 사실이다. 아무튼, 이로 인해 임청각 사람들과 그 후손들의 삶은 혹독한 시련을 겪어야 했다. 그렇지만 영남산 산기슭에 다소 불안정스럽기도 하지만 당당한 모습으로 있는 임청각은 오늘날 한국 정신문화의 수도인 안동의 자랑이자 대한민국 독립운동사의 중심으로 우뚝 서 있다.

도적을 쫓는 퇴도문과 불사의 방

조선시대 이중환은 당시 베스트셀러였던 『택리지』에서 임청각을 안동의 3대 명승으로 꼽았다. 또 18세기의 학자 대산 이상정은 임청각을 '영남의 풍광 중에서 으뜸'으로 평가했다. 한국 근대 건축의 대가 김수근은 임청각을 "인간적인 치수를 반영하여 지은 집"이라고 하였다. 위와 같이 임청각은 고금(古今)의 대가들로부터 이미 그 위상을 인정받았다.

임청각 터는 원래 신라의 사찰인 법흥사가 있던 자리이다. 그래서 임청각은 평지에 집을 지은 것이 아니라 영남산 기슭의 비탈진 경사면을 활용하여 계단식으로 기단을 쌓아 지은 집이다. 임청각이 바라보는 방향(坐向)은 동남향으로 가옥의 어느 곳에서나 햇볕이 잘 들 수 있도록 설계되었다.

훼손 이전의 임청각은 아흔아홉 칸 집이었다. 양반 남자들의 공간인 사랑채, 양반 여자들의 공간인 안채, 노비 여자들의 공간인 안 행랑채, 노비 남자들의 공간인 바깥 행랑채, 별당인 군자정과 정원까지 조성된 조선 시대의 전통 한옥이다. 특히 군자정은 우리나라 민가에서 단청의 흔적이 남아 있는 것으로 유일하다. 원래 조선시대 민가에서 단청은 금지되었으나 임진왜란 이전에는 민가에도 일시적으로 단청이 유행했었다. 임청각은 임진왜란 이전에 건축한 집으로 군자정의 단청은 그때 한 것으로 보인다. 지금은 희미한 흔적만 남아 있다.

임청각은 현존 최고(最古)의 민가 중의 하나로서 건축사적 의의도 있지만, 풍수적인 측면에서 풍부한 얘깃거리가 남아 있는 장소이기도 하다. 임청각은 산비탈에 계단식으로 배치가 되어있다. 안채와 바깥채 기단의 높이 차이가 2m나 되어 건물의 위계질서가 분명하다. 또한, 주변에 다른 민가가 거의 없어서 외진 곳에 뚝 떨어져 있다. 그래서 임청각엔 가끔 도둑이 들곤 했다. 이에 대한 대비로 임청각에는 특별한 조치가 취해지기도 했다.

[그림 82] 임청각 퇴도문(출처: 무라야마 지준 저, 정현우 역, 『조선의 풍수』, 2009, 680면.)

임청각에는 보통 한옥과는 다른 특이한 점이 많다. 퇴도문(退盜門), 불사(不死)의 방, 영천(靈泉), 문자 형태의 가옥 구조 등이 그것이다.

임청각에서 도둑을 예방하기 위해 만든 퇴도문(退盜門)에는 다음과 같은 얘기가 전해진다.

원래 임청각에는 동서 양쪽에 문을 만들었으나 남쪽에는 문이 없었다. 그런데 어느 날 한 스님이 집을 살펴보더니 남쪽에 작은 문을 내면 도적을 피할 수 있다고 충고했다. 그러잖아도 좀도둑이 가끔 침입하곤 해서 고민을 하던 임청각은 남쪽 벽 사이에 작은 문 하나를 내었다. 그 이후 어느 날, 도둑이 남문으로 들어왔다가 길을 잃고 잡혀서 추방을 당했고 이후론 좀도둑이 없었다고 한다. 이 얘기를 체험해 보려면 임청각을 직접 방문해 보면 된다. 임청각을 처음 방문하는 사람들은 미로(迷路) 같은 통로에 적잖이 당황한다. 한밤중에 그것도 처음 임청각에 침입하는 도둑은 당연히 길을 잃을 수밖에 없을 것이다. 그런데 도둑 퇴치를 위한 남문의 흔적을 현재는 찾아볼 수가 없다.

임청각에는 또 하나의 신비스러운 장소가 있다. 즉, 죽어가는 사람을 그 방으로 옮겨 누이면 목숨이 연장된다고 하는 방이다. 이방을 불사(不死)의 방이라 하는데, 이곳 역시 현재는 임청각 사람이 거주하는 장소로 사용되고 있어 직접 확인해 보기는 어렵다.

일반인의 관점에서 보면 임청각의 구조가 불편한 점이 많다. 미로 같은 통로, 햇빛이 잘 들지 않을 것 같은 방 배치, 산비탈 경사지에 잡은 터 등등. 왜 이렇게 집을 지은 것인지 의문이 든다. 그러나 임청각 가옥 배치 속에 숨은 풍수적 의미를 찾아내면 의문이 풀린다.

用(용)자형 가옥 배치

우리나라 풍수 전반에 대해 근대적 관점에서 종합적으로 정리, 기록한 최초의 사람은 일본인 무라야마 지준(村山智順)이다. 그는 일제 강점기인 1931년 무려 850면이 넘는 방대한 분량의『조선의 풍수』라는 책을 출간하였다. 그는 이 책에서 임청각에 대한 풍수적 내용을 명쾌하게 분석, 정리해 놓았다.

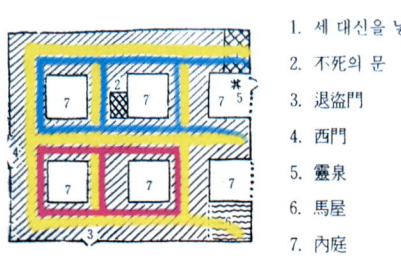

[그림 83] 임청각 用자형(노란색) 배치도. 아래쪽 日자(붉은색), 위쪽은 月자(하늘색) (출처: 무라야마 지준 저, 정현우 역,『조선의 풍수』, 2009, 681면에 필자 추가 작도)

무라야마 지준(村山智順)은 이 책에서 "이상룡의 집[임청각]은 지금으로부터 약 400년 전 그 조상이(…) 이 땅을 점쳐 지은 99칸짜리 건물이다."라고 하였다. 즉, 임청각은 최초에 터를 잡고 집을 지을 때 '점을 쳐서' 지은 집이다. 여기서 '점을 친다'는 것은 무속인에 의한 주술적 의미의 점이 아니라 풍수로 터를 잡았다는 말이다. 조선 시대에 집을 지을 때 점을 친다는 것은 곧 풍수를 본다는 것이기 때문이다.

임청각 가옥의 전체적 배치 구조는 用(용)자 형태이다. 무라야마 지준은 임청각의 구조에 대해 다음과 같이 설명하고 있다.

[그림 84] 화살표 방향에서 봤을 때 용(用)자 형태의 임청각 가옥 배치. 현재는 붉은 점선 부분에 가옥이 없어서 글자의 형태가 불완전하다.(출처: 지역문화에 필자 추가 작도)

집을 지을 때는 '일자형(日字形)', '월자형(月字形)', '길자형(吉字形)' 등 좋은 글자의 모양으로 만드는 것이 복을 받는다는 유형신앙(類形信仰)이 있다. 임청각은 하반(下半)은 일자(日字)이고 상반(上半)은 월자(月字)이다. 이것을 합쳐서 '용자형(用字形)'으로 한 것이다. 즉, 임청각 가옥을 크게 두 부분으로 구분하면 아래쪽은 日자 형상이고, 위쪽은 月자 형상이다.

특히 임청각 배치도에서 옆으로 누운 用자의 좌측 아래쪽(그림 83의 6번 물결친 부분)을 마구간으로 사용하는 것은 가옥의 아래쪽을 '일자형(日字形)'으로 나타내기 위한 것이다. 만약 그렇게 하지 않는다면 가옥의 아래쪽도 위쪽처럼 '월자형(月字形)'이 되어버린다.

'일자형(日字形)'과 '월자형(月字形)'이 합해진 '용자형(用字形)'은 하늘의 일월(日月), 즉 태양과 달을 지상으로 불러서, 천지의 정기(精氣)를 화합시켜 생기를 받으려 하는 풍수적 방술이다. 흔히 '일(日)'과 '월(月)'이 합해진 한자는 '명(明)'자라고 하는 것이 보통이다. 그런데 가옥 배치 구조를 '명(明)' 자 형태로 하지 않고, '용(用)'자 형태로 한 것은 특별한 이유가 있다. '명(明)'자는 일(日)자와 월(月)자가 병렬로 된 것이지 두 글자가 합쳐진 것은 아니기 때문이다.

반면 '용(用)'자는 '일(日)'자아 '월(月)'자가 완전히 힙하여진 글자가 되어 이것을 분리하면 독립된 문자가 되지 않는다. 즉, 분리할 수 있는 글자인 일월(日月)의 '명자(明字)'가 아니라 분리할 수 없는 글자인 '용자(用字)'를 취한 것이다. '명(明)'자는 '일(日)'과 '월(月)'의 물리적 결합에 지나지 않지만 '용(用)'자는 '일(日)'과 '월(月)'의 화학적 결합을 이룬 것이기 때문이다. 이것을 '천지음양일월도합격(天地陰陽日月都合格)'이라고 한다. 즉, 하늘과 땅, 음과 양, 해와 달이 모두 합해진 격이라고 본다.[28]

현재 임청각 가옥의 배치 구조는 무라야마 지준이 기록한 것과는 차이가 있다. 즉, 가옥 배치가 완전한 형태의 용(用)자가 아니다. 임청각의 위쪽 상반(上半)은 월(月) 자 형태가 맞다. 그러나 아래쪽 하반(下半)은 일(日)자 형태가 아니다. 무엇보다 일(日)자의 가운데 선에 해당하

---

[28] 이상은 村山智順 저, 鄭鉉祐 역, 『韓國의 風水』, 明文堂, 2009, 681~682면을 참조 정리하였다.

는 지붕이 없다(그림 84에서 붉은 점선). 또 임청각 배치도에서 마구간(그림83의 6번)에 해당하는 칸수도 자리가 정확하지 않다. 이렇게 된 데에는 이유가 있다.

일제가 1936년 중앙선 철도를 착공하면서 대문간과 행랑채가 강제 철거되었고 이때 일(日)자와 월(月)자 구조가 틀어지게 되었다고 한다. 일제는 임청각을 아예 없애버리려는 시도도 하였으나 지역사회가 결사반대해서 지금의 모습으로 남게 되었다고 한다. 아무튼, 1942년 경경선(현 중앙선)이 개통되면서 중앙선 철도는 하루에도 몇 차례씩 진동과 소음을 유발하며 임청각의 외형적 모습뿐만 아니라 임청각 사람들의 몸과 마음, 정신까지 흩트려 놓았다.

임청각의 영실, 영천과 세 명의 영의정

무라야마 지준은 임청각에는 "삼상(三相)이 태어나는 영실(靈室)이 있고, 도적의 넋을 잃게 하는 남문(南門)이 있고, 불사(不死)의 간(間)이 있다."29)라고 했다. 즉, 임청각에는 세 명의 영의정(領相)이 태어나는 방이 있고, 도둑이 들면 길을 잃어버리게 만드는 남쪽의 퇴도문(退盜門)이 있으며, 죽어가는 사람의 목숨을 연장한다는 불사의 방이 있다.

세 명의 영상(영의정)이 나온다는 임청각의 신령스러운 방인 영실(靈室)의 앞에는 영험한 우물인 영천(靈泉)이 있다. 그래서 영실을 보통 '우

---

29) 村山智順 저, 鄭鉉祐 역, 『韓國의 風水』, 明文堂, 2009, 679면.

[그림 85] 삼정승이 태어난다는 임청각 영실(靈室) 우물방(사진 오른쪽 끝방)

물방'이라고 부른다. 이 우물은 집을 지으면서 새로 뚫은 것이 아니라 집을 짓기 이전부터 있었던 샘이라고 한다.

보통 명당의 앞에는 맑고 깨끗한 샘물이 솟아난다. 풍수에서는 이를 진응수(眞應水)라고 한다. 이러한 현상이 나타나는 풍수적 이유는 수기(水氣)가 명당의 핵심 자리를 보호해주기 때문이다. 즉, 산줄기를 타고 내려오는 땅의 기운이 맺혀있는 곳이 이른바 혈처(穴處)인 명당인데 그 주위를 둥근 타원형으로 물기운이 감싸고 있다고 본다. 그런데 그 물기운은 명당자리[혈처] 위쪽에서 양쪽으로 갈라져서 매미 날개(蟬翼)처럼 둥글게 명당을 감싸며 내려오다가 명당 앞쪽에 오면 다시 합해진다.

[그림 86] 강릉 선교장 안채 앞 우물

얼핏 들으면 참으로 황당한 얘기처럼 들릴 수도 있으나 풍수 현장에는 이에 관한 실제 사례가 많이 있다. 아무튼, 명당의 위쪽에서 여덟 팔자 모양으로 갈라진 물기운이 명당의 앞쪽에 와서 거꾸로 된 여덟 팔자 모양으로 다시 합쳐진다. 이를 상팔하팔(上八下八)이라고도 한다. 그 합쳐진 물이 명당의 앞에서 솟아나는데 그것이 바로 진응수라고 부르는 우물이다.

그래서 보통 명당의 핵심 자리인 혈처(穴處)의 앞쪽에는 맑고 깨끗한 샘물이 솟아난다. 임청각 우물방 앞에 있는 우물이 바로 그러한 예이다. 비슷한 사례를 들면 강릉 선교장의 안채 평대문 앞에 자리한 우물, 의령 이병철 생가 마당의 우물, 청주 한씨 한란 묘 앞의 샘, 선운사 뒤쪽에 있는 인촌 김성수 조부 묘 앞의 샘 등이 있다.

임청각의 우물방에서는 지금까지 3명의 영의정이 나왔다고 한다. 첫 번째는 약봉 서성(1558~1631)이다. 서성 선생은 임청각의 외손이다. 서성 선생은 5도 관찰사와 3조 판서 등 여러 벼슬을 거쳐 사후에 영의정으로 추증되었다. 서성 선생의 어머니(고성이씨 부인)는 임청각을 건축한 이명 선생의 손녀이다. 서성 선생의 출생지에 대해서는 이설도 있지만, 당시 관습으로 볼 때 모친이 친정인 임청각에 와서 서성 선생을 출산한 것으로 본다. 서성 선생의 어머니는 시각 장애인으로 남편을 일찍 여의고 서성 선생을 훌륭하게 키운 현명한 여성으로도 유명하다.

두 번째는 류심춘(1762~1834)이다. 그는 조선 말기 문신 류후조(1799~1876)의 부친이다. 류후조는 서애 류성룡의 8대 손으로 철종 때 정시 문과에 급제하여 고종 때 좌의정을 지냈다. 그의 부친인 류심춘은 의성 군수를 역임하였고 사후에 영의정에 추증되었다. 류심춘의

[그림 87] 임청각 우물방 앞에서 바라본 무산

출생에 대해서는 다음과 같은 얘기가 전해온다.

임청각에서 태어나 경북 상주의 류씨 가문으로 시집간 딸이 있었다. 그 딸이 임신하여 출산이 가까워지자 임청각 친정으로 돌아와 출산을 기다리게 된다. 그런데 그 딸이 유독 우물방을 좋아하여 어머니의 만류에도 불구하고 그 방에서 생활하다가 출산을 하니 그가 바로 류심춘이었다.

혹자는 이 우물방의 정기를 받고 태어난 인물을 류심춘의 아들 류후조(1798~1876)라고 보기도 한다. 류후조는 서애 선생의 8대손으로 영의정은 아니지만, 벼슬이 우의정, 좌의정을 지냈기 때문이다. 류후조는 안동 하회마을 '화산규봉 8대 정승설'[30]의 주인공이기도 하다.

---

30) 하회마을에서 8대마다 정승이 나온다는 설이다.

세 번째 인물은 석주 이상룡(1858~1932)이다. 이상룡은 임청각의 한국의 노블레스 오블리주 정신을 대표적으로 상징하는 인물이다. 그는 거의 모든 재산을 처분하여 만주로 이주하여 독립운동을 하였고 점차 독립운동 자금이 부족하게 되자 마침내 임청각마저 매각하여 독립운동을 하였다. 그는 상해 임시정부 초대 국무령으로 추대되었다.

이렇게 해서 임청각 우물방에서 서성, 류심춘 혹은 류후조, 이상룡 등 세 명의 영의정이 모두 나온 셈이다. 이 중에서 출생지에 대해서 이설이 있는 서성 선생을 제외한다면 임청각 우물방에서 아직 한 명의 영의정이 더 배출될 수 있다.

그런데 이방은 특이하게도 임청각 며느리들에게는 효험이 없다고 한다. 주로 시집간 딸에게 발복(發福)이 있다고 한다. 즉, 우물방 효험은 친가보다 외가 쪽 자손들에게 효과가 있다는 말이다. 약봉 서성[31]과 류후조 등이 그 예이다. 또 류후조 대감의 여동생이 시집을 가서 낳은 딸이 다시 딸을 낳았는데 이 딸이 다시 임청각으로 시집을 왔다. 거기서 아들 삼 형제를 낳고 그 큰아들이 바로 석주 이상룡 선생이다.

세 명의 성인이 출생한다는 얘기는 경주 양동마을의 명당인 서백당에도 있다. 양동마을은 勿(물)자 형상의 명당으로 잘 알려져 있다. 勿자 형상에서 제일 강한 기운이 뭉친 서백당에서 세 명의 성현이 출생한다는 예언이다. 손중돈과 이언적이 이미 나왔고 나머지 한 명은 아직

---

31) 대구 서씨는 약봉 서성 이후 6대에 걸쳐 3대 정승, 3대 대제학, 문과 급제자 122명, 정승 9명, 판서 30명 등 수많은 인물을 배출하였다.

태어나지 않으셨다. 서백당 측에서는 이 나머지 한 분의 성현을 다른 집안에 빼앗기지 않기 위해 지금도 대단한 신경을 쓰고 있다.

군자정과 연지(蓮池)

군자정(君子亭)은 조선 시대의 정자(亭子)로 보물 제182호로 지정된 임청각의 별당이다. 임청각을 지은 이명(李洺)이 임청각 건립 4년 후인 1519년에 건립하였다. 군자정은 평면이 '丁(정)'자 형태이다. 서쪽에는 북쪽으로부터 1칸 크기의 온돌방과 그 밑에 1칸 크기의 마루방을 두고, 그 밑으로 각각 1칸 크기의 온돌방 2개가 연접해 있다. 일렬로 늘어선 이들 방과 접하여 동쪽으로는 정면 2칸, 측면 2칸의 대청이 놓여 있다. 방과 대청 주위에는 서쪽 뒷방의 좌측과 뒷면을 제외하고

[그림 88] 임청각 군자정과 연지(蓮池). 멀리 다리 아래로 낙동강이 흐른다.

는 모든 부분에 툇마루를 두고 계자 난간을 둘러 품격을 높였다. 출입은 두 군데에 마련해 놓은 돌층계를 이용하게 되어있다. 군자정은 정자로서는 드물게 대청 전체에 단청을 입혔으나 현재 그 희미한 흔적을 몇 곳에서만 찾아볼 수가 있다.

군자정은 안동의 자존심이자 안동 양반의 품격을 나타낸다. 안동 지방의 정자는 대부분 방을 갖추고 있는 특징이 있는데 군자정 역시 그러하다. 안동 지방 정자의 또 다른 특징은 퇴계 선생의 성리학적 영향을 받아 처사적(處士的) 도덕 함양과 선현에 대한 추념의 기능이 반영되어 있다는 점이다. 군자정 옆에는 직사각형 형태의 아담한 연지(蓮池)를 조성하였고 군자를 표방하는 연꽃을 심어서 군자정의 건립 취지를 표현하고 있다.

임청각 군자정에서 앞쪽의 낙동강과 백사장을 바로 보는 경치는 그야말로 명품이다. 물론 지금은 낙동강 건너편 백사장 지역이 개발되어 그 옛날의 감흥을 느끼기는 어렵다. 그러나 예전 임청각과 군자정의 경치는 안동팔경의 하나(臨淸古塔)로 꼽힐 만큼 빼어났다.

흰 코끼리가 강가에 코를 내미는 형상

풍수에는 어떤 장소의 길흉을 사물에 비유하여 판단하는 물형론(物形論)이 있다. 이에 의하면 임청각은 '흰 코끼리가 물을 마시기 위해 강가에 코를 내미는 형상'이다. 그래서 무라야마 지준은 『조선의 풍수』에서 임청각 뒤의 산을 코끼리 산인 상산(象山)으로 기록했다.[32] 그 상산을 지금은 영남산으로 표기하고 있다.

코끼리의 특징은 코이다. 따라서 코끼리 형상의 지형에서 핵심적인 장소이자 명당은 코끼리 코에 해당하는 곳이다. 임청각은 바로 이 코끼리의 코 부분에 자리를 잡았다. 코끼리는 거대한 몸집이지만 지능이 뛰어나다. 인간으로 치면 3~4살 정도의 유아 지능을 가지고 있다고 한다. 또한 가족 단위로 생활하며 사회성이 뛰어나고 동료의 죽음에 애도하는 모습을 보이기도 한다. 감정표현이 풍부하다는 의미이기도 하다. 또한 코끼리는 전투에도 활용된다. 한니발의 전투 코끼리와 인도의 전투 코끼리는 역사적으로도 유명하다. 코끼리는 코가 손이고 코로 물을 마신다. 풍수에서 물은 재물을 상징한다. 코끼리 코에 해당하는 장소에 터를 잡으면 그만큼 재물이 풍족해진다는 의미도 있다.

임청각 사람들은 편한 삶을 버리고 '낯 설고 물도 선' 이역만리 만주로 가서 무장 독립투쟁을 하였다. 그 당시 만주로 가서 독립투쟁을 한 사람들 중에서 고향의 재산을 처분하고 식솔 모두를 데리고 간 사람은 많지 않다. 임청각 사람들의 이러한 기질은 임청각의 지리적 환경과도 무관하진 않다고 본다.

임청각 앞 낙동강 건너에는 용이 하늘로 올라갔다고 하는 마을이 있다. 동네 이름이 용상동(龍上洞)이다. 또 임청각 앞에 있는 산에는 성인 3명이 출현할 수 있음을 뜻하는 3개의 봉우리인 삼공사(三公砂)가

---

32) 村山智順 저, 鄭鉉祐 역, 『韓國의 風水』, 明文堂, 2009, 679면.

있다. 거기에다 임청각 우물방 앞마당에는 맑은 샘물인 진응수가 솟아난다. 이렇게 임청각은 일반 여염집과는 차별이 되는 좋은 조건들이 갖추어져 있다.

독립운동과 임청각 사람들

임청각은 건축사적 의의도 있지만, 일제에 저항한 독립운동의 산실이라는 역사적 의미가 더 깊다. 부끄러운 역사이지만 나라를 팔아서 땅 얻고 좋은 집에서 호의호식하고 권력까지 휘두르며 잘 살다 간 매국노가 있었다. 반면에 임청각 사람들은 땅 팔고 집도 팔아서 풍찬노숙하며 나라를 되찾기 위한 독립운동을 3대에 걸쳐서 하였다. 해방 후에도 매국노의 후손들은 여전히 그들 조상의 기득권을 누리며 한국 사회의 최상위계층에서 살고 있지만, 독립운동에 모든 것을 바친 임청각 후손들은 끼니를 걱정하며 자식을 고아원에 보내야 하기도 했다.

이상룡, 이준형, 이병화 등 임청각 3대를 이어서 한 독립운동의 대가는 처절할 정도로 비참하였다. 해방된 조국에서의 삶이 일제 치하에서 독립운동을 할 때보다 별로 더 나아진 것이 없었다. 이는 한국 정치와 한국 사회가 개선되어야 할 점이 많다는 의미이기도 하다.

상해임시정부 초대 국무령 이상룡 선생의 아들 이준형은 1942년 생일날에 절명 시를 남기고 자결했다. 선생의 손자 이병화는 일본 경찰에 당한 고문 후유증으로 10년 뒤인 1952년에 세상을 떴다. 선생의 손자며느리 허 은 여사는 해방 후에도 독립투쟁의 후유증으로 슬하의 4남 1녀를 먼저 떠나보내야 했고, 남은 아들과 외동딸은 고아원에 보내야 했다.

현재 이상룡 선생의 증손 이항증은 국무령 이상룡 기념사업회 상임이사로 있고, 선생의 고손이자 종손으로 이창수가 있다. 이항증의 큰형은 해방된 조국에서 친일파 소행으로 추정되는 테러로 숨졌고, 둘째 형은 한국 전쟁 때 행방불명됐다. 셋째와 넷째 형은 철도와 의료사고로 숨졌다. 다섯째 아들인 이항증이 증조부 기념사업을 이끄는 이유다. 종손 창수 씨는 이항증의 넷째 형 큰아들이다.

석주 이상룡, 나라가 없으면 가문도 없다

임청각이 오늘날 독립운동의 상징으로 회자되는 것은 석주 이상룡(1858~1932)이 있었기 때문이다. 석주 이상룡은 임청각 우물방에서 출생했다. 선생은 한말(韓末) 퇴계 학통의 유학자로 고성이씨 17대 종손이다. 구한말 유학자로서 1910년 안동에 협동학교를 세워 애국 계몽운동과 의병운동에 힘썼다. 그가 세운 협동학교는 경상도 북부 지역에 최초로 설립한 신식 학교였다. 그러나 협동학교는 학생들이 단발했다는 이유로 안동 보수 유림의 격렬한 저항에 부딪혔다.

[그림 89] 석주 이상용(출처: 임청각)

결국, 교감과 교사 등 3명이 살해되는 비극적 사태를 맞았다. 그렇지만 협동학교는 이러한 위기를 넘기고 부활하였으며 이후 협동학교에서는 수많은 독립운동가를 배출하였다.

이상룡은 1910년 8월 일제가 강제적으로 한일합병을 감행하자 또 다른 결심을 한다. 선생은 설을 쇤 후, 선산이 있는 안동 도곡에서 고향 사람들을 초청해 잔치를 베푼다. 다음 날 새벽에는 사당에 나가 조상들에게 하직 인사를 올린다. 그리고 제사와 친척들의 생활을 위한 논밭 일부만 남기고 조상 대대로 내려온 토지를 모두 처분해서 만주 독립운동기지 건설 자금을 마련하였다. 또한, 그는 안동에서 최초로 노비 문서를 불태웠다.

또 "공자·맹자는 시렁[33] 위에 두고, 나라를 되찾은 뒤에 읽어도 늦지 않다"라고 하며 임청각 사당에 모신 조상 신주를 땅에 묻고, 1911년 한겨울 찬바람을 맞으며 만주로 떠난다. 당시 54세인 이상룡은 국내에서 여생을 편안히 즐길 수 있는데도 불구하고 반백이 넘은 나이에 나라를 되찾기 위해 고난의 길을 간다. 그는 50여 명의 식솔과 함께 전 재산을 챙겨 서간도로 망명한다. 더구나 당시 유교 사회에서는 상상하기도 어려운 행동인 조상 신주를 땅에 묻고서 말이다.

이때 선생은 조국을 떠나면서 비장한 각오를 거국음(去國吟)이란 시로 남긴다.

---

[33] 한옥에서 벽과 벽 사이에 두 개의 긴 통나무를 가로질러 물건을 얹어 놓을 수 있도록 만든 구조물

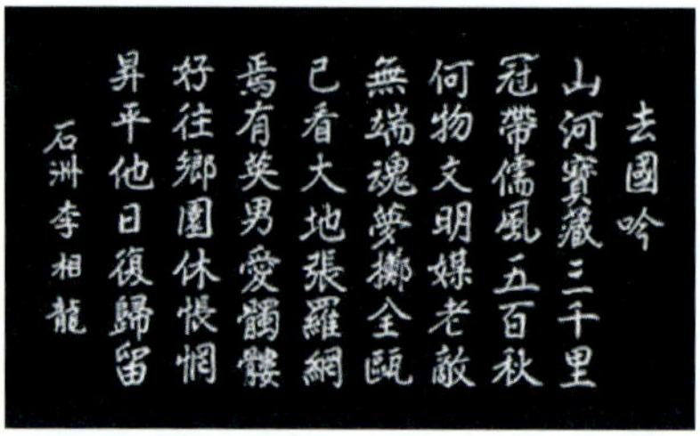

[그림 90] 이상룡의 거국음

"보물같은 삼천리 우리 강산
[山河寶藏三千里]

선비의 정신 오백년 지켜왔네
[冠帶儒風五百秋]

그 무슨 문명이 노회한 적 불러 들여 [何物文明媒老敵]

꿈결에 느닷없이 온전한 나라 깨뜨리나 [無端魂夢擲全甌]

이 땅에 적의 그물 쳐진 것을 보았으니 [已看大地張羅網]

어찌 대장부가 제 한 몸을 아끼랴 [焉有英男愛髑髏]

잘 있거라 고향 산천 슬퍼하지 말아라 [好佳鄉園休悵惘]

태평성세 그날이 오면 다시 돌아와 머물지니[昇平他日復歸留]"

안동, 추풍령, 신의주를 거쳐 만주 유하현 삼원포에 이르는 망명길은 2천 500리. 선생은 가족들을 이끌고 살을 에는 북풍을 맞으며 압록강을 건넌다. 당시 일행 중에는 임신한 여성도 있었다. 1911년 1월, 압록강에 도달한 선생은 국경을 넘으며 나라 잃은 설움과 광복의 의지를 도강시(渡江詩)로 대신한다.

"삭풍은 칼보다 날카로워 나의 살을 에이는데
살은 깎이어도 오히려 참을 만하고
창자는 끊어져도 차라리 슬프지 않다

이미 내 집과 토지 다 빼앗고 내 처자도 넘보는데
이 머리 잘릴지언정(此頭寧可斫)
무릎 꿇어 종이 될 수는 없다(此膝不可奴)
　……………"

선생은 만주로 망명한 후 서간도 최초의 독립운동 조직인 경학사를 만들고 훗날 독립군을 양성한 신흥무관학교의 전신인 신흥강습소를 설립한다. 그런데 독립운동 자금이 부족해지자 1913년, 아들 이준형을 국내로 보내서 종택인 임청각마저 처분하여 자금을 마련한다. 임청각은 처음에 일본인이 매수하였으나 우여곡절 끝에 문중에서 이를 다시 사들이게 된다.

1919년 3·1 만세 직후 서간도 독립운동가들은 정부 조직인 '군정부(軍政府)'를 만들어 이상룡을 대표로 추대했다. 그러나 상하이에서 대한민국 임시정부가 조직되자 이상룡은 '한 민족에게 어찌 두 정부가 있겠는가'라면서 군정부를 군정서(軍政署)로 낮춰 개편한다. 자리에 초연하고 진정으로 독립을 위한 선생의 진심이 다시 한번 드러난 셈이다.

1924년 임시정부 이승만 대통령이 탄핵당하고 2대 대통령으로 추대된 박은식이 대통령제를 국무령제로 바꾼다. 1925년 이상룡은 상해 임시정부 초대 국무령에 추대된다. 이상룡은 여러 분파로 나뉘어 있던 독립운동 조직의 통합을 위해 노력한다. 그러나 상해 임시정부

내의 분열과 파벌은 개선되지 않았다. 이에 회의를 느낀 이상룡은 다시 간도로 돌아와 무장 항일 투쟁에 심혈을 기울였다.

석주 선생의 만주 망명 생활은 차마 눈물 없이는 들을 수 없는 독립운동의 대서사시이다. 선생이 남긴 『석주유고 (하)』에 다음과 같은 글이 있다.

"허물어진 초가삼간에 잡초가 무성한데
여러 해 사람이 들지 않아 먼지투성이네
문풍지가 우웅 우는데 어느 나라 말인고
침상에서 몸이 얼어 다른 사람 몸이 되었네
솥이 차갑나니 소랑[34]은 눈밖에 먹을 게 없고
부엌이 비었나니 구천은 누울 섶도 없네
상천의 마음이 어찌 예사로운 것이랴
남아로 하여금 고생을 실컷 겪게 하는구나"

그러나 선생은 살아생전에 그토록 바라던 조국의 광복을 끝내 보지 못한다. 1932년 만주 길림성에서 '국토를 회복하기 전에는 내 유골을 고국에 싣고 가지 마라'는 유언을 남긴 채 74세를 일기로 파란만장한 삶을 마감한다. 선생의 마지막 유언에서 마저 독립에 대한 갈망과 비

---

[34] 소랑은 한무제 때 흉노에 사신으로 갔다가 억류되었으나 흉노 왕의 호의를 끝내 거부한 인물이다.

장함을 느낀다.

　선생의 유해는 일제가 패망하고도 45년이 지난 1990년 10월에야 조국으로 돌아왔다. 선생이 임청각을 떠나며 '태평성세가 되면 다시 돌아와 머물지니'라고 읊었지만 죽어서도 너무나 늦게 고국으로 돌아온 것이다. 선생의 유해는 대전현충원에 모셔졌다가 다시 서울 동작동 국립현충원으로 안장되었다.

이준형, 하루를 살면 하루의 부끄러움만 더할 뿐

　이준형(1875~1942)은 석주 이상룡의 아들이며 독립운동가 이병화의 아버지이다. 1911년 부친 이상룡이 만주로 가기 위해 안동을 떠난 보름 뒤, 당시 만 36세인 이준형은 나머지 가족을 데리고 만주로 간다. 임청각에서 만주로 가는 것을 이렇게 2차로 나눠 출발한 이유는 일제의 눈초리를 피해야 했기 때문이다. 만주에서 온갖 고생과 수모를 겪으며 21년간 독립운동을 한 후 57세에 귀국하였다.

　당시 임청각 사람들은 집을 나선 지 꼬박 석 달이나 지나서야 만주의 목적 지점에 도착할 수 있었다. 그러나 만주에서의 생활은 이루 말로 다할 수 없을 정도로 어렵고 힘들었다. 이준형의 며느리이자 임청각 종부인 허 은(1907~1997) 여사가 구술한 『아직도 내 귀엔 서간도 바람 소리가』에 그 단면을 알 수 있는 내용이 나온다. 즉, 이상룡 일가가 거주하는 집은 철로 옆 허름한 곳이었는데 여름철이면 비가 새었다. 방에서 말리던 벼에 물이 떨어져 벼 싹이 파랗게 돋아났다. 이상룡 선

[그림 91] 이준형(출처: 위키백과)

생의 아들 준형과 손자 병화가 마주 앉아 우산을 펴서 선생이 잠을 주무실 수 있게 해드렸다고 한다.

만주에 처음 도착한 초기에 이준형은 여섯 살 난 딸을 잃는다. 또다시 2년 뒤에는 둘째 아이도 잃는다. 어렵게 마련한 돈마저도 '달아오른 난로에 떨어진 조각 눈처럼' 사라져 버린다고 했다. 그래서 이준형은 만주에서 돈을 번 사람으로부터 자금을 빌리고, 고향에서 사촌 동생이 문중 재산을 처분하여, 돈을 빌려준 사람의 고향 집에 갚는 방법을 생각해낸다.

그런데 여기에도 문제가 생겼다. 고향에서 재산 매각이 그리 쉽지 않았기 때문에 돈을 빌려준 사람의 본가에 제때 갚을 수가 없게 된 것이다. 그래서 만주에서 돈을 빌려준 사람으로부터 사기꾼이라거나 파렴치한 인물로 수모를 당하는 일이 거듭 생겼다. 부잣집 종손으로 태어나서 남부럽지 않게 살았고 더구나 명문가의 자손으로 명예와 자존심으로 살아가는 그에게 그러한 취급을 당하는 것은 견딜 수 없는 일이었다. 또 당시 이준형은 육체적으로 병든 몸이기도 했다.

1932년 부친 이상룡이 만주에서 서거하자 부친의 반혼제(返魂祭: 죽은 사람의 혼을 집으로 불러들일 때 지내는 제사)를 올리기 위해 다시 고국으로 돌아온다. 그런데 그는 귀향하자마자 연거푸 장례를 치른다. 1933년 모친 김우락이 돌아가셨기 때문이다.

고향에 돌아왔건만 그의 시련은 끝나지 않는다. 당시 경경선(京慶線, 현 중앙선) 철도 건설로 임청각이 강제 철거될 것이라는 문제가 생겼다. 400년 된 종택을 잃게 될 위기에 처한 그의 고민은 깊어갔다. 불행 중 다행으로 1935년 임청각의 실제 피해는 생각했던 것보다는 작았다. 본채와 아래채는 살아남고 행랑채와 앞마당이 철도 부지로 들어간 것이다.

그런데 1942년 2월 일본의 싱가포르 승전 소식이 전해진다. 이 전투로 영국군은 역사상 최악의 패배를 기록했으며 일본은 동남아시아에서 영향력을 확대하는 계기가 되었다. 독립의 희망이 더 멀어졌다고 판단한 이준형은 이제는 삶의 의욕을 잃고 만다. 그는 아들 병화에게 만주에 모셔진 부친 이상룡의 묘소를 돌아보라고 보낸 뒤 보름 만에 자신의 62회 생일을 맞아 스스로 목숨을 끊는다. 그는 유서 1편과 절명 시 1수를 남겼는데 이때가 부친이 돌아가신 지 10년이 지난 시점이었다.

그는 유서에서 명정(죽은 사람의 상여 앞에 들고 가는 기다란 깃발)에 '恥齋'라 적으라 했다. 치재(恥齋)란 '부끄러운 자'란 뜻이다. 또 "하루를 살면 하루의 부끄러움만 더할 뿐"이라고 했다. 나라를 뺏겨 국권을 회복하지 못한 자의 삶이니 하루하루가 부끄러운 삶이라고 여긴 것이다. 나라의 슬픔을 자기 개인의 슬픔보다 더 크게 인식하였다. 그는 구차한 삶보다 조용한 죽음을 선택하였다.

그가 남긴 절명시 『臨絶韻(임절운)』의 뒷부분은 다음과 같다.

"아직 槿域(근역: 조선)의 새봄은 머니 하늘의 뜻이요(天心尙遠春回槿)
끝내 상전벽해의 변화를 보니 시대의 운명이다(時運終看海變桑)
귀머거리 벙어리로 구차히 사는 것도 가소롭구나(聾啞苟存還可笑)
원컨대 아버님 따라가 하늘에서 모시련다(願隨吾父侍云閽)"

이병화와 허은 여사

이병화(1906~1952)는 석주 이상룡의 손자이자 이준형의 아들로 안동 법흥동에서 출생했다. 이상룡, 이준형, 이병화를 이어시는 독립운동 3대째 사람이다. 1911년 조부 이상룡과 부친 이준형을 따라 만주로 갔다. 독립운동을 하다가 1932년 조부 이상룡이 사망하고 일제가 만주를 장악하자 부친과 함께 귀국했다. 중국과 조선에서 수차례 투옥과 고문을 당했고 광복을 안동경찰서 유치장에서 맞았다. 1952년 한국 전쟁으로 충남 아산에서 피난 중에 일제의 고문 후유증으로 사망했다.

[그림 92] 이병화(출처:위키백과)

그는 허 위[35] 선생의 사촌 손녀 허 은(1907~1997) 여사와 결혼하였다. 허 은 여사의 고모인 허 길은 이육사 선생의 어머니다. '청포도',

---

[35] 1908년 의병들은 이인영을 총대장으로 삼고 의병연합군인 13도 창의군을 창설한다. 이때 허위는 군사장으로 선발대를 이끌고 한양 밖 30리까지 진격하였으나 일본군의 반격으로 후퇴하였다. 또 총대장 이인영이 부친상을 당하여 낙향하면서 서울 진공 작전은 중단되었다.

[그림 93] 허 은 여사(출처:경북매일)

'광야' 등의 시로 일제에 저항한 이육사는 어릴 적 임청각에서 함께 어울리곤 했다.

이병화의 부인 허 은 여사는 슬하에 5남 2녀를 두었다. 그중 장남 이도증은 10대 나이에 일제 경찰에 끌려가 고문 후유증으로 사망하고 둘째, 셋째, 넷째는 실종되거나 사고 등으로 숨진다. 4남 1녀가 먼저 세상을 떠난 것이다. 다섯째 아들 이항증과 여섯째 딸은 초등학교 졸업 후 대구 보육원에 맡겨진다. 그야말로 집안이 풍비박산되었다.

그러나 이에 대해 허 은 여사는 회고록에서 "억울한 생각이 들기도 하지만, 남 앞에 비굴함 없이 당당하게 살아가는 아이들을 보며 그래도 선대의 긍지가 그들 핏속에 자존심으로 살아있구나 싶다"고 했다.

일제 치하에서도 우리 독립운동은 좌우로 분열되고 여러 곳에서 갈등과 충돌이 일어났다. 이때 통합의 선두에 선 사람들이 안동 사람들과 임청각 사람들이었다. 그중 안동 출신 김동삼은 좌우를 가리지 않고 궂은일을 도맡아 했고 부름이 오면 한 번도 거절하지 않고 수습했다고 한다. 그는 '통합의 화신'이라 불렸는데 그 바탕에는 이상룡을 비롯한 안동 출신 인사들의 통합 인식이 있었기 때문이라고 한다.

김동삼은 비록 사회주의자가 아니었지만, 무산자계급동맹의 간부를 맡았다. 이준형 일족도 마찬가지였다. 특히 아들 이병화는 1928년 중국공산당 만주성 위원회 반석현 책임자로 활동했고, 재중한인 동맹 사무집행위원을 맡기도 했다. 이는 이병화가 좌익 이념에 젖어서가 아니었다. 그는 오로지 민족의 해방을 위해 행동했을 뿐이다. 임청각 사람들에겐 사상과 이념보다 민족의 독립이 최우선이었다.

미등기 상태의 임청각

3대에 걸쳐 독립운동을 한 임청각의 이상룡 일가는 1910년부터 1918년에 걸쳐 시행된 일제의 토지조사사업 때 등기를 거부한다. 또 1932년 이상룡 서거 후 아들 이준형이 귀국했지만, 일제의 호적 취득도 거부한다. 독립운동가 집안으로서는 당연한 행동이다.

이상룡 선생이 독립운동자금 마련을 위해 '임청각(臨淸閣)'을 팔 때 작성된 계약서가 있다. 이 계약서는 1913년 4월에 작성됐고 '임청각을 2천 원에 일본인 오카마 후사지로에게 판다'는 내용이다. 그 후 문중에서 이를 다시 되샀고, 이준형은 임청각을 빼앗길 것을 우려해 고성이씨 집안의 다른 파(派) 문중 4명의 명의를 빌려 등기하였다. 법률적으로 임청각 건물과 토지 소유권이 등기된 4명 앞으로 넘어간 것이다.

그런데 해방 후 4명의 후손이 70여 명으로 늘어나면서 문제가 복잡해졌다. 해방 후 한때 고아원에서 생활했던 이상룡 선생의 증손자 이항증은 이들을 상대로 10년이라는 긴 세월 동안 법정 소송을 벌이게 된다. 그리고 마침내 2010년 8월 임청각의 소유권을 종중으로 한다는 최종 판결을 받았다. 그러나 임청각은 아직도 미등기 상태라고 한다. 행정기관에서 관련 규정이 미비하다는 이유로 등기를 계속 거부하기 때문이다. 융통성 없는 관료주의에 독립운동가의 후손들은 여전히 어려움을 겪고 있다.

일제의 중앙선 철도 부설과 임청각

일제는 1942년 임청각 앞마당을 가로지르는 중앙선 철도를 완공하였다. 이로 인해 임청각의 앞마당 절반은 물론 행랑채 50여 칸과 문간채, 중층 문루가 파괴되었다. 이를 두고 일제가 임청각을 훼손하려고 의도적으로 철도 노선을 그렇게 획정했다는 견해와 그렇지 않다는 견해가 대립하고 있다. 그 대략적 개요만 살펴보면 다음과 같다.

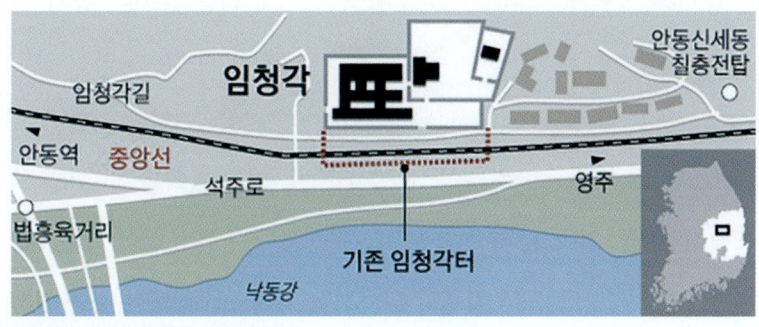

[그림 94] 기존 임청각 터(출처: 중앙일보)

먼저 일제가 임청각을 훼손할 의도로 철도 노선을 획정했다고 보는 견해이다. 임청각에서 독립운동가들이 많이 배출되었기 때문에 일제

[그림 95] 임청각과 구 중앙선 철도(붉은 선)(출처: 구글 위성에 필자 추가 작도)

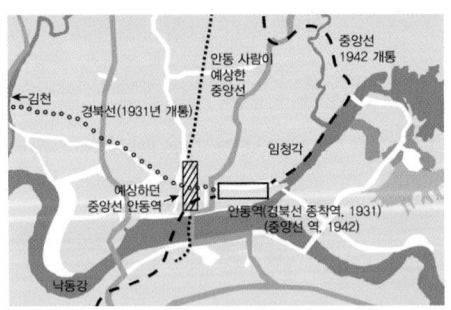

[그림 96] 중앙선 노선과 임청각(출처: 김희곤 교수의 '이준형의 독립운동과 임청각의 수난,' 한국독립운동사연구 제63집, 30면.)

가 임청각과 그 사람들을 눈엣가시로 여기고 있었다는 점을 근거로 든다. 또 다른 근거는 당시 일제가 획정한 중앙선 철도 노선은 가까운 거리를 두고 먼 거리를 돌아가도록 획정되었다는 점이다. 더구나 철도는 곡선보다 직선 노선이 기본인데 일제가 거의 70~80도의 각도로 휘어지는 곡선노선을 택한 것도 쉽게 납득이 안 된다.

한편 2018년 김희곤 교수는 논문 「이준형의 독립운동과 임청각의 수난」에서 다음과 같은 주장을 한다.

안동에는 본래 경북선(김천-예천-안동) 종착역이 1931년에 오늘의 안동역 자리에 세워졌다. 이 역은 동서 방향으로 낙동강을 따라 자리를 잡았다. 그런데 경경선(중앙선)이 남북으로 만들어지면서 남북 방향의 새로운 역을 만들어야 하는 과제가 생겼다. 동서 방향의 기존 구 안동역을 활용할 것인지, 아니면 남북 방향의 새로운 역을 만들 것인지, 이것이 문제였다. 남북 방향 신역을 세우면 낙동강 철교에서 바로 영주를 향해 철로가 만들어지는 것이고, 동서 방향 기존 역을 활용하면 낙동강을 따라 돌면서 임청각 앞을 부수고 지나야 한다. 이 문제가 매듭지어진 때가 1936년 8월이다. 결론은 기존 안동역을 이용하는 것이었다.

여기에는 임청각을 통과하는 노선으로 확정되었다는 결론만 제시하였을 뿐 일제의 의도에 관해서는 언급이 없다. 다만 논문 각주에서 당시 『동아일보』 기사를 인용하고 있다. 그 기사 내용은 다음과 같다.

"안동에서는 일제가 석주일가의 독립운동에 앙갚음한다고 일부러 철도 선을 우회시켰다는 이야기가 회자되지만, 사실이라기보다는 민중이 받아들인 정서를 말해 주는 것으로 보인다. 공사 구간이 확정될 때는 이미 석주가 사망한 지 4년이나 지났고, 가족들도 환국한 뒤였다."

-『동아일보』 1936년 8월 11일 자 5면.

위 기사는 일제의 고의성을 부정하는 입장인 것 같다. 공사 구간이 확정될 때는 이미 이상룡 선생이 서거했고 임청각 사람들도 만주에서 국내로 귀국한 상태임을 근거로 든다.

그러나 위 기사는 논리적 모순이 있다. 임청각은 3대가 독립운동을 했다. 이상룡 선생은 돌아가셨지만, 그의 아들 이준형과 손자 이병화 등은 생존해 있었다. 그리고 만주에서 귀국해 국내에 있다면 일제로서는 오히려 더 감시하고 괴롭히며 앙갚음을 할 수 있는 유리한 조건이지 않은가. 어쨌든 위 견해는 일제의 고의성을 당시 민중적 정서로 돌려버리고 사실로 인정하지 않는 입장인 것 같다.

이 외에도 몇 가지 다른 근거로 일제의 고의성을 부정하는 견해도 있다. 중앙선 노선이 확정된 1936년 당시는 1932년 이봉창·윤봉길 의사의 잇따른 의거 이후, 일제가 불온한 조선인으로 부른 소위 '불령선인(不逞鮮人)'에 대한 대대적인 단속이 이뤄졌고 독립운동은 사실상 와해 상태에 있었다는 점이다. 또 일제가 임청각을 미워했으면 아예 임청각을 없애버렸으면 될 일인데 그렇게 하지 않았다는 점을 내세우는 견해도 있다.

또 일각에서는 이상룡의 아들 이준형이 쓴 편지를 근거로 들기도 한다. 이준형은 중앙선 부설로 임청각이 헐리게 될 것이라는 이야기를 듣고 그의 마음을 편지글에 다음과 같이 표현했다.

"강가 선대로부터 물려받은 집은 장차 철도 때문에 부서질 터인데,

4백 년 지켜온 유물이 빈 언덕이 된다면 어찌 마음이 절통하지 않겠습니까만, 운수가 기박하여 그런 것을 어찌할 수 없고, 다만 스스로 하늘을 우러러 길게 탄식만 할 따름입니다."

여기에서 편지 속의 '운수가 기박하여'라고 한탄하였을 뿐, 편지의 어디에도 일제가 민족정기를 끊으려고 했다는 내용은 없다는 점을 들어 일제의 고의성이 없었다고 주장한다.

그러나 이 또한 동의하기 어려운 점이 있다. 우선 이준형의 편지글로 일제의 임청각 훼손에 대한 고의성 여부를 판단한다는 것 자체가 문제 있다. 당시 이준형은 일제의 감시 눈초리를 받는 불령선인에 속한다. 그는 일제의 철도 노선 계획과 관련된 일에 일체 관여한 적이 전혀 없다. 그런 상황에서 이준형이 어떻게 일제의 내밀한 속마음까지 자세히 알 수가 있었겠는가. 또한, 사적인 편지글에 구구절절 일제의 고의성을 구체적으로 늘어놓을 이유도 없다. 개인의 편지 하나로, 제국주의 일제식민지 철도 노선 계획의 숨겨진 의도를 판단한다는 것은 어불성설이다.

일제의 고의성을 부정하는 견해로 조금 더 그럴듯한 주장을 펴는 사람도 있다. 즉, 임청각은 이상룡 선생과 그 가족들의 독립운동 그 자체만으로도 훌륭한 일인데 비과학적인 근거로 민족정기 운운하며 일제의 고의성을 주장하는 것은 오히려 웃음거리가 될 수도 있다는 것이다. 실제 일본 매스컴에서 임청각과 일제의 의도적인 훼손을 주장하는 한국 측의 논리를 보도한 바 있다. 나아가 일본 우익에서는 이를 가지고 조롱하는 정도까지 갔었다.

이상의 논의에 대해 정리를 하면 다음과 같다. 여기에는 경제적 측면과 기타 식민통치 전략적 측면으로 나눠서 살펴볼 필요가 있겠다.

우선 경제적 측면에서 보면 안동 중심지를 통과하는 직선 노선과 임청각 앞을 지나는 우회 노선의 건설 비용을 비교 분석하는 것이다. 우회 노선의 부설 비용이 상대적으로 적었다면 일제가 임청각을 훼손할 의도가 없었다고 볼 수 있다. 그런데 만약 우회 노선의 부설 비용이 더 많은데도 굳이 임청각 앞을 지나는 철도를 부설했다면 일제의 고의성을 의심해 볼 수 있다.

철도가 임청각 앞을 지나는 노선, 즉 우회 노선은 안동 중심지를 통과하는 직선 노선에 비해, 철교 2개, 터널 7개를 추가로 공사해야 했다. 더구나 길이도 5km가 더 연장된다.

이에 비해 직선 노선은 철도 통과에 따른 부지 매입에 드는 비용이 문제이다. 즉, 철도부지매입 비용에 대한 객관적 연구 결과는 아직까지 없는 것 같다. 따라서 경제적 측면에서 두 노선에 따른 비용의 많고 적음은 쉽게 결론을 내릴 수가 없다.

그다음 기술적인 측면에서 살펴보면 일각에서는 철도의 평지 부설보다 교량이나 터널 공사가 더 쉽다는 주장을 하고 있다. 그러나 그것은 상식적으로 수긍이 가지 않는다. 당시 토목 건설 기술 수준과 공사의 위험도 등을 고려하면 아무래도 평지에 철도를 부설하는 것이 훨씬 쉽고 안전하다고 본다.

　마지막으로 일제의 식민통치전략적 측면에서 보면, 일제는 노골적으로 증거를 남기며 어설프게 식민통치를 하지는 않았다. 그건 일제뿐만 아니라 당시 다른 제국주의 국가도 마찬가지였다. 근래까지도 문제가 되는 한일 간 과거사 문제 중 하나인 위안부에 관한 태도만 보더라도 그들의 은밀하고 치밀한 전략을 충분히 짐작할 수 있다

　일제는 식민통치를 아주 교묘하게 하였다. 먼저 일제는 한국의 식민통치를 위해 여러 가지 사전 작업을 하였다. 그중의 하나가 어용학자를 동원한 조선의 풍수에 관한 연구이다. 그 결과물이 1931년 발간된 무라야마 지준의 『조선의 풍수』이다. 여기에 임청각 풍수에 관한 내용이 나온다. 이는 일제가 임청각의 풍수적 의미와 중요성을 알고

[그림 97] 5km를 돌아 설계된 임청각 앞 중앙선 철도(붉은 선-계획안, 검은 선-변경된 중앙선)(출처: 임청각)

있었다는 증거이기도 하다.

또 시기적으로 독립운동이 거의 와해 단계에 있어서 일제가 굳이 임청각을 훼손할 필요성이 없었다고 보는 견해가 있으나, 이 역시 선뜻 동의하기 어렵다. 일제의 입장에선 당시 상황이 변해서 언제 또 독립운동의 불씨가 일어날지 알 수 없었기 때문이다.

일제가 임청각을 눈엣가시처럼 본 것은 사실이고 실제 임청각을 아예 없애버리려는 시도도 하였으나 안동 지역주민들의 결사반대로 무산되었다고 한다. 그리고 구 안동역을 두고 새 안동역을 건설하는 것이 문제가 있었다 하더라도 해결이 전혀 불가능한 것은 아니었다. 일제가 진정 조선인을 위하고 조선의 문화를 보존하려는 마음이 있었다면 결과는 달랐을 것이다. 설사 비용이 몇 배나 더 들어갔을지라도 당연히 직선노선을 택하여 임청각을 보호했을 것이다.

더구나 일제는 중앙선 철도 노선을 5㎞나 우회하는 난공사(難工事)를 택하였다. 당시 일제는 1931년 만주사변과 1937년 중일 전쟁으로 전쟁 물자가 부족한 상태였다. 그런데 특히 부족한 전쟁 물자인 철을 더 소비하면서 우회 노선을 택할 이유는 없었다.

이상을 종합하면 일제가 임청각 앞을 통과하는 중앙선 우회 노선을 부설한 것은 적어도 '미필적 고의(未必的故意)'는 있었다고 본다. 즉, 꼭 의도를 가지고 행한 행위는 아닐지라도 그렇게 될 가능성을 어느 정도는 예견하였고, 실제 그러한 일이 발생하더라도 어쩔 수 없다는 생각으로 한 것이다. 즉, 철도우회노선으로 임청각이 훼손될 것을 예견하였지만 그렇게 되더라도 어쩔 수 없으니 그냥 시행하자는 생각은 있었다는 것이다.

민족정기와 과학적 자세

현대는 국제화 시대이고 과학이 지배하는 사회이다. 이러한 시대적 조류를 거스를 수는 없다. 또한, 그렇게 해서도 안 된다. 하지만 한국적 정체성만은 지켜야 한다. 현재 한국 사회는 민족정기 운운하는 것은 시대착오적인 생각이라고 보는 경향이 있다. 또 미신인 풍수를 일제 식민 지배와 관련시키는 것에 대해 거부감을 지닌 합리적인(?) 사람들이 많은 것 같다. 그러나 그들도 확증 편향적 사고에 빠져 있는 것이 아닌지 되돌아볼 필요가 있다. 그들은 논의 주제의 배경인 조선시대의 사회상과 기저 사상에 대해서는 미신으로 치부하고 아예 무시한다. 그리고 그들 나름대로 고정된 서구적 가치관에 기반하여 미리 정해진 결론을 합리화하려고 한다. 이는 '열린 마음, 열린 지성(open mind)'이 결여된 자세가 아닌가 하는 생각도 든다.

『조선의 풍수』에서 임청각 풍수를 기록한 무라야마 지준(村山智順)은 당시 일본 최고 대학인 동경제국대학을 졸업한 젊은 엘리트였다. 그는 식민통치의 총본부였던 조선총독부의 촉탁을 받아 1919년부터 1941년까지 무려 22년간 조선에 체류했다. 그 기간 동안 그는 조선반도 삼천리 방방곡곡을 직접 돌아다니며 조선의 풍수와 기타 관련 연구를 했다. 조선총독부 촉탁이란 신분이었으니 관련 비용을 조선총독부로부터 지원받았다는 말이다. 젊은 엘리트 어용학자를 긴 시간 동안 재정적 지원을 해가며 조선의 밑바닥에 관한 연구를 하게 한 일제의 의도가 무엇인지 한 번쯤은 생각해볼 필요가 있겠다.

어쨌든 철도가 임청각 앞마당을 하루에도 몇 번씩 굉음을 울리며 지나갔고 그로 인한 소음과 분진, 진동 등으로 임청각 건물은 물론 임청각 사람들도 막대한 피해를 보았다. 임청각 관리인 김호태 씨의 증언에 의하면 임청각은 "일제 말기인 1944년부터 안동철도 관사로 사용되기도 했다"고 한다. 그리고 무엇보다 경경선[중앙선] 철도로 인해 임청각 가옥의 절반 정도가 헐린 것은 분명한 사실이다. 더구나 경경선은 조선 백성을 위해 부설한 철도가 아니었다. 경경선을 통해 운송된 주요 물자는 일제의 군수물자와 자원 수탈을 위한 광물이었다.

임청각의 복원

처음 임청각을 답사했을 때 주변은 어수선했다. 임청각 우측에는 흉측한 몰골을 한 폐가(廢家)가 을씨년스러운 분위기를 더하고 있었다. 임청각 앞은 중앙선 철로를 막 걷어내고 그 앞에는 푸른색 가림막을 쳐 놓았다. 광복 후 80여 년이 흘렀건만 왜 이제야 복원 작업을 하는 것인가?

임청각 대문 바로 앞에는 동서로 난 도로가 있고 그 앞에는 중앙선 철도가 있었다. 그 너머에는 철도를 따라 차도가 있고 차도 바깥쪽에는 낙동강이 북동에서 남서쪽으로 흐르고 있다. 얼마 전까지는 사람

[그림 98] 중앙선 철로 철거공사로 복원 중인 임청각 (2021년 10월 현재)

키 높이보다 훨씬 높은 철도 소음차단벽이 쳐져 있었고 대문 앞은 편도 1차선 정도의 도로가 대문 바로 앞을 가로지르고 있었다.

그간 임청각은 사람이나 집이나 무척 산만하고 답답했을 것이다. 어찌된 영문인지 1975년까지도 32가구가 임청각에서 북적거리며 생활하였다고 한다. 문화유산으로서 가치뿐만 아니라 독립운동사적 가치와 국민정신 교육 장소로서도 의의가 깊은 임청각은 그간 이렇게 푸대접을 받아왔다. 세계 10위 권의 경제 대국으로 한해 국가 예산이 600조가 넘고, 한류가 전 세계로 퍼져나가고 있는 문화강국인데도 말이다.

임청각을 처음 대했을 때의 불안하고 불편한 느낌은 아마 임청각이 원래의 형태가 아니라서 그런 것 같다. 현재 중앙선 철도가 다니는 위치까지가 원래 임청각의 앞마당이었다. 따라서 임청각은 원래 널찍한 앞마당이 있었다. 또 강제로 철거된 행랑채가 원래대로 있었다면 앞쪽이 허한 임청각의 풍수적 결점도 충분히 보완된다.

임청각은 광복 80여 년 만에 철로를 걷어냈으며 복원 사업은 2025년까지 마칠 예정이다. 그런데 임청각 복원은 철로 철거만으로는 부족하다. 철로 옆의 자동찻길 역시 지중화하거나 우회시켜서 '옛날 임청각 모습'을 복원해야 한다는 견해도 있다. 임청각의 옛날 그 모습은 18세기를 살았던 임청각의 주인 허주 이종악(1726~1773)의 그림에서 확인이 가능하다. 그는 이곳을 다음과 같이 묘사하고 있다.

"임청각은 산을 등지고 물을 대하고 있다. 평평한 모래밭이 아래로 뻗어 있는데 안개와 노을을 칠해 놓은 듯하고, 수많은 해오라기와 황새가 떼를 지어 노는 것만 보일 뿐이다. 저잣거리가 가까이 있어도 시끄러운 소리가 들리지 않는다. 이로 말미암아 이곳 산수의 아름다움이 영남에 이름났다."

임청각, 한국의 노블레스 오블리주

임청각은 마크 어빙의 저서 『죽기 전에 꼭 봐야 할 세계 건축 1001』에 실려 있다. 임청각은 현재 조선시대 민간 가옥 가운데 가장 큰 규모의 양반가 가옥 중의 하나이며 500년의 역사를 간직한 국가보훈처 지정 현충 시설이다. 건축사적 의미 외에 임청각은 대한민국 노블레스 오블리주의 상징이다.

해방 이후 근래까지 임청각이 정부의 관심이나 지원으로부터 소외된 것은 남북 분단의 상황에서 사회주의에 대한 혐오와 경계 때문이

[그림 99] 임청각 군자정에서 한복을 입은 학생들이 태극기를 흔드는 모습(출처: 임청각 자료 사진)

었을 것이다. 일제 독립운동 과정에서 임청각 사람들은 좌우를 가리지 않았다. 실제 사회주의적 노선에서 독립운동을 한 적도 있었다. 그러나 임청각 사람들은 민족과 독립이 우선이었고 노선은 단지 독립운동의 한 방편에 지나지 않았다.

"공자, 맹자는 나라를 찾은 후에 읽어도 늦지 않다"며 조상 신주를 땅에 묻고, 대대로 물려받은 논밭을 팔아 독립운동을 위해 전 가족을 데리고 이역만리 낯선 땅으로 떠났다. 나라를 잃은 상황에선 "하루를 더 살면 하루의 치욕만 더할 뿐"이라는 유언을 남기고 목숨을 초개같이 던졌다. 조국 해방 후에도 여전한 경제적 어려움과 설움을 겪으면서도 끝까지 종가의 자존심과 기개를 잃지 않았다.

극단적 이기주의가 팽배한 오늘날, 멸사봉공(滅私奉公)의 정신으로 나라를 되찾기 위해 독립운동에 매진한 임청각을 다시금 떠올린다.

임청각의 남은 과제

석주 이상룡 선생은 1962년에 3등급 서훈인 건국훈장 독립장을 받았다. 석주 선생의 업적에 비하면 서훈의 등급이 너무 낮다. 그런데 현 상훈법은 일단 정해진 서훈은 바꿀 수 없도록 규정하고 있다. 유족에 의하면 일전에 석주 선생의 독립운동 자료를 보훈청에 보냈지만, 지금껏 공식 답변을 받지 못했다고 한다.

이에 이창수 종손은 "여운형 선생과 유관순 열사는 2등급과 3등급에서 사후 공적에 대해 추가 서훈하는 방식으로 1등급을 결정했다"며 "임청각에 하루에도 몇백 명씩 찾아오는 국민에게 올바른 역사관과 애국정신을 길러주는 석주 선생께 1등급을 추가 서훈해 나라 위한 희생은 나라에서 끝까지 책임진다는 모습을 보여줘야 한다"라고 강조했다.

'독립운동을 하면 3대가 가난하고, 친일을 하면 3대가 떵떵거리며 산다'는 말이 있다. 이제는 이 정의롭지 못한 말이 한국 사회에서 더 이상 통용되지 않도록 국가와 사회가 함께 나서야 할 때이다.

CHAPTER
04

만대루에 취하는
병산서원

사적 260호인 병산서원은 임진왜란 때 국난 극복에 큰 역할을 한 서애 류성룡(1542~1607)을 모신 서원으로 경상북도 안동시 풍천면 병산리에 있다.

안동 병산서원 전경(출처: 지역 N 문화)

병산서원 개관

한국에서 제일 아름다운 서원, 병산서원(屛山書院)!

안동 병산서원은 주변 자연경관이 수려하다. 인위적 경관 또한 아름답다. 서원 전체를 호위하는 듯한 웅장한 만대루와 제철이 되면 선홍빛을 토해내는 배롱나무가 있다. 아버지 같은 만대루와 예쁘고 재롱 많은 막내딸 같은 배롱나무다. 배롱나무는 백일 간 붉은 꽃이 핀다고 해서 흔히 백일홍이라 부른다. 화무십일홍(花無十日紅)이라 열흘 가는 꽃이 없다지만 백일홍은 무려 석달 열흘 간이나 그 고운 자태를 잃지 않는다. 붉은 꽃이 백일 간 피어있는 것은 변치 않은 충절과 선비의 단심(丹心)을 나타낸다. 또 껍질을 벗고 매끈한 속살을 드러내는 배롱나무의 모습은 선비의 담백함과 청렴함을 상징한다. 서원에서 백일홍을 심는 이유이다. 여름철 만대루 7폭 자연 병풍에는 만개한 백일홍과 유유히 흐르는 낙동강, 그리고 푸른 절벽의 병산이 모두 담겨있다.

사적 260호인 병산서원은 임진왜란 때 국난 극복에 큰 역할을 한 서애 류성룡(1542~1607)을 모신 서원으로 경상북도 안동시 풍천면 병산리에 있다. 전형적인 배산임수(背山臨水)자리이다. 즉, 서원 뒤에는 산이 있고 앞에는 강이 흐른다. 서원 뒤에는 화산 봉우리가 봉긋하게 보이고 서원 앞에는 널찍한 은빛 백사장과 맑은 낙동강이 병산의 절벽 밑으로 유유히 흐른다. 이렇게 병산서원 주변의 풍광도 아름답지만, 그 풍광을 고스란히 서원 건물 안으로 끌어들이게 하는 건축물 덕분에 더 이름이 알려져 있다. 병산서원의 만대루(晩對樓)가 바로 그것

[그림 101] 세계유산에 빛나는 병산서원

이다. 만대루는 보물 제2104호 지정되어 있다. 만대루는 그만한 가치를 뛰어넘는 한국 서원 누각의 압권이다.

병산서원의 전신(前身)은 풍산현에 있던 풍악서당(豊岳書堂)이다. 고려 말 공민왕이 홍건적의 난을 피해 풍악서당을 지나다가, 난리 중에도 모여 공부하는 이들에게 감동하고 서책과 땅을 하사했다는 유서 깊은 서당이다. 병산서원은 고려시대의 풍악서당을 1572년 병산으로 이전시킨 것이다. 당시 낙향(落鄕)해 있던 류성룡에게 자리를 물어 현재의 병산서원 위치로 옮겼다. 풍악서당이 주변 환경의 변화로 인해 서당 학생들이 조용하게 학문에 매진할 수 있는 분위기가 아니었기 때문이다.

그러나 서당은 임진왜란 때 불타버렸고, 서애가 세상을 뜬 직후인

1607년 다시 중건된다. 풍악서당은 1614년 사당인 존덕사(尊德祠)를 건립하여 서애의 위패를 모시고 병산서원으로 개칭하였다. 그 후 광해군 때인 1620년 퇴계 선생을 모시는 여강서원(廬江書院)으로 서애의 위패를 옮겼다. 몇 년 후 인조 때인 1629년 별도의 서애 위패를 마련하여 다시 병산서원의 존덕사에 모셨고 그의 셋째 아들 수암 류진(柳袗)을 추가로 배향하였다. 철종 때인 1863년에 병산서원은 사액(賜額) 서원으로 지정된다.

병산서원은 흥선대원군의 서원철폐령 때에도 훼철되지 않고 살아남은 47개의 서원 중 하나이다. 일제 강점기에 대대적인 보수가 행해졌는데 강당은 1921년, 사당은 1937년에 각각 다시 보수되었다. 이때 보수 과정에서 병산서원 출입문의 위치가 현재의 위치로 변경되었다.

2010년에 병산서원이 포함된 하회마을 일대가 유네스코 세계문화유산으로 등재되었다. 그리고 드디어 2019년에는 한국의 대표 서원 9곳[36] 중의 하나로 유네스코 세계유산으로 등재되었다. 세계유산위원회는 "한국의 성리학과 관련된 문화적 전통의 증거이자, 성리학 개념이 한국의 여건에 맞게 변화하는 역사적 과정을 보여준다는 점에서 '탁월한 보편적 가치'가 인정된다"고 평가했다.

---

[36] 소수서원, 도산서원, 병산서원, 옥산서원, 도동서원, 남계서원, 필암서원, 무성서원, 돈암서원 등 9개 서원

병산서원과 병호시비

병호시비(屛虎是非)란 병산서원과 호계서원(虎溪書院) 간에 있었던 논쟁이다. 호계서원은 이황의 학문과 덕행을 추모하기 위하여 안동 월곡면 도곡동에 창건되었다. 아흔두 칸으로 지어진 호계서원은 1575년(선조 8년) 백련사 옛터에 여강서원(廬江書院)으로 창건된 뒤, 1676년(숙종 2년)에 '虎溪(호계)'라 사액이 되어 호계서원으로 개칭되었다.

호계서원에는 안동 두 가문의 400년에 걸친 갈등과 화해가 반복되는 사연이 숨겨져 있다. 퇴계 이황이 세상을 뜨자 그의 제자 서애 류성룡(1542~1607)과 학봉 김성일(1538~1593)의 후손들은 안동 여강서원에 따로 퇴계를 모시기로 했다. 하지만 류성룡과 김성일의 위패를 어떻게 배치해야 하느냐가 문제였다. 사당 중앙에 퇴계의 위패를 놓은 뒤, 둘 중 누구의 위패를 퇴계 왼쪽에다 두어야 하느냐를 놓고 후손들끼리 논란이 빚어졌다. 왼쪽이 서열상 높은 자리이기 때문이다.

류성룡의 후학들은 영의정을 지낸 류성룡이 관찰사로 마감한 김성일보다 벼슬이 더 높으므로 상석인 동쪽을 차지해야 한다고 주장했다. 반면 김성일의 후학은 김성일이 류성룡 보다 네 살 많은 선배이므로 더 높은 자리를 차지해야 한다고 맞섰다. 당시 서애의 제자이자 대학자인 정경세(1563~1633)가 '벼슬의 높낮이로 정해야 한다'며 영의정을 지낸 서애의 손을 들어주면서 일단락되는 듯했다.

하지만 이후 이 논쟁이 다시 불거졌고 1812년에는 서애 제자들은 호계서원과 결별했다. 갈등이 깊어지면서 안동 최고의 서원이었던 호계서원에서 위패를 모시던 사당도 사라졌다. 호계서원에 있던 퇴계의 위패는 도산서원으로, 류성룡의 위패는 병산서원으로, 김성일의 위패는 낙동강 변의 임천서원으로 옮겨졌다.

흥선대원군은 당시 안동부사를 불러 해결 방안을 모색하도록 지시했으나 해결이 되지 않았다. 격분한 대원군은 호계서원을 철폐하는 것으로 갈등을 봉합했다. 그 뒤 호계서원은 1973년 안동댐 건설로 수몰하게 되어 현재의 위치로 이건하였다.

병호시비는 지난 2009년 양쪽 문중이 나서면서 문중 대표 간에 합의했으나 안동 유림의 갈등으로 다시 원점으로 돌아갔다. 그로부터 4년 뒤인 2013년, 호계서원의 복원을 추진하던 경상북도가 중재안을 제시하였다. 즉, 류성룡을 퇴계 위패의 동쪽에, 김성일을 서쪽에 배치하되 그 옆에 김성일의 후학인 이상정을 배향하자는 제안이었다. 한쪽에는 높은 자리를, 다른 한쪽에는 두 명의 자리를 보장하는 화해안이었다. 이에 두 학파가 동의하면서 400년에 걸친 병호시비는 드디어 마침표를 찍게 되었다.

조선시대 서원 제도 및 조직과 기능

조선시대의 서원을 현재 교육기관에 적용하면 사립전문대학 정도에 해당한다. 향교(鄕校)는 지방 관학(官學)기관으로 현재 공립고등학교 정도에 해당하며, 서울에 소재하는 성균관은 오늘날의 대학에 해당한다.

서원의 인적 구성은 교수진과 학생군 그리고 이들을 보조하는 하인인 서원노(書院奴)들이다. 교수진은 원장(院長: 학장), 원이(院貳), 훈장(訓長: 학생과장), 재장(齋長: 사감), 유사(有司: 총무) 등이다. 병산서원의 경우 교수진은 10~20인 정도였던 것으로 보인다. 이들 모두가 상주한 것은 아니고, 원장과 원이, 유사 정도가 상주하면서 학생 지도를 맡았다. 교수진이 사용한 시설은 강당의 두 방과 동재의 유사실이며, 학생들은 평소에 강당을 이용할 수 없었다.

학생들의 입학 자격은 엄격했다. 1단계 과거에 합격한 생원이나 진사만이 입학할 수 있었고, 과거에 합격하지 못한 자는 당회의 승인을 얻어야만 했다. 입학 후에는 정해진 수학 기간이 없고, 철저하게 능력별 교육을 시행했다.

서원에 적(籍)을 두면 세금과 공역의 의무에서 면제된다. 이로 인해 사이비 사학·사이비 학생들이 증가했고, 이는 국가재정에 큰 피해를 끼쳤다. 이에 1710년에는 전국의 서원 학생 정원을 일괄적으로 사액서원은 20명, 비사액서원은 15명으로 제한하기에 이르렀다. 일반 서원의 기숙사인 동·서재의 규모로 보아 수용 인원은 최대 20명 정도에 불과했다.

병산서원의 학생 수는 많으면 92명, 적게는 7명에 이른 적도 있었지만 대체로 20~30명의 수준을 유지하였다. 학생들은 연령 제한이 없었기 때문에 16세 소년에서부터 45세 늦깎이까지 다양했다. 교수진의 연령은 대개 30~40대로 나타났다.[37]

병산서원의 입지

「동아시아 풍수사상」의 저자인 전 동경도립대(東京都立大)교수 와타나베 요시오(渡邊良雄:1947~)는 이렇게 말했다.

"동아시아 문화에 대한 올바른 이해는 유럽 이론에 바탕을 둘 것이 아니다. 이는 동아시아 이론에 의해서만 올바른 해석이 가능하다."
"동아시아 문화에 대한 가장 적합한 이론은 풍수사상이다."

한국건축의 터 잡기와 터 닦기는 이미 건축의 절반에 해당하는 중요한 작업이다. 좋은 장소에 터를 정하고 그에 합당한 건축의 구성을 위한 터를 닦기 위해서는 모종의 규범이 필요하고, 그래서 등장한 이론이 풍수지리설이다. 풍수설은 이제는 식상한 이야기가 되었지만 근대 건축의 기능론과 같이 매우 근본적인 이론이었음을 부정할 수는 없다.38)

병산서원은 '한국 건축사의 백미'라는 평가를 받는다. 이러한 찬사는 우선 병산서원의 뛰어난 자연환경에서 출발한다. 절벽과 같은 앞산과 유연히 흐르는 낙동강, 땅과 강을 평면으로 연결해주는 넓은 백사장, 서원의 영역과 자연 사이의 경계를 이루는 휘늘어진 소나무 숲들…결론적으로 주변의 자연은 병산서원이라는 인공적 장치가 존재

---
37) 김봉렬, 『김봉렬의 한국건축 이야기3』, 돌베개, 2020, 31-32면.
38) 김봉렬, 위의 책, 20면.

함으로써 건축화되어 인간의 감성 속으로 스며오는 것이다.[39)]

　위와 같이 우리 전통 건축물이 풍수 사상에 기반하고 있다는 점을 우리 학계에서도 인정하시는 분이 있다. 서구 편향적 시각에서 벗어나 전통문화유산의 본질을 제대로 규명할 수 있다는 점에서 다행스러운 일이다. 병산서원의 입지나 건축물 역시 풍수 사상에 기반하여야 그 본모습을 살필 수 있다.

　이는 풍수가 미신이냐 과학이냐하는 차원의 문제가 아니다. 설령 풍수가 미신이라 하더라도 그 당시, 그 시대를 살다 간 사람들의 모습을 정확히 찾아내는 것이 전통 문화이해의 첫걸음이다. 과거의 유산은 과거 관점에서 살펴보는 것이 우선이다. 현대적 관점에서의 고찰과 발전적 재해석은 그다음이다. 우리 전통 건축물에 대한 우선적인 분석 도구는 풍수이다. 왜냐하면 그 시대에는 풍수적인 사고가 사회 전반을 지배하고 있었고 풍수 원리에 의해 터를 잡고 건축을 했기 때문이다.

병산서원의 풍수형국

　병산서원은 마을과 동떨어진 곳에 있어 선비들의 학문수양을 위한 장소로 매우 적합하다. 원생(院生)들의 학습 환경적 측면에서 더할 나위 없이 훌륭한 곳이다. 당시 병산서원의 터를 잡은 사람은 안동 하회

---

39) 김봉렬, 위의 책, 19면.

마을 출신인 명재상 서애 류성룡이다. 서애는 퇴계 이황의 제자로서 성리학의 대학자였지만 후손들에게 풍수 공부를 할 것을 당부하기도 했다. 즉, 그는 마치 병이 난 부모를 돌팔이 의사에게 맡기는 것이 불효인 것처럼, 부모가 묻힐 묘소를 가짜 풍수사에게 맡겨서는 안 된다고 하였다. 그래서 집안에서 한 사람 정도는 풍수지리의 대략은 알아야 한다고 했다.

서애의 문집 여러 곳에서 주자의 『산릉의장』 글들이 나타난다. 조선시대는 유학이 국가적 이념이었다. 주자학[성리학]은 유학의 한 갈래로 유학을 더욱 심화, 발전시킨 것이다. 주자는 20세기 초에 이르기까지 조선은 물론 동아시아를 지배한 주자학의 집대성자이다. 『산릉의장』은 그러한 주자가 쓴 풍수 관련 글이다. 즉, 당시 조선 사회의 선비들이 가장 존경하는 대유학자가 풍수에 관해서 쓴 글이다. 그러므로 서애의 풍수관은 유학자적인 풍수이고 병산서원은 풍수적인 원리에 의해 건립된 서원이다.

[그림 102] 꽃의 수술(출처: 교육부 공식 블로거)

병산서원의 입지를 풍수지리적 관점에서 살펴보면 다음과 같다.

먼저, 병산서원의 형국(形局)을 '꽃의 형국' 혹은 '밀개형국 (*밀개: 밀어주는 기능을 하는 농기구)'으로 보는 견해이다.

병산서원의 산줄기는 안동 일

대의 조산(祖山)인 학가산에서 시작된다. 학가산 줄기가 현재 경북도청 뒤에 있는 검무산을 거쳐 서원 뒤 화산(花山)에서 끝을 맺는다. 그리고 낙동강을 사이에 둔 서원 앞의 병산은 일월산계이다. 그러므로 병산서원은 서로 다른 2개의 큰 지맥이 만나는 곳에 입지했다. 학가산 일대를 뿌리로 보면, 풍천면 일대는 꽃의 줄기부에 해당한다. 이것이 화산에서 꽃을 피우고, 꽃의 수술에 해당하는 정혈(正穴)이 바로 병산서원이다.

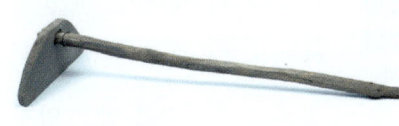

[그림 103] 농기구 밀개

또 병산서원의 지세(地勢)를 밀개형으로 보기도 한다.40) 서원 동쪽의 너들대벽은 서쪽의 산세에 비해 높고 강렬하다. 강은 동에서 서로 흐르는데, 입수한 물을 동쪽의 강한 산세가 급히 떠미는 형세이다. 이 때문에 강물이 실어오는 땅의 기운이 쌓일 틈이 없어서, 이곳은 양반 지주들이 살기에는 부적합한 곳이다. 또한, 서원 앞의 명당자리(넓은 평탄지역)가 좁아서 경작용으로 부적당하다. 이러한 지리적 환경 때문에 병산마을에는 타성바지들이 거주했고, 그들 대부분은 서원을 관리하고 서원 토지를 소작하는 일에 종사하였다.

그러나 밀개형의 지형은 서원의 입지로는 최상으로 꼽힌다. 밀개형

---

40) 이하는 김봉렬, 『김봉렬의 한국건축 이야기3』, 돌베개, 2020, 34-36면을 참조 정리함.

의 형국은 유급하지 않고 빨리 졸업해야 하는 학생들에게 최선의 지리적 이점으로 작용했다.…화산 줄기가 끝나가는 곳에서 마치 꽃잎의 수술과 같이 솟아오른 것이 병산서원의 모습이다.

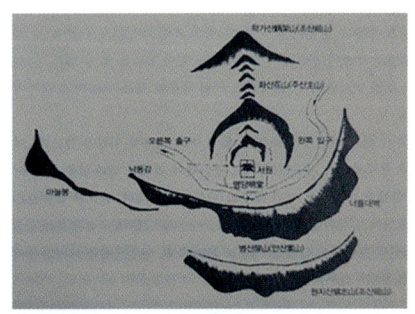

[그림 104] 병산서원 풍수형국도 (출처: 김봉렬, 『김봉렬의 한국건축 이야기3』, 2020, 35면.)

위와는 달리 병산서원의 풍수적 형국을 다음과 같이 조금 다르게 보는 견해도 있다.[41] 병산서원과 하회마을은 모두 화산(花山)을 배산(*뒤에 있는 주산)으로 삼고 있다. 같은 화산 기운을 받고 있지만, 하회와 병산의 형세 기질은 판이하다. 하회마을은 부드러우며 안정적이지만, 형(形)을 갖추고 있는 병산서원은 산줄기가 힘 있게 뻗어내리는 세(勢)를 보여준다. 안정적인 기세를 받는 하회마을은 연화부수형(蓮花浮水形: 연꽃이 물에 떠 있는 모습)이며, 힘 있는 기세를 받는 병산서원은 연화도수형(蓮花到水形)에 속한다. 연화도수형은 연꽃 씨방이 무르익어 고개를 숙이고 있는 형상이기에 곧 씨앗이 터지듯 상생 기운을 터트린다는 것이다. 병산서원은 연화도수형국이기에 이곳에서 공부한 선비는 곧 등용된다는 것이 당시 하회마을 사람들의 풍수 정서이다.

---

[41] 이하는 장영훈, 『대학풍수강론』, 도서출판 담디, 2013, 258면 참조.

[그림 105] 병산서원의 동쪽 낙동강 백사장에서 바라본 화산의 모습과 병산서원

좀 더 구체적으로 살펴보면 병산서원 뒤쪽에 있는 산줄기에 봉긋이 솟아 있는 봉우리는 연꽃 부위 중 씨방에 속한다. 병산서원은 씨방에서 터져 나온 씨앗들이 떨어진 곳에 자리한다. 병산서원은 이미 터트린 씨앗 터를 차지하고 있기에 그에 따른 발복 시기가 빠르다.[42] 병산서원에서 공부하는 선비들이 과거시험에 빨리 합격한다는 의미이다.

병산서원의 건축학적 함의

병산서원의 외관은 뒤쪽 배경 없이 건축 단독의 외관을 갖는다. 이 자리에 만약 불교 사찰이 자리했더라면 뒷산과의 관계는 달라졌을 것이다. 많은 불교 사찰들은 바깥에서 이미 내부의 구성이 암시되며, 중요한 불전들은 뒷산과 중첩되어 일체화된 경관으로 나타난다. 다시 말해서 불교 건축의 외형은 암시적이며 자연과의 일체를 꾀하고 있지만, 병산서원을 위시한 유교 건축은 폐쇄적이며 인위적이다.

---

42) 장영훈, 『조선시대의 명문사학 서원을 가다』, 도서출판 담디, 2007, 132-133면을 참조.

그러나 내부의 경관구조는 역전된다. 병산서원 내부에서 바라보면 외부의 자연경관은 앞의 건물들과 중첩되면서 일체화된 경관으로 등장하지만, 사찰의 경우 내부에 조성된 마당과 앞의 건물들이 부각되는 반대의 구조를 갖는다. 이러한 차이는 자연환경과 건축물의 위치를 설정하는 차이에서 발생하며, 근본적으로는 유교와 불교라는 거대한 세계관과 자연관의 차이에 기인한다. 보통의 경우, 서원과 같은 유교 건축은 안에서 바깥으로 향하는 원심적 경관구조를 지녔지만, 불교 건축은 밖에서 안으로 향하는 구심적 경관구조를 가진다고 볼 수 있다.43)

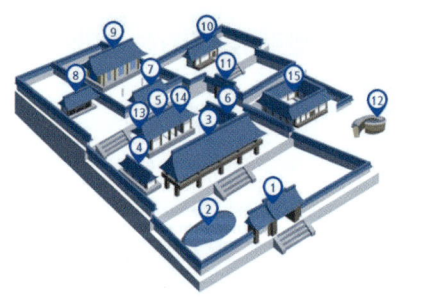 

[그림 106] 병산서원 건물 배치도(출처: 병산서원 홈페이지)

건축을 집합으로 정의한다면, 단일 건물의 입면 형태는 건축의 형태가 아니다. 집합적 형태를 의미하며, 이는 요소들이 중첩된 형태 군

---

43) 이상은 김봉렬, 『김봉렬의 한국건축 이야기3』, 돌베개, 2020, 36면을 참조했다.

이라 할 수 있다. 앞 건물과 뒷건물, 건물과 담장, 건물과 배경적 자연의 집합 모두가 형태로 정의될 수 있다. 이를 중첩적 장면 혹은 경관이라 불러도 좋다. 중요한 것은 한국건축은 단일 건물의 형태로 인식되는 것이 아니라 집합적 형태로 인식된다는 점이다. 집합적 형태를 얻기 위해서는 수평적 중첩뿐 아니라, 수직적 중첩도 필요하다. 그러나 한국의 건물들은 대부분 단층이어서 수직적 중첩성을 얻기가 매우 곤란하다. 때문에 건물의 층높이에 변화를 주거나 지형의 높낮이를 적절히 활용하는 방법을 생각할 수 있다.[44]

이상과 같이 서양의 건물이 단독으로 분리되어 존재하는 것과는 달리 우리 전통 건축은 몇 가지 건물들이 각기의 기능을 유지한 채 집합적으로 모여 존재한다. 전통가옥에서 안채와 사랑채는 분리되어 있고 화장실은 멀리 뒤쪽에 있다. 그래서 화장실을 뒷간이라 부르기도 했다. 그리고 전통 가옥은 거의가 단층이다. 수직으로 높이 올라간 건축물은 종교적인 건축물 외엔 거의 없다고 해도 과언이 아니다.

병산서원의 압권, 만대루(晩對樓)

병산서원의 압권은 단연 만대루이다. 만대루는 건축적 탁월성도 있지만, 주변 자연 경관과의 조화가 아주 돋보인다. 만대루가 없었다면 병산서원의 명성이 지금만큼은 못했을 것이다. 만대루는 서원 건축의

---

[44] 김봉렬, 『김봉렬의 한국건축 이야기3』, 돌베개, 2020, 25면.

[그림 107] 병산서원 만대루. 뒤에 보이는 흰색 건물은 서원의 서재(西齋)

백미라고 평가받는다. 또한, 만대루는 전통 건축에서 부족한 수직적 중첩성을 완벽히 보완해주는 기능도 하고 있다. 만대루는 현대 건축학적 관점에서뿐만 아니라 전통 풍수지리적 관점에서도 중요한 기능을 하는 건축물이다.

'만대루'라는 명칭은 두보의 시 "푸른 절벽은 오후 늦게 대할 만하다(翠屛宜晩對)"에서 따온 것이다. 정면 7칸, 측면 2칸의 누각인 만대루는 거대하지만, 자연과 하나 되는 건물이다. 다듬지 않은 자연석을 그대로 살린 주춧돌과 휘어진 원목을 자연 그대로 기둥으로 사용했다. 만대루는 최소한의 인공만 가한 건축물이다. 서원 밖에서 보면 만대루는 병산서원의 성루 같다. 만대루에 가려서 서원의 본채 건물은 거의 보이지 않을 정도이다. 서원 안에서 만대루를 통해 밖을 바라보면 무심코 지나치기 쉬운 풍경을 부각시켜준다. 만대루가 카메라의 렌즈와 유사한 기능을 하기 때문이다. 만대루에서 바라보는 낙동강과 널찍한 모래톱, 그리고 그 너머의 병산 풍경은 다른 서원에서는 볼 수 없는 빼어난 장면들이다.

만대루에 대한 건축학적 평가

병산서원은 다른 서원과 달리 서원 앞의 누각인 만대루의 좌우 길이가 유난히도 길다. 만대루의 좌우가 이상하리만치 긴 것은 무슨 까닭인가?

우선 만대루에 관한 서구 건축학적 관점을 살펴보면 다음과 같다.

[그림 108] 병산서원 만대루 (출처: NewsWire)

병산서원의 집합적 형태는 안에서 바깥으로 나타난다. 즉, 외부에서 내부로 진입하면서 나타나는 형태는 매우 단절적이며 독립적이지만, 내부에서 외부로 향하는 형태는 연속적이며 중첩적이다. 대문을 통해 들어가면서 만대루 앞, 강당 앞, 사당 앞에서 나타나는 장면들에는 단일 건물의 고립된 형상만 등장한다. 반대로 사당 문을 통해 바깥을, 강당 대청에서 바깥을, 만대루에서 바깥을 본다면 진입 때와는 전혀 다른 장면들을 목격할 것이다. 건물과 건물이 중첩되며, 아래로 내려다보는 시각 때문에 건물과 마당이 중첩되고, 다시 바깥의 자연경관이 중첩되는 장면이 연속적으로 펼쳐진다. 병산서원의 집합적 형태는 따라서 외향적이다. 안에서 바깥으로 향하는 건축 형태를 가진 것이다.[45]

병산서원의 강당과 사당이 각 영역의 오브제(*인식의 대상이나 목적물, 객체)라면, 동·서재와 사당 담장은 스크린이 된다. 그들의 관계를 맺어주는 것은 그 사이의 외부 공간들이며, 건물들 사이의 질서는 비워진 마당이 매개되어 얻어진 결과다. 병산서원 전체를 주변 자연과 맺어주는 매개체는 다름 아닌 만대루의 존재다. 만대루는 그 자체로 채워진 요소라 할 수 있지만, 건축과 자연의 관계 속에서 본다면 비워진 요소로 작용한다. 그림과 배경(figure and ground)의 관계가 역전되듯이 한 요소의 성격은 집합적 관계망 속에서 결정되기 때문이다.[46]

이러한 관점은 만대루의 기능을 병산서원의 외부 경관에 대한 시각적 틀(picture frame)로 보는 것이다. 강당 대청 가운데 원장 선생의 자

---

[45] 김봉렬, 『김봉렬의 한국건축 이야기3』, 돌베개, 2020, 27면.
[46] 김봉렬, 위의 책, 25면.

리에 앉으면 만대루는 외부자연경관을 수평적으로 나누고 있을 뿐 아니라, 경치를 수직적으로 나누고 있다. 만대루의 마루 면과 지붕 사이로는 낙동강의 흐름만이 포착된다. 지붕 위로는 병산이 독립된 배경으로 나타나고, 마루 밑 아래층으로는 대문간이 들어온다. 만대루 자체만 보면 공허한 건물이지만, 자연과 인공의 관계 속에서 비어있음으로 가득할 수 있는 프레임이다. 또 만대루 위에서 앞의 병산을 쳐다보면 7칸의 프레임으로 나누어지는, 7폭의 병풍산(병산)이 된다.[47]

만대루에 대한 위와 같은 해석은 전통 건축에 숨어 있는 새로운 미적 요소를 찾아내고 우리 전통 건축의 미적 영역을 확장시켜 주는 의미가 있다. 나아가 전통 건축에 대한 현대적 해석으로 전통의 재발견에도 크게 기여할 것으로 본다.

그러나 위 분석은 병산서원 만대루가 왜 그 위치에 그런 형태로 자리잡고 있는지에 대한 분석과 해석은 아니다. 다시 말하면 만대루가 다른 서원의 누각과는 달리 왜 저렇게 좌우가 긴 형태로 웅장하게 건축되었는가에 대한 설명은 없다.

또 위 견해는 서원 바깥에서 만대루를 볼 때와 서원 안쪽에서 만대루를 통해서 바깥을 볼 때의 경치가 완전히 다름을 강조하고 있다. 특히 '병산서원 전체를 주변 자연과 맺어주는 매개체는 다름 아닌 만대루'라고 보고 있다. 이는 병산서원에서 만대루의 비중이 그만큼 지대

---

47) 김봉렬, 위의 책, 51면 요약 정리.

하다는 의미는 될 수 있겠으나 자칫 병산서원의 중심이 강당이나 사당이 아니라 만대루인 것처럼 해석될 여지가 있다.

    서원의 본질적 목적과 기능을 고려하면 만대루에 대한 추가적인 해석이 필요하다고 본다. 서원의 주목적은 교육을 통한 후진 양성과 선현 향사(享祀)를 통한 교화(敎化)이다. 따라서 서원의 중심은 강당이 되거나 선현을 모신 사당이 주가 된다. 서원 입구의 누각은 서원의 주된 건물이 아니다. 물론 이왕이면 주변 풍광이 수려하게 보이는 곳에서 학문을 수양하면 원생들의 학습 효과와 인격 도야가 더 배가될 수도 있을 것이다. 그러나 서원은 학문 도야와 인격 수양이 우선이다. 주변 풍광에 관한 관심은 부차적인 것이다. 더구나 조선은 검약과 절제를 중시하는 유교가 국시(國是)이다. 학업에 정진하는 선비들이 주변 풍광을 마음껏 즐길 수 있도록 만대루를 좌우로 길게 건축했을 리는 없다. 다시 말해 서원 앞의 주변 풍광을 수평적, 수직적으로 분할하는 기능을 할 수 있도록 만대루를 좌우로 길게 건축한 것은 아니라는 말이다.

만대루에 대한 풍수적 해석

    서원 정문에 누대가 걸리기 시작한 것은 함양 남계서원 풍영루(風詠樓)부터다. 이후 모든 서원이 풍영루 양식의 누대를 조성했다. 누(樓)를 정문 위에 세우고 그 아래에 문을 낸 누문(樓門)양식은 화엄사찰 양식이라고 한다. 누대 2층은 활짝 열린 공간이다. 그런데 다른 서원과 달리 병산서원의 만대루는 서원을 거의 통째로 막고 있다.

[그림 109] 남계서원 풍영루(출처:지역N문화)

병산서원의 만대루는 서원의 중심인 강당, 즉 입교당보다도 횡적으로 훨씬 더 길다. 또 단층인 병산서원의 다른 건물과는 달리 2층이다. 일반적으로 서원은 강당 건물의 규모가 가장 크다. 그러나 병산서원은 다른 어느 서원에서도 볼 수 없을 정도로 누각인 만대루의 규모가 크고 길다. 이는 유교적 예제에도 부합하지 않는다.[48)]

그렇다면 왜, 무엇 때문에 병산서원의 만대루는 유례를 찾아보기 어려울 정도로 옆으로 길고 웅장하게 건축되었는가?

풍수지리에는 '견(見) 처리'와 '차폐[혹은 불견 처리]'가 있다. 좋은 기운을 가져다 주는 길(吉)한 모습을 잘 보이게 하는 것이 견 처리이고, 흉한 기운을 발산하는 나쁜 형상은 보이지 않게 하는 가려주는 것은 차폐 혹은 불견 처리라고 한다.

병산서원의 앞쪽 낙동강 건너에는 병산 벼랑이 있다. 일반 관람객의 눈에는 그 벼랑이 병산서원의 경치를 빛나게 하는 멋있는 풍경으로 보일 수 있다. 그러나 병산 벼랑은 풍수적 관점에서는 좋지 않은 흉한 형상이다. 비슷한 예로 안동하회마을의 부용대를 들 수 있다. 하회

---

48) 장영훈, 『조선시대의 명문사학 서원을 가다』, 도서출판 담디, 2007, 136-138면 요약정리.

마을의 부용대는 암벽 절벽 바위의 기운이 지나치게 강하다. 하회마을에서는 이를 가리기 위해 소나무를 심어 만송정 숲을 조성하였다. 병산 벼랑도 부용대 절벽 바위 못지않다. 오히려 서원에서 느끼는 압박은 훨씬 크다. 거기에다 병산 벼랑은 그 형상이 마치 거대한 고릴라가 병산서원을 내려다보고 있는 듯한 모습이다. 서원에 대해 위협적인 모습이다.

병산서원의 만대루는 바로 이 병산 벼랑의 흉한 모습을 가리기 위한 풍수적 불견 처리이다. 그깟 구멍이 숭숭 뚫린 건축물로 흉한 모습의 산을 가린다는 것이 이해가 안 될 수도 있다. 그러나 풍수적 불견 처리는 실제적 측면보다 일종의 상징적 의미에서 발생하는 심리적 차원의 효과가 크다.[49]

병산의 능압

만대루가 길고 웅장하게 건축된 또 하나의 이유는 능압(凌壓)을 피하기 위해서다. 능압이란 높은 지세가 집이나 건물을 눌러 기운을 억누르는 현상이다. 서원 앞의 병산, 특히 서원 좌측으로 보이는 병산은 너무 높고 거대하다. 만약 병산서원의 만대루를 다른 서원과 같은 규모로 세웠다면 병산서원 전체는 맞은편 거대한 병산이 내리누르는 듯한 능압을 피할 길이 없다. 그래서 만대루를 크고 웅장하게 세운 것이

---

[49] 풍수에서 이러한 조치는 일종의 심리적 효과를 주는 기능도 있다. 즉 일종의 플라시보 효과이다. 전통 마을에서 풍수지리적으로 마을의 약한 곳에 작은 돌탑을 세워 약한 지형을 보완한 사례는 많이 있다.

다. 비슷한 사례로 지리산 화엄사의 각황전을 들 수 있다. 화엄사 각황전은 사찰의 주인격인 대웅전보다 훨씬 크고 웅장하게 건축되었다. 이는 대웅전을 제일 크게 짓는 사찰 건축의 일반적 원칙에도 맞지 않는다. 그런데 화엄사 대웅전 앞쪽은 화엄사 계곡으로 열려 있지만 좌향이 다른 각황전 앞에는 높은 산이 가로 막고 있다. 이 높은 앞산의 능압에 견딜 만한 건축을 해야 했고 그렇게 해서 탄생한 것이 국보 제67호인 화엄사 각황전이다.

[그림 110] 서원 바깥에서 본 병산서원. 만대루에 가려져 서원 건물은 전혀 보이지 않는다.

한편 만대루가 서원에서 수양하는 원생(院生)들의 강학(講學)이나 휴식, 기타 연회를 위해 큰 규모로 만들었다는 주장이 있다. 그러나 보통 서원에서 공부하는 원생의 수는 30명을 넘지 못했다, 기껏해야 10명에서 20명 정도였다. 그렇게 본다면 병산서원의 만대루는 활용 인원수를 초과하는 규모로 세워졌다는 말이 된다. 평균 20여 명의 원생을 위해 그렇게 웅장한 만대루를 건축했다고 볼 수는 없다. 또한, 서원 원생들의 강학은 서원의 누각인 만대루에서 행해지는 것이 아니다. 병산서원에서 원생들이 주로 공부한 곳은 강학 공간인 강학당이다. 병산서원의 강학당은 '입교당(立教堂)'이라고도 불리며, 원생들이 함께 모여 학문을 익히고 토론하는 공간이다.

또 만대루는 병산서원 출신자들의 과거시험 합격 축하연을 위한 공간이고 그래서 큰 규모로 건축했다는 주장도 있다. 병산서원 내규에는 이런 규정이 있다. '서원 출신 급제자들이 귀향하면 광대 패들이 유희를 벌이는데, 절대 서원 안으로 들어오게 하지 말고 만대루 바깥에서 연회를 베풀게 하라'는 것이다. 과거 합격 축하연을 금지한 것이 아니라 남사당패들의 서원 출입을 금지한 것이다. 그러니 과거시험 합격 축하연을 서원 밖 즉, 낙동강 백사장쯤에서 하고 서원의 선비들은 만대루에서 그 공연을 즐겼을 수도 있다.

그러나 서원을 창건할 때 과거시험 합격자들의 축하연을 먼저 예상하고, 또 남사당패의 서원 출입을 제한할 것까지도 예견해서 크고 웅장한 규모의 만대루를 건축한 것은 아닐 것이다. 다시 말해 병산서원의 선비들이 만대루에서 남사당패들의 축하 공연을 편히 즐길 수 있도록 만대루를 횡으로 길게 만들었다고는 볼 수 없다. 그것은 서원의 본질적 목적과 기능을 몰각한 지나친 억측이다.

이상을 종합해 볼 때, 병산서원의 만대루가 횡으로 길고 웅장하게 건축된 것은 원생들의 휴식이나 과거 합격자들의 축하 공연 관람목적을 위한 것이 아니라고 본다. 그것은 병산 벼랑의 험한 기운을 차단하고 가리기 위한 풍수적 차폐나 불견 처리를 하기 위한 것이다. 또 우람하게 높이 솟은 병산의 내리누르는 듯한 능압에 대비하기 위해 다른 서원의 누각보다 훨씬 높고 긴 만대루를 건립한 것이다. 병산서원의 만대루는 풍수적 원리가 반영된 국보급 문화유산이다.

병산서원 동재의 뒤틀린 축

서원에는 공부하는 원생들의 기숙 공간이 있다. 강당을 중심으로 좌고우저(左高右低)의 원칙에 따라 강당의 왼쪽에 있는 건물을 동재(東齋)라 하여 상급생들이 기숙하고, 강당 오른쪽에 있는 건물을 서재(西齋)라 하여 하급생들이 기숙한다.

[그림 111] 강당인 입교당에서 바라본 동재와 서재의 축(붉은 점선). 동재의 점선이 마당 안쪽으로 오므려져 있는 것을 볼 수 있다.

동재와 서재는 보통 강당을 중심으로 대칭 형태로 배치된다. 즉, 강당 마당을 가운데 두고 동재와 서재가 서로 평행으로 마주 보고 있는 형태이다. 대칭은 유교적 위계와 질서를 구현하기 위한 서원 건축의 일반적 원칙 중의 하나이다.

그런데 병산서원은 동재의 배치가 특이하다. 서재와 평행으로 마주 보고 있는 대칭적 배치가 아니다. 이제 그 이유에 대한 분석을 서구 건축학적 관점과 풍수지리적 관점에서 비교 분석하고자 한다.

원래 서원의 기숙사인 동재와 서재는 서로 대칭적인 구조이며 강당의 양쪽에 강당과 직각으로 나란히 배치된다. 그런데 병산서원의 동재는 그렇지 않다. 먼저 이에 대한 사실관계부터 확인해 본다. 병산서원의 강당인 입교당 마루 한가운데에 앉아서 만대루 방향을 바라보면 동재의 건물 축선이 이상하다. 동재의 건물 축선이 서재의 건물 축선보다 마당 안쪽으로 오므려져 있다(그림 111에서 분홍 점선).

이는 만대루와 겹쳐지는 동재, 서재의 지붕 처마 끝부분을 비교해 봐도 알 수 있다. 즉, 서재의 처마 끝부분 보다 동재의 처마 끝부분이 만대루와 중복되는 부분이 훨씬 많다(그림112). 이것은 동재의 처마 끝이 서재 처마 끝보다 서원의 마당 방향으로 더 들어와 있다는 의미이다. 다시 말하면 동재의 건물 축선이 서재의 건물 축선보다 마당 안쪽으로 좁혀져 있다는 말이다.

이상에서 본 바와 같이 병산서원의 서재는 강당과 거의 직각의 관계를 유지하지만, 동재는 직각이 아니라 강당 마당이 있는 안쪽으로

[그림 112] 만대루와 겹치는 동재(사진 왼쪽)의 지붕 처마(노란 점선)가 서재(사진 오른쪽) 지붕 처마(분홍 점선)보다 중복되는 면적이 더 넓고 크다.

약간 오므려져 있다. 이는 동재 건물로써 서원 앞쪽의 뭔가를 가리려는 의도가 있는 것이다. 그렇다면 이제 동재 건물로써 가리려는 바깥 경관은 무엇이며 또 그 이유에 대한 답을 찾아보기로 한다.

동재의 축선이 안쪽으로 좁혀진 것에 대해 서구 건축학적 관점에서 다음과 같이 풀이하는 견해가 있다.

> "…이는 결과적으로 서재와 강당은 닫힌 관계이지만, 동재와 강당 사이는 열린 관계를 맺는다. 이것은 사람들의 동선을 강당인 입교당 동쪽인 사당 앞마당으로 유인하기 위한 장치들이다"[50]

---

50) 김봉렬, 『김봉렬의 한국건축 이야기3』, 돌베개, 2020, 41면. 참조.

이와 유사한 견해로 '긴장감과 함께 동재 뒤쪽에 있는 사당(존덕사)으로 시선을 주어서 참배 발걸음을 유도하게끔 하는 동선(動線)'이라는 표현을 하기도 한다.

이러한 주장은 우선 주목하는 포인트가 다르다. 강당을 기준으로 만대루 방향에 있는 동재의 끝부분에 주목하는 것이 아니라 그 반대 방향인 강당 방향에 있는 동재의 시작 부분에 주목하고 있는 것이다. 즉, 만대루 쪽 동재의 축선이 마당으로 오므려져 동재 끝부분이 마당 안쪽으로 좁혀져 있는 것에 주목하는 것이 아니라, 반대로 강당과 동재의 시작 부분이 조금 넓혀져 있는 것에 주목한 것이다. 일직선인 동재 건축선에서 남동쪽 방향의 만대루 쪽 건축선 끝이 마당 안쪽으로 좁혀지니 반대쪽인 북서쪽 방향의 강당 부분에 있는 동재 건축선의 시작 부분과 강당과의 간격이 넓혀져 보인다는 말이다. 그리고 그것은 강당 뒤쪽에 있는 사당으로 발길을 유도하기 위한 것이라고 주장한다. 다시 말하면 강당 뒤쪽에 있는 사당으로 사람들이 지나다니기에 편리하도록 그쪽 통로를 좀 더 넓혔다는 의미다. 그러나 과연 정말로 그러한가?

동재, 서재에 대한 풍수지리적 관점[51]

병산서원 동재의 뒤틀린 축에 대한 서구 건축학적 견해와는 달리 풍수적 관점은 다음과 같은 해석을 한다.

병산서원 동재의 축선이 서재와 평행이 아니라 강당 마당 쪽으로 오므려진 것은 풍수의 차폐 혹은 불견(不見) 처리를 위한 것이라고 본다. 즉, 병산서원 앞 낙동강 너머에 있는 병산 벼랑의 험한 모습을 덜 보이게 하여서 그것의 나쁜 기운을 막거나 축소하기 위한 것으로 본다. 이는 병산서원의 만대루의 기능과 유사하다. 웅크리고 있는 커다란 침팬지 같은 모습인 병산 벼랑의 험한 살기

[그림 113] 침팬지가 웅크린 듯한 병산 벼랑과 병산서원 동재의 처마 부분

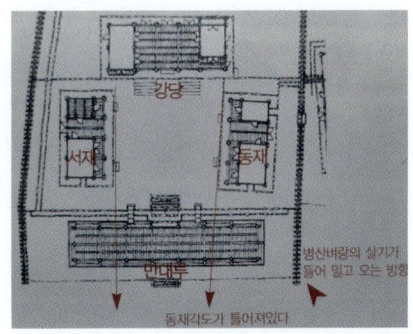

[그림114] 동재 부근 평면도. 동재 배치가 서재와는 달리 만대루 쪽으로 오므려져 있다(출처: 장영훈, 『대학풍수강론』, 도서출판 담디, 2013, 260면.)

(煞氣)를 막기 위해 동재의 건축선을 강당 마당 쪽으로 좁혀지도록 건축했다는 주장이다.

앞에서 본 바와 같이 병산서원 동재 축선의 뒤틀림에 대한 서구 건축학자들은 사당유도설을 주장한다. 그러나 그 견해는 다음 몇 가지 점에서 결함이 있다고 본다. 첫째, 사당유도설의 일반성에 관한 것이

---

51) 장영훈, 『대학풍수강론』, 도서출판 담디, 2013, 259-260면. 참조.

다. 서원의 건물 배치는 유교적 예제에 따르는 것이 보통이다. 병산서원도 당연히 그 원칙에 따랐을 것이다. 그렇다면 병산서원 동재의 사당유도설에 따른 배치는 다른 서원에서도 비슷한 사례가 있어야 한다. 그런데 다른 어느 서원에서도 병산서원의 동재와 같이 서원의 한쪽 기숙사 축선을 뒤틀리게 배치한 것을 찾을 수가 없다.

둘째, 병산서원은 1572년 풍악서당에서 병산으로 이전되어 강당과 함께 동·서재가 창건된다. 그 후 임진왜란 때 병산서원은 소실되었다가 류성룡의 사망 직후인 1607년 중건되었다. 그런데 류성룡을 모시는 사당인 존덕사는 1613년에 건립되었다. 즉, 병산서원의 동·서재가 건립된 지 40여 년 후에 사당인 존덕사가 비로소 창건된 것이다. 서원의 사당보다 서원의 기숙사인 동재가 먼저 건축된 것이다. 따라서 아직 존재하지도 않은 사당으로 유도하기 위해 동재의 건축선을 뒤틀리게 했다는 사당유도설은 설득력이 떨어진다.

물론 처음 병산서원을 건축할 때, 사당 위치를 예정해 두고(서원은 당연히 사당이 있어야 하므로) 동재의 건축선을 뒤틀리게 했을 수도 있다. 그러나 당시 병산서원의 터를 정한 서애는 후손들에게 풍수 공부를 하라고 당부할 정도로 풍수를 중시하였고 서애 또한 풍수에 일가견이 있었다. 서애가 병산 앞에 서원의 터를 잡을 때 풍수적으로 흉한 병산에 대한 대책도 함께 제시했을 것으로 본다. 그것이 사당유도설 보다 더 설득력이 높다.

이상에서 본 바와 같이 병산서원 동재의 뒤틀린 건축선에 대해 서구 건축학계의 '사당유도설'과 풍수적 '불견 처리설'이 각각 나름의 논리를 가지고 있다. 이에 대한 판단을 위해 병산서원의 다른 부분을 좀 더 살펴보면 도움이 될 수도 있을 것 같다.

동재, 서재의 창문 높이와 기능

서원의 기숙사인 동재(東齋)와 서재(西齋)는 일반적으로 강당에 대해 수직인 형태로 두 건물이 나란히 평행하게 배치된다. 그러나 병산서원 기숙사인 동재는 서재와 비교하면 강당 마당 쪽으로 축선이 좁혀져 있다는 것을 알았다. 그런데 또 한 가지 동재와 서재는 각 건물의 뒤쪽 창문이 서로 다른 높이로 나 있다는 점도 특이하다. 동재 뒷벽 바깥쪽 창문의 높이는 서재의 그것보다 낮다. 창문 형태 또한 서로 다르다. 동재 뒷창문은 거의 정사각형에 가까운 형태이나 서재 뒷창문은 옆으로 길쭉한 직사각형 형태이다.

우선 창문의 높이를 살펴보기 위해 두 건물의 높이가 서로 비슷하다고 전제하고 건물의 지붕으로부터 창틀까지의 거리를 비교하였다.

[그림 115] 병산서원 서재(사진 좌)와 동재(사진 우)의 뒷벽. 창틀의 높이와 형태가 다르다.

동재는 기준선(그림 115의 붉은 선)을 기준으로 어느 정도(노란 화살표시) 떨어져서 창문이 나 있다.

반면 서재는 기준선(그림115의 붉은 선)에 붙어서 창문이 나 있다. 그래서 동재 창문은 서재보다 노란색 화살표만큼 아래쪽에 있다고 추정할 수 있다. 이러한 현상은 두 건물의 축대 높이가 비슷하다고 전제하고 축대로부터 창틀까지의 떨어진 거리를 비교해봐도 알 수 있다. 즉, 지면에서부터 창틀까지의 높이를 비교해봐도 동재보다 서재의 창문이 높게 달려 있음을 알 수 있다.

또 두 건물의 창틀 형태가 다르다. 동재보다 창틀이 높게 나 있는 서재의 창틀은 옆으로 길쭉하다. 이는 방안 내부의 환기를 위한 것보다 방안에서 창문을 통하여 바깥의 특정 경관을 방안으로 끌어들이려는 차경(借景)을 위한 목적이 더 크다.

반면 동재는 서재보다 창틀이 아래로 나 있어 지면과 가깝게 창문을 만들었다. 형태도 옆으로 길쭉한 직사각형 모양이 아니라 거의 정사각형에 가깝다. 동재의 창문은 바깥의 특정 경치를 보기 위한 용도가 아니라 단순히 환기를 위한 용도이며, 또 뭔가를 보이지 않도록 창을 땅바닥과 가깝게 낸 것으로 추정할 수 있다.

그렇다면 동재는 어떤 형상을 보지 않으려고 지표면에 가깝게 거의 정방형으로 창문을 만들었고 서재는 무엇을 보기 위해 창틀을 키 높이에서 옆으로 길쭉하게 내었을까? 이 물음에 대한 해답 역시 풍수적인 관점에서 풀이할 수 있다.

동재 뒤쪽으로는 병산 벼랑이 보인다. 만약 서재 창문의 높이로 동재의 창문을 내면 병산 벼랑이 보이게 된다. 이렇게 되면 동재에 생활하는 원생들에게 병산 벼랑의 험한 기운이 미칠 수 있다. 반면 서재 뒤쪽으로는 험한 형상의 산이 없다. 오히려 좋은 모습의 산이 보인다. 하회마을 삼태봉이다. 서재 뒤의 창틀을 옆으로 길쭉하게 만든 것은 그 길(吉)한 삼태봉의 모습이 많이 보이도록 하기 위한 것이다.

종합하면 병산서원의 동재 창문은 병산 벼랑의 좋지 않은 기운을 차단하기 위한 풍수적 차폐(혹은 불견 처리)를 하면서 아울러 환기를 하기 위한 용도로 만든 창문이다. 반면 서재 창문은 하회마을 삼태봉의 좋은 기운을 더 받아들이기 위한 풍수적 견(見) 처리와 환기를 위한 용도의 창문이다.

입교당 서협실 창문

병산서원의 강당인 입교당 서쪽의 서협실에는 강당 동쪽 방에는 없는 창문이 하나 있다. 창문의 형태도 일반적인 모양과는 조금 다르다. 가로로 길쭉한 모습이며 바깥에서 본 문살 형태도 특이하다. 세로로 길쭉한 한옥의 일반적 문 형태를 가로로 배치한 모습이다.

창문의 형태가 아래위보다 좌우가 넓은 직사각형이다. 이는 환기보다 창밖의 특정 경치를 더 잘 보이게 하려고 창문의 좌우 시야 폭을 넓힌 것이다. 이 서협실 창문을 통하면 안동 하회마을의 삼태봉이 보인다. 하회마을에서 보이는 삼태봉이 병산서원 서협실 창문을 통해서

[그림 116] 병산서원 강당 서쪽 서협실 내부에서 창문을 통해서 바라본 삼태봉의 모습(출처: 장영훈, 『대학풍수강론』, 도서출판 담디, 2013, 256면.)

보면 2개의 문필봉으로 보인다. 따라서 서협실 창문도 역시 하회마을 삼태봉의 좋은 기운을 강당 서쪽 창문을 통해 받아들이려는 병산서원의 풍수적 조치이다.

풍수의 견처리는 차경(借景)과 유사하다. 차경(借景)은 자연과 인간 사이의 관계를 맺게 하는 것으로, 건축물이 자연을 적극적으로 수용하여 실내의 내부자와 자연과의 조화를 이루게 하는 건축 기법이다. 차경은 구체적으로 창, 문, 누마루 등을 이용해 달성된다. 이러한 차경의 원리는 한국 전통 건축의 특징 중의 하나이다. 즉, 한국의 건축은 자연을 훼손하지 않고 그대로 보존하면서 그 대상을 집안으로 끌어들이는 것이다.

복례문 위치

병산서원의 정문인 복례문의 원래 자리는 현재의 위치가 아니었다. 현재 정문은 만대루 정면에 남향으로 나 있으나 원래의 정문은 만대루 측면인 지금의 화장실 근처에 동향으로 있었다고 한다. 일제 강점기에 현재의 위치로 정문이 이전된 것이다.

일반적으로 서원의 정문은 남쪽에 남향으로 낸다. 그런데 애초에 병산서원은 서원의 남쪽이 아니라 동쪽에 정문을 동향으로 배치한 것이다. 왜 그렇게 했을까? 여기에도 풍수를 적용하면 동쪽에 정문을 낸 병산서원만의 특별한 이유를 발견할 수가 있다.

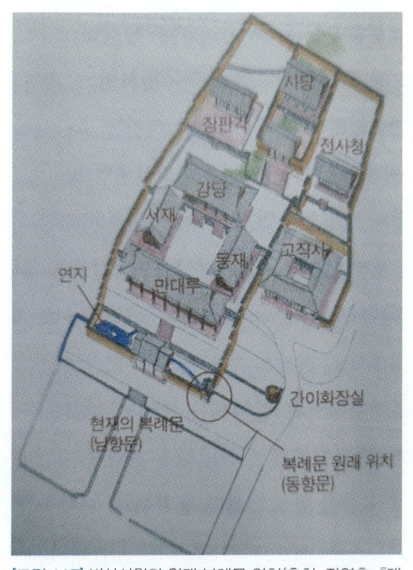

[그림 117] 병산서원의 원래 복례문 위치(출처: 장영훈, 『대학 풍수 강론』, 도서출판 담디, 2013, 260면.)

병산서원의 원래 정문이 있던 동쪽을 바라보면 금성체에 가까운 수려한 필봉이 보인다. 물론 이때에도 대문을 나서면 필봉 우측의 병산 벼랑이 보인다. 그러나 현재 병산서원의 정문처럼 정문을 남쪽에 배치했을 때보다는 병산 벼랑의 험한 기운의 영향은 덜 받는다.

또 좌우로 길게 늘어선 만대루로 병산 벼랑의 나쁜 기운을 막고 있었는데 서원의 정문을 지금처럼 남쪽에 정하면 험한 기운을 다시 정문으로 받아들이는 격이 되고 만다. 그러므로 원래 병산서원 정문을 동

[그림 118] 원래 복례문 위치 앞의 산봉우리(출처: 장영훈, 『조선시대의 명문사학 서원을 가다』, 도서출판 담디, 2007, 147면.)

쪽에 배치한 것은 동쪽 방면의 좋은 필봉의 기운은 받아들이고 피할 수 없는 거대한 병산 벼랑의 나쁜 기운은 최대한 피하고자 하는 풍수적 방안이었다고 볼 수 있다.

그런데 병산 벼랑의 살기를 피하기 위한 것이라면 동쪽보다는 아예 서쪽으로 정문을 배치시키는 것이 더 적절한 것이 아닌가라는 의문을 가질 수도 있다. 위치로 보아 병산 벼랑의 위치는 서원 중심에서 동남쪽에 자리잡고 있기 때문이다. 따라서 아예 서쪽으로 서원의 정문을 배치한다면 풍수에서의 불견 처리도 더 효과적일 수 있을 것이다.

그렇지만 병산서원 앞의 낙동강 물줄기가 크게 보면 동쪽에서 서쪽으로 흘러나간다. 즉, 서쪽에 서원의 정문을 위치시킨다면 풍수상 물의 흐름이 크게 불리해진다. 풍수에서는 앞에서 다가오는 물줄기인 조수(朝水)을 길한 것으로 본다. 반면에 중심 위치에서 직선 형태로 빠져나가는 물줄기는 아주 흉한 것으로 본다.

낙동강은 병산서원의 동쪽 득수(得水)지점(*물이 처음 보이는 곳)에서 병산서원의 서쪽으로 약 3㎞ 정도를 직선 형태로 빠져나가고 있다. 정문을 서쪽으로 낸다면 그 거리만큼 물이 직선으로 빠져나가는 형세가 되고 만다. 또 한 가지 이유는 대체로 전통 건축에서 서향은 기운이 빠져나가는 것으로 보고 기피하는 경향이 있다. 그래서 서쪽 대문을 내는 것을 꺼린다. 구 청와대 건물(경무대)의 정문이 원래는 서쪽에 있었으나 제5공화국 들어서 남쪽으로 변경한 사례가 있다.

병산서원에 대한 소회

화산을 등지고 낙동강과 병산을 앞에 둔 병산서원은 서원의 장소성(場所性)을 잘 구현한 위치에 있다. 하회마을에서 그리 멀지도 가깝지도 않은 적당한 거리에 조용히, 그러나 기품 있게 앉아 있다. 그야말로 선비들이 자연을 벗 삼아 학문을 연구하고 인격을 도야하는 곳으로 안성맞춤인 장소이다.

조선 후기 안동 출신의 권 구(1672~1747)는 병산서원 아래 집을 짓고 자연과 하나가 되는 삶을 살면서 병산육곡(屛山六曲)을 지었다. 그는 이 시에서 "천심절벽 섰는 아래 일대장강(一帶長江) 흘러간다. 백구로 벗을 삼아 어조생애(漁釣生涯: 어부의 삶) 늙어가니 두어라 세간 소식(世間消息) 나는 몰라 하노라"라며 병산 아래 낙동강이 흘러가는 모습과 부귀를 탐하지 않고 자연과 벗하며 살아가는 모습을 노래했다.

[그림 119] 병산서원의 연못 광영지(출처: 나무위키)

또 근래 시인 서안나는 '병산서원에서 보내는 늦은 전언'에서 이렇게 읊었다.

지상에서 남은 일이란 한여름 팔작지붕
홑처마 그늘 따라 옮겨 앉는 일
게으르게 손톱 발톱 깎아 목백일홍 아래 묻어주고
헛담배 피워 먼 산을 조금 어지럽히는 일
입교당 담벼락에 어리는 흙내 나는 당신을 자주 지우곤 했다
(중략)
삼천 권 고서를 쌓아두고 만대루에서 강학(講學)하는 밤
내 몸은 차고 슬픈 뇌옥 나는 나를 달려나갈 수 없다
늙은 정인의 이마가 물빛으로 차고 넘칠 즈음
흰 뼈 몇 개로 나는 절연의 문장 속에서 서늘해질 것이다
목백일홍 꽃잎 강물에 풀어쓰는 새벽의 늦은 전언
당신을 내려놓는 하심(下心)의 문장이 다 젖었다

서원에 있는 선비의 몸으로 멀리 있는 정인을 그리워하는 심사를 표현한 작품이라고 한다. 지루하고 딱딱한 서원 분위기에서 애정사로 번민하는 한 학인(學人)의 인간적인 모습이 상상된다. '늙은 정인', '흰 뼈 몇 개', '하심(下心)' 등의 어휘에서 마음먹은 대로 되지 않는 인간사의 애절한 모습도 그려진다. 그 옛날 조선시대 병산서원에서 표면적

으로 드러나지는 않았지만 간혹 있었을 법한 색다른 모습이다.

병산서원은 수려한 자연경관 이외에도 여러모로 그 의의가 깊다. 병산서원에 대한 전문가들의 견해가 이를 대변해 준다. "우리나라에서 가장 아름다운 서원, 한국 건축사의 백미."(유홍준), "건축가들의 영원한 텍스트."(김봉렬), "자연과 인문학이 결합한 공간."(황두진) 등등이 그러하다. 이외에도 "병산서원 입교당 대청 한가운데 앉아 만대루가 들어선 앞쪽을 바라보면 만대루 이 층 일곱 칸 기둥 사이로 강물과 병산과 하늘이 병풍처럼 펼쳐진다. 또 만대루에서 바깥을 내다보면 자연 가운데에 묻혀 있는 느낌이 들게 된다. 자연과 하나가 된 극적인 느낌을 주는 절묘한 공간 배치다."라는 찬사도 있다.

한국건축은 바깥에서 바라보는 대상이 아니다. 안에서 밖을 내다보는 게 중요하다고 한다. 병산서원도 그러하다. 서원의 외부에서 보이는 것은 만대루 외에는 거의 없다. 그러나 서원 안에 들어서면 마치 꽃잎 속에 둘러싸인 화심(花心)처럼 서원에 필요한 건물들이 질서 있게 들어서 있다.

병산서원을 찾는 방문객들은 각자가 각자가 좋아하는 장면이 있다고 한다. 즉, '병산서원에 언제 오는 것이 제일 좋은가?'라는 질문에 대한 답이 다양하다. '입교당 앞 매화꽃이 고고하게 피어있을 때', '병산 절벽 나무들 잎이 파릇파릇할 때', '녹색 세상에 만대루 앞 붉은 백일홍이 만개했을 때', '화산과 병산에 가을 단풍이 들었을 때', '병산과 만대루 지붕이 새하얀 눈으로 덮혀 있을 때' 등등. 그러나 그중 최고는

'나는 올 때마다 좋다'고 답한 사람이 아닐까 싶다. 그는 병산의 모든 것을 사랑하는 사람이기 때문이다.

병산서원은 '풍수적 원리를 적용하여 유교 건축의 이상을 담아낸 한국에서 가장 아름다운 서원'이라고 감히 말할 수 있다.

CHAPTER
05

자옥산이 날아드는
경주 옥산서원
(慶州 玉山書院)

경주시 안강읍에 있는 옥산서원은 조선 전기 이언적을 추모하기 위해 창건한 서원으로 유네스코 세계유산 2관왕이다.

경주 옥산서원 (출처: 사람과 산)

경주 옥산서원 개관

경주 옥산서원은 조선시대 성리학자인 회재 이언적(1491~1553)을 기리기 위한 곳으로, 회재가 죽은 지 약 20년 후인 1572년 독락당 인근에 창건되었다. 2010년 양동마을의 일부로 유네스코 세계문화유산에 등재되었으며 2019년 '한국의 서원' 9개 중의 하나로 다시 유네스코 세계유산에 등재되어 2관왕의 영예를 얻었다.

경주 양동마을 서백당에서 태어난 이언적은 조선시대 성리학의 방향과 성격을 정립하는 데 중요한 역할을 하였다. 그의 학문은 퇴계 이황에게 이어져 영남학파의 선구가 된다. 그는 김굉필, 정여창, 조광조, 이 황 등과 함께 동방오현(東方五賢)의 한 사람으로 1610년 당시 유학자로서는 최고의 영예인 문묘에 배향되었다.

옥산서원은 회재의 손자 이 준과 제자들이 창건을 발의하였고, 당시 경주 부윤(현재 시장) 이제민이 경상감사와 예조판서를 설득해서 창건을 허락받았다. 평소 회재를 흠모하던 이제민은 후임 경주부윤과 함께 소요 자재를 직접 조달하고, 친히 터를 잡는 등 창건 공사를 실질적으로 주도했다. 옥산서원은 민간에서 발의된 것이지만, 지방 관청이 다방면에 걸쳐 지원해서 창건된 서원이다. 공사 기간은 반년밖에 걸리지 않았다. 이때 완성된 건물은 총 40여 칸이었다.

선조 5년(1572)에 완공된 옥산서원은 이듬해에 이언적의 위패를 봉안했고 같은 해 12월에 '옥산(玉山)'이란 명칭으로 사액을 받았다. 당시 사액 글씨 '옥산서원'은 아계 이산해(1539~1609)가 썼다. 이산해는

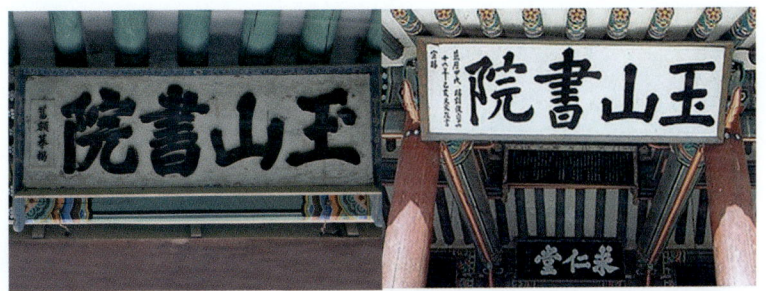

[그림 121] (좌) 이산해가 쓴 옥산서원 편액. (우)추사의 친필인 옥산서원 편액. 뒤쪽 구인당은 한석봉의 글씨.

어렸을 때부터 글씨에 뛰어나 '동자명필'로 유명했다. 그런데 1839년 사액 현판이 걸려있던 강당 건물(구인당)이 화재로 전소했다. 나라에서 다시 사액 글씨를 내렸는데, 이때는 추사 김정희(1786~1856)가 썼다. 김정희는 '옥산서원' 네 글자를 네 장의 종이에 한자씩 썼다. 그 원본이 지금도 전해지고 있다.

현재 강당 건물 처마에는 김정희의 글씨 현판이 걸려있고, 안쪽 마루 위에는 후대에 다시 제작한 이산해의 글씨 현판이 걸려있다. 그 외에 옥산서원 입구의 '역락문(亦樂門)', '무변루(無邊樓)', '구인당(求仁堂)' 등은 모두 당대의 명필 한석봉의 글씨이다. 이렇게 현판 글씨 주인공의 면모만 봐도 당시 옥산서원의 사회적 위상을 짐작할 수 있다. 정조는 이언적의 학덕을 기리기 위해 이곳에서 과거시험인 '초시'를 치렀다고 한다.

옥산서원은 공부하는 장소인 구인당이 앞에 있고, 제사를 지내는 체인묘(體仁廟)가 뒤에 위치한 전학후묘(前學後廟)의 형식이다. 구인당 대청마루 양쪽 좌우로 해립재(偕立齋), 양진재(兩進齋)가 있는데 현재의

교장실과 교무실의 기능을 하였다. 서원 마당 동서로 기숙사가 있다. 민구재(敏求齋)와 암수재(闇修齋)가 그것이다. 민구재는 '민첩하게 구한다'는 의미로 공자가 제자들에게 말한 글귀에서 따온 것이다. 자신은 '천재가 아니라 단지 열심히 지식을 구하는 사람'이라는 의미다. '암수'는 남송 주희의 '조용히 스스로 공부한다'는 의미의 '암수자수(闇修自修)'에서 취한 것이다.

옥산서원의 지리적 환경

옥산서원으로 들어가는 마을 입구에 도달하면 자계천(옥산천) 물이 흘러내리고 작은 폭포인 하용추(下龍湫)가 있다. 옥산서원 인근에는 용추가 세 개 있다. 마을 위쪽에는 상용추(上龍湫)가 있고, 서원 앞 세심대 바위 아래에 제일 깊은 용추(龍湫)가 있다. 자계천을 따라 울창한 숲이 있는데 아름드리나무가 서원의 역사를 짐작케 한다.

한국의 서원에는 성리학을 상징하는 나무가 있다. 행단(杏壇)의 의미를 갖는 은행나무, 선비를 상징하는 회화나무, 공자의 정신을 표상하는 향나무 등이다. 특히 행단은 학문을 연구하는 장소를 비유적으로 나타내는 말이다. 이는 공자가 은행나무 아래서 단을 만들고 제자들을 가르친 데서 유래한다. 그래서 우리나라의 서원에는 대부분 한두 그루의 은행나무가 있다.

옥산서원 주변의 명승(名勝)을 표현한 옥산구곡(玉山九曲)이 있다. 그 중 제1곡이 송단(松壇)이다. 송단은 옥산서원 앞, 마을의 소나무 숲 언

[그림 122] 옥산서원 용맥도(출처: 박성대·전성하, 「경주 옥산서원 입지 및 공간구성의 풍수적 특성」, 「동방문화와 사상」 제8집, 2020, 13면.)

덕을 말한다. 옥산서원과 독락당이 있는 옥산마을에는 소나무 숲이 두 군데 있다. 하나는 옥산서원에서 북쪽으로 600여m 떨어진 독락당 위쪽이고, 다른 하나는 옥산서원 앞에 있는 마을 어귀이다. 이는 풍수적으로 보면 마을 지세(地勢)의 약한 곳을 보완하는 비보(裨補)숲이다. 옥산 마을을 전체적으로 보면 동서가 막히고 남북이 열려 있는 지세이다. 그래서 마을 북쪽과 남쪽에 소나무 숲을 조성한 것이다. 그런데 소나무 숲에 단(檀)을 붙인 것은 성리학적 의미가 스며있다고 한다. 공자의 행단의 의미에 비유하여 송단이라는 명칭을 부여한 것으로 볼 수 있는 것이다.

옥산서원 산줄기는 영천과 포항 일대를 아우르는 낙동정맥의 운주산(806m)에서 내려온다. 운주산에서 출발한 산줄기가 남으로 진행하다 600m 봉에서 한줄기는 남서쪽으로 진행하고 또 한 줄기가 동쪽으로 뻗어 나와 어래산(572m)을 일으킨다. 이 어래산에서 이어지는 봉우리가 옥산서원 뒤쪽의 182m 봉으로 이어지고 이것이 옥산서원의 주산(主山)이 된다. 옥산서원 주변에는 회재가 직접 명명한 사산오대(四山五臺)가 있다. 옥산구곡은 회재의 사후에 이기순이 설정하였다.

사산오대와 옥산삼곡

옥산서원의 인문 지리적 환경은 사산오대(四山五臺)와 옥산삼곡(玉山三曲)으로 압축할 수 있다. 옥산서원 주변에는 네 산과 다섯 종류의 대(臺)가 있다. 즉, 북쪽의 도덕산[득덕산], 남쪽의 무학산[무릉산], 주산인 서원 뒤쪽 동쪽 화개산[어래산], 서쪽에 있는 안산인 자옥산 등이 사산(四山)이다. 그리고 징심대(澄心臺), 탁영대(濯纓臺), 영귀대(詠歸臺), 관어대(觀魚臺), 세심대(洗心臺) 등이 오대이다. '징심대'는 마음을 맑게 하는 곳이고, '탁영대'는 갓끈을 물에 씻으며 세속의 먼지를 털어내는 곳이다. '영귀대'는 맑은 바람을 쐬며 시가를 노래하는 곳이며, '관어대'는 물고기가 노니는 것을 바라보는 곳이다. 그리고 '세심대'는 마음의 때

[그림 123] (좌) 옥산서원 자계천 앞 세심대 바위. 이황 글씨. (우) 옥산서원 앞 세심대 외다리.

를 씻어내며 몸과 마음을 닦는 곳이란 의미가 있다. 관어대는 옥산서원에서 옥산천을 따라 북서쪽으로 약 600여m 정도 떨어진 독락당 계정을 받치고 있는 큰 반석이다.

특히 세심대는 옥산서원 옆 자계천 바닥에 있는 너럭바위를 말하는데 바위에 새겨진 '세심대(洗心臺)'란 글씨가 지금도 선명하다. 퇴계 이황의 글씨이다. 그리고 세심대 바로 앞에는 자계천 용추(龍湫)가 있다. 용추는 자계천 물이 만들어낸 작은 폭포 아래의 소(沼)이다. 용추의 물은 맑으면서도 꽤 깊다. 여름 휴가철에 피서객들에게 최고 인기 장소이다. 세심대와 용추, 외나무다리는 옥산구곡 중 옥산삼곡(玉山三曲)에 해당한다.

용추 위쪽엔 자계천을 가로지른 외나무다리가 있다. 외나무다리를

[그림 124] 옥산서원 앞 세심대, 용추 및 외나무 다리(출처: 연합뉴스)

건너면 서원 정문인 역락문이 나온다. 그런데 외나무다리의 폭은 좁고 길이는 길다. 그리고 외나무다리 아래의 용추는 꽤 깊다. 정신을 차리고 건너야 한다. 자칫 허튼 생각을 하다가 균형을 잃으면 자계천 용추에 빠진다. 선비 체면이 말이 아니게 된다. 물에 흥건한 차림새로 서원에 들어갈 수는 없다. 외나무다리는 서원에 들어가기 전 몸과 마음을 가다듬으라는 의미다. 원래는 나무로 만든 다리였으나 현재는 재질이 바뀐 것 같다. 더 튼튼해 보이지만 운치는 덜 해 보인다.

손이시비와 적서시비

옥산서원의 경제적 토대는 도산서원과 함께 영남 서원계를 대표할 만큼 탄탄하였다. 서원의 재산 관리는 초기에는 경주 일대의 유림이 공동으로 참여하는 양상이었으나 후기로 갈수록 회재와 관련이 있는 양동마을의 손씨와 이씨들이 주도하였다. 그런데 경주권을 대표하는 두 가문이 회재의 외가와 친가로 연분을 맺게 되어 서로 연고권을 주장하게 되었다. 이 와중에 두 가문 사이의 갈등도 심심찮게 일어났다. 이를 '손이시비(孫李是非)'라 하며 19세기의 중요한 주도권 다툼으로 번지게 되었다.

이에 더하여 서자들이 옥산서원의 향사에 참여하는 자격 문제를 놓고 적자 계열에서 시비를 걸어 또 한 차례의 홍역을 치르게 된다. 이를 '적서시비(嫡庶是非)'라 하였다. 회재는 양동마을 본부인과는 후사가 없어 5촌 조카를 양자로 들였다. 그러나 소실인 석씨 부인과는 총명하고 효심 깊은 아들 잠계 이전인(李全仁:1515~1568)이 있었다.

회재가 문정왕후와 윤원형 일파의 모함을 받아 평안도 강계로 유배를 갔을 때도 이전인이 함께 따라가 수발을 들었다. 부자간 문답을 기록한 『관서문답록(關西問答錄)』이 지금도 전해진다. 특히 회재가 유배지에서 사망했을 때, 회재의 시신을 경주까지 운구한 사람도 소실의 아들인 이전인이었다. 처음 회재 선생이 별세했을 때, 죄인의 장례를 도우려는 사람이 없었다. 변방 타향의 엄동설한에 부친의 시신을 부둥켜안고 밤낮으로 통곡하니 지나가는 객들이 도와주어 귀향길에 올랐다고 한다.

평안북도 강계에서 경주까지는 무려 3,000리나 되는 거리이다. 서자 이전인은 관(棺)대신 대나무 장대에 부친의 시신을 묶어 혼자 험난한 겨울 산길을 따라 이동했다. 그리고 6개월에 걸친 대장정을 한 끝에 마침내 경주에 도달하였다. 그때 잠계가 사용한 대나무는 지금도 독락당에 보관되어 있다. 후일 퇴계 이황도 이전인의 효성을 크게 칭찬하였다고 한다.

또한, 잠계는 아버지 회재의 유업을 잇기 위해 갖은 노력을 했고 그를 기리기 위한 현양 사업에도 적극적이었다. 세상 사람들은 "잠계(이전인)가 없었다면 회재도 없다(無潛溪無晦齋)"고 말할 정도였다.

그러나 이전인은 회재의 서자였고 조선은 적서차별이 심한 사회였다. 옥산서원 창건을 발의한 것도 서자 이전인의 아들인 이준이었지만 서원의 향사에 서자가 참석하는 문제로 한때 분쟁이 일어나기도 하였다. 조선 사회의 시대적 한계를 느끼게 하는 대목이다.

옥산서원의 풍수지리

현재의 터에 옥산서원이 창건된 것은 회재가 거처하던 독락당이 인근에 있었기 때문일 것이다. 독락당은 옥산서원 앞을 흐르는 자계천 [옥산천]의 상류 방향으로 600여m 위쪽에 있다. 독락당은 회재가 벼슬

[그림 125] 옥산서원 지형도(출처:박성대·전성하, 「경주 옥산서원 입지 및 공간구성의 풍수적 특성」, 동방문화대학원대학교 동양학 연구소, 『동방문화와 사상』 제8집, 2020, 13면, 15면.)

을 그만두고 낙향했을 때 거처하던 곳이다. '옥산'이라는 명칭은 서원 앞에 있는 자옥산(紫玉山: 569.9m)과 관련이 있다.

옥산서원 사신사(四神砂)[52])는 왼쪽에 있는 좌청룡과 오른쪽에 있는 우백호가 완전히 교쇄하지 못하고 있다. 즉, 옥산서원 좌우 양쪽의 산줄기가 옥산서원을 완전히 감싸주지 못하고 있다. 그러나 청룡 밖에

---

[52]) 특정 장소에서 전후좌우 네 방향에 있는 산봉우리나 능선으로 좌청룡, 우백호, 남주작, 북현무 등을 말한다.

있는 외청룡이 〈그림 125〉에서 보는 바와 같이 자계천(옥산천)의 흐름과는 반대 방향으로 내려온다. 이는 옥산서원 입구 역락문 근처의 표고가 외청룡이 내려오는 방향보다 낮은 것을 보면 알 수 있다. 즉, 옥산서원의 왼쪽 바깥에 있는 산 능선이 자계천의 흐름과는 반대 방향으로 내려 오는 것이다. 풍수에서는 이를 역사(逆砂)라 한다. 역사는 어떤 형세를 거슬러서 있는 지형이다. 예를 들면 물이 오른쪽에서 왼쪽으로 흐르는데, 산 능선이나 언덕은 왼쪽에서 오른쪽으로 내려오면 역사(逆砂)가 된다.

역사가 있으면 그 땅의 기운이 강해진다고 본다. 옥산서원 앞 자계천과 언덕이 그런 형태로 되어있다. 즉, 자계천은 서원의 우측에서 좌측으로 흐르는데 서원 왼쪽 바깥 산줄기가 서원의 좌측에서 우측으로 내려온다. 그리고 이것은 자계천 물을 거슬러 막아주는 상징적 의미도 있다. 즉, 옥산서원의 땅 기운이 물을 따라 쉽게 빠져나가지 않도록 단속하는 기능을 하는 것이다.

풍수에는 '역사일척가치부(逆砂一尺可致富)'라는 말이 있다. '물을 거슬러주는 역사(逆砂)가 한 자(약 30㎝)만 되어도 부자가 될 수 있다'는 의미다. 실제 옥산서원은 사액서원으로 조선시대부터 탄탄한 경제적 기반을 갖추어 왔다. 당시 경주부윤 뿐만 아니라 후손, 문인, 향인(鄕人)들의 적극적인 참여와 협조가 있었다. 특히 인근 정혜사는 신라시대부터 이어져 온 유서 깊은 사찰이었으나 옥산서원이 건립되면서 서원의 부속 사찰이 되었다. 정혜사 승려들은 국가에 대한 의무가 면제되는 대신 서원 운영에 필요한 물품 조달 등 경제적 지원을 맡았다. 옥산서원은 일제강점기 들어 소송 분쟁 등으로 한때 서원의 재정 상태가 매우 취약한 적도 있었다. 그러나 현재 유네스코 세계유산으로 지정되어 국가와 지방자치단체로부터 든든한 재정적 지원을 받고 있다.

옥산서원과 비봉귀소형

옥산서원의 앞쪽에 있는 자옥산은 삼각형 형상이다. 풍수에서는 이를 붓끝 모양을 닮았다 해서 문필봉(文筆峰)으로 부른다. 특정 장소에서 이러한 형상의 산봉우리가 보이면 훌륭한 문장가가 배출된다고 한다. 서원의 입지가 문필봉이 보이는 장소라면 더할 나위 없이 좋다. 실제 우리나라 서원에는 대체로 한 두 개 정도의 문필봉은 갖추고 있다.

옥산서원의 앞에 보이는 자옥산을 사물의 형상에 비유하면 봉황이 둥지로 날아드는 모습인 비봉귀소형(飛鳳歸巢形)이다. 즉, 자옥산은 봉황이 둥지인 옥산서원으로 날아드는 모습이다. 그런데 봉황의 둥지에는 봉황의 알이 있어야 한다. 옥산서원에서 공부하는 원생들이 봉황의 알에 해당한다.

종합하면 옥산서원은 봉황의 둥지이고, 서원에서 공부하는 선비들은 봉황의 알이다. 봉황의 알에 해당하는 서원의 학생들이 청운의 뜻을 품고 열심히 학문을 닦으면 마침내 부화하여 봉황이 된다. 즉, 과거시험에 합격하여 청운의 꿈을 펼치게 되는 것이다.

옥산서원의 혈(穴)자리, 강당

서원에서 강당은 유생들이 공부하는 곳이고, 사당은 선현의 제사를 지내는 곳이다. 대체로 전통 서원들은 강당중심 서원이며, 문중 서원들은 사당중심 서원이다. 강당 마당에 동재와 서재가 배치되어 있으면 강당중심 서원이며, 사당 마당에 동재와 서재가 입지하고 있으면 이것은 사당중심 서원이라고 본다. 옥산서원은 강당중심 서원이다.[53) 54)]

[그림 126] 자옥산과 둥지로 날아드는 봉황(출처: 장영훈)

이런 관점에서 보면 서원에서 강당은 중요한 위치를 차지한다. 그런데 실제 지형을 보면 옥산서원에서 사당이 제일 높은 장소에 있다. 풍수적으로 본다면 사당이 있는 자리는 '잉(孕)'에 해당한다. 풍수에서 '잉'은 명당의 핵심처인 혈(穴)자리를 맺기 위한 땅기운 압축 저장소와 같은 곳이다. 사당 아래 지점에는 서원의 강당이 자리하고 있다. 즉, 옥산서원은 서원 사당의 위치에서 땅 에너지를 응축하

---

53) 장영훈, 「우리 문화재 풍수답사기③서원」, 도서출판 담디, 2007. 255면.
54) 위의 책. 255면 참고(함양의 남계서원은 최초의 강당중심 서원이고 장성의 필암서원은 전형적인 사당중심 서원의 배치이다).

였다가 그 기운을 사당 아래에 있는 강당에 쏟아붓는 격이다. 따라서 옥산서원의 핵심 자리인 혈자리는 바로 강당이라고 볼 수 있다.[55]

한편 옥산서원의 물 흐름인 수세(水勢)를 보면, 서원의 사당-강당 축을 잇는 지점을 기준으로 자계천[옥산천]이 서원을 가장 둥글게 환포하고 있다(그림 127참조). 사당-강당 축을 잇는 직선의 끝부분은 옥산서원의 풍수상 전순(氈脣)[56]에 해당한다. 즉, 옥산서원은 사당 위치에서 땅 기운이 잔뜩 모였다가 서원의 강당 자리에 와서 그 기운이 발산된다. 그리고 남은 기운이 서원 앞으로 밀고 내려와 자계천 앞에서 멈춘 것이다. 전순은 보통 〈그림 127〉의 붉은 화살표 끝부분처럼 주변보다 앞쪽으로 튀어나온 모습을 하고 있다.

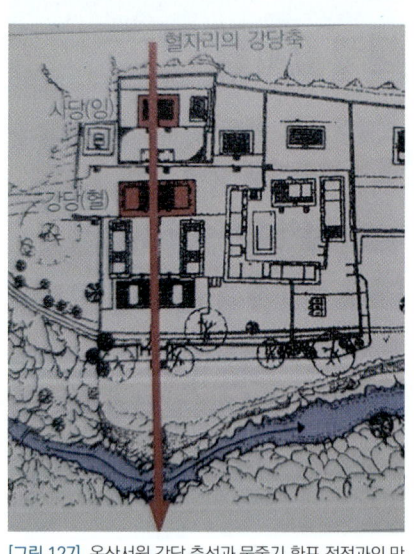

[그림 127] 옥산서원 강당 축선과 물줄기 환포 정점과의 만남(출처: 장영훈, 「우리 문화재 풍수답사기③서원」, 도서출판 담디, 2007. 253면.)

옥산서원의 안대 좌향

옥산서원의 뒤쪽 담장으로 돌아가서 담장의 가운데에서 보면 옥산서원이 왜 이곳

---

[55] 박성대·전성하, 「경주 옥산서원 입지 및 공간구성의 풍수적 특성」, 동방문화대학원대학교 동양학 연구소, 『동방문화와 사상』 제8집, 2020, 7-32면.
[56] 풍수에서 명당 혈자리에 맺히고 남은 기운이 혈 앞에서 돗자리나 입술처럼 생긴 공간을 만든 것.

[그림 128] 옥산서원의 안산 자옥산(출처: 매일신문, '한국 근의 풍수기행')

에 자리를 잡았는지 짐작할 수 있다. 사당과 강당인 구인당, 그리고 서원 입구 무변루의 지붕이 평행선으로 배열이 되어있고 그 맞은 편 정면으로 멀리 서원의 안산(案山)인 자옥산이 서원을 향해 있다.

풍수에서 묘소나 건축물의 방향을 정하는 방법의 하나로 안대좌향법(案對坐向法)이 있다. 즉, 묘소나 건축물의 앞쪽에 있는 산에 수려한 봉우리가 있으면 그쪽을 보고 묘나 건축물의 정면 방향을 잡는 것이다. 그렇게 하여 그 수려한 봉우리의 좋은 기운을 받으려는 의도이다.

자옥산은 옥산서원의 정면 맞은 편에 있다. 달리 말하면 자옥산이 정면으로 바라보이는 곳에 옥산서원이 자리를 정한 것이다. 옥산서원은 자옥산의 제일 아래쪽 삼각형 모양의 봉우리를 바라보고 있다. 자옥산은 한 마리의 봉황이 날개를 펴고 서원을 향하여 날아들고 있는 모습이라고 했다. 좀 더 구체적으로 살펴보면 자옥산 제일 앞쪽의 삼각형 모습의 산봉우리가 봉황의 머리에 해당한다. 그리고 그 뒤로 차츰 고도를 낮춰 내려오는 산줄기는 봉황의 등과 몸통에 해당하며, 좌우로 뻗어 나간 산줄기는 봉황의 날개에 해당한다.

그러면 이러한 모습의 자옥산이 향하는 최종 목적지는 어디인가? 그곳은 다름 아닌 옥산서원이다. 즉, 봉황의 목적지는 봉황의 둥지인데 그 둥지가 바로 옥산서원이다.

풍수에서 특정 장소의 핵심인 명당 혈 자리는 대략 다음과 같은 요건을 갖추어야 한다. 먼저, 명당은 뒤에서 내려오는 산줄기의 힘을 받아야 한다. 즉, 명당은 주산(主山)으로부터 주된 산줄기가 내려오고 그 힘을 받아야 한다. 다음으로 주변의 다른 산과 물들이 명당인 혈 자리를 향해 모여들어야 한다. 주변 산들은 마치 두 손을 공손히 모으고 읍을 하는 듯하여야 하고, 주변의 물줄기는 명당을 둥글게 감싸며 천천히 흘러가야 한다. 이런 관점에서 옥산서원을 향해 날아오는 듯한 자옥산의 모습은 옥산서원이 좋은 장소에 입지하였음을 말해 주고 있다.

옥산서원의 폐쇄적 구조

옥산서원 앞에는 북에서 남으로 자계천이 흘러가고 자계천 너머에서 자옥산 기슭까지는 약 300m가량의 평탄한 논밭이 펼쳐진다. 지형적으로 옥산서원의 앞 전망은 자옥산까지 트여있다. 찌는 듯한 여름철에 옥산서원의 강당에 앉아 시원한 자계천 바람을 쐬며 녹색의 들녘을 바라보는 모습은 상상만 해도 즐겁다. 그러나 그것은 실제로 경험할 수 없다. 옥산서원 내부의 문들이 대부분 닫혀 있기 때문이다.

옥산서원의 내부 구조는 매우 폐쇄적이다. 서원의 바깥 출입문인

[그림 129] 옥산서원 입구에서 본 무변루 (출처: 경주시청)

외삼문 역락문(亦樂門)을 들어서면 문루인 무변루(無邊樓)가 나타난다. 옥산서원의 무변루는 정면 5칸짜리 몸체에 누마루가 설치되어 있다. 그리고 좌우 2칸은 벽을 설치해서 온돌방을 만들었다. 대체로 서원의 문루는 개방형으로 되어 있다. 국내 최대 서원 누각인 안동 병산서원 만대루는 1, 2층이 모두 완전한 개방형이다. 온돌방은 물론 벽체가 하나도 없다. 병산서원 만대루가 서원 앞쪽의 험한 병산의 살기를 막기 위한 것이지만 만대루의 어느 곳도 폐쇄형으로 된 곳은 없다.

이처럼 다른 서원의 누각은 대체로 벽면이 없거나 벽면이 있더라도 개방형으로 되어있다. 그러나 옥산서원 무변루는 그렇지 않다. 무변루 2층 5칸 벽면 가운데 3칸은 대청으로 앞을 틔우고, 그 양쪽 한 칸씩은 방을 만들어 강당 쪽을 벽으로 만들었다. 방 옆으로 한 칸씩 누마루를 달아서 외부로 향하게 했다. 그런데 3칸의 개방형 벽면은 한여름에도 문이 꽁꽁 닫혀 있다.

실제 옥산서원의 무변루 아래를 지나 서원 마당에 오르면, 주변 자연환경과는 거의 단절된 공간이 나타난다. 무변루를 넘어서면 정방형의 마당을 가운데 두고, 무변루와 그 맞은편의 강당 건물 구인당(求人堂), 강당 좌우로 동·서재인 민구재(敏求齋)와 암수재(闇修齋)가 사방을 차단하고 있다. 건물과 건물 사이의 모퉁이 부분도 서로 겹쳐지게 해서 마당의 모퉁이마저도 닫혀 있다.

게다가 삼복더위 한여름에도 강당 대청마루의 뒤쪽 문도 모두 닫혀 있다. 서원 입구 방향에 있는 무변루도 2층은 모두 닫혀 있다. 무변루 전체에서 겨우 한 사람이 통과할 만한 공간인 1층 한쪽 쪽문만을 개방하였을 뿐이다. 한여름 무더위와 습도에 숨이 턱턱 막힐 정도이다. 또 옥산서원은 특히 담장이 많다. 서원 영역 전체를 담장으로 막아 차단함은 물론 서원 건물 사이에도 영역별로 담장과 벽으로 차단하고 있다. 여름철에도 서원 출입문과 덧문들은 모두 닫혀 있다. 서원의 강당에 앉아도 바람 한 점 일지 않는다.

[그림 130] 옥산서원 강당에서 바라본 무변루. 1층 왼쪽 1개 문만 열려있다.(출처: 한국일보)

만약 옥산서원 앞쪽에 있는 무변루 2층의 3개 문을 개방하고 강당 대청마루 뒤쪽의 문을 개방하면 여름철 한옥 대청마루에서 느끼는 청량감을 느낄 수 있을 것이다. 즉, 자계천의 바람이 서원 앞에서부터 서원 강당의 뒤쪽까지 시원하게 통과할 것이다. 더불어 무변루 2층을 통해 자계천 너머의 풍경도 볼 수 있을 것이다. 그러나 실제는 그렇지 못하다. 계절을 달리하여 두 차례 답사하였지만 큰 차이는 없었다.

그러면 옥산서원은 왜 이렇게 외부 환경에 대해 폐쇄적인 구조로 되어 있는가? 또 서원의 통로와 문들을 왜 답답할 정도로 닫아두고 있는가? 이에 대해 건축학적 관점에서는 대체로 다음과 같은 취지로 풀이하고 있다.

"옥산서원은 회재의 4산으로 둘러싸인 자계 계곡 중에서도, 징심대와 세심대가 있는 가장 경치 좋은 곳에 자리 잡았다.…그러나 옥산서원의 역락문을 들어서는 순간, 자연에서 느낀 감동의 여운은 급격히 사라지고, 완벽하게 인위적인 공간으로 전환된다. 내부의 중심 장소인 강당 마당에서는 사방을 꽉 둘러싼 건물들 사이의 팽팽한 긴장감만이 감돌 뿐이며, 어느 한구석도 이를 이완시켜주는 곳이 없다.…(안동) 병산서원은 앞 병산과 낙동강의 경관을 내부로 끌어들임으로써 인위적인 긴장감을 해소하고 있지만, 옥산서원은 철저하게 외부 자연에 대해 닫힌 공간을 만들고 있다.…건축만이 규범적인 것이 아니다. 옥산서원의 원규(院規)는 총 16조로 까다롭기로 유명했다.…떠들어도, 기웃거려도, 다른 생각을 해서도 안 된다. 이곳에서 공부했던 유생들은 매시간 긴장과 절제 속에서 지내야 했을 것이다."[57]

---

57) 김봉렬, 『김봉렬의 건축이야기2』, 돌베개, 2021, 128-131면 요약.

옥산서원이 건물 사이의 어긋남도 없이, 문집 판각을 제외하고는 모든 건물이 직각과 평행으로 만나며, 철저하게 중심 구성 축을 따라 배열되고 대칭적인 것은 이단을 철저하게 억압한 선구자 이언적의 정통주의 원리주의를 따른 결과[58]이며 옥산서원은 정통주의의 건축적 재현이라고 평가한다.

또 다수의 학자는 옥산서원의 폐쇄적 구조를 이언적의 은거관(隱居觀)과 관련시키기도 한다. 이언적이 생전에 거주하던 독락당의 구조는 그의 삶에서 형성된 은둔적인 가치관에서 나왔다고 본다. 그리고 이언적의 손자가 주동이 되어 창건한 옥산서원도 생전 이언적의 은둔적 삶의 가치관이 표현된 것이라고 본다. 그래서 옥산서원의 건물 구조가 외부에 대해 폐쇄적이라고 해석한다. 이러한 견해는 평소 회재 이언적의 철학적 가치관이 후손들에 의해 옥산서원으로 구현되었다고 본다.

옥산서원의 미스터리와 풍수

옥산서원의 전체 공간은 폐쇄적인 구조이다. 그 이유가 무엇일까? 혹시나 해서 이에 대해 담당부서에 문의했지만 역시나 틀에 박힌 관료적인 답변만 돌아왔다. 먼지가 들어오는 것을 막기 위해서, 혹은 비바람에 대비하기 위해서라고 답했다. 회재의 은둔적 삶과 관련 여부

---

[58] 위의 책, 131면.

에 대해서는 담당 업무 분야가 아니라서 모른다는 취지의 답변을 했다. 그 말은 어느 정도 이해가 간다. 그건 학자들이 밝혀야 할 일이기 때문이다.

그렇지만 계곡과 울창한 비보 숲 사이에 위치한 서원에, 그것도 여름철 습기로 눅눅한 날씨인데 어디에서 먼지가 그렇게 많이 들어오는지 이해가 되지 않는다. 비바람에 대비한 것이라면 비가 오지 않는 날인데도 왜 그렇게 문을 닫아두는 것인가?

옥산서원은 봉황의 둥지 자리에 있다. 즉, 옥산서원의 풍수적 형세는 봉황의 둥지인 봉소형(鳳巢形)이다. 옥산서원의 폐쇄적 구조를 풍수의 봉소형과 연관 지어서 보면 의문의 실마리가 풀린다.

옥산서원 자리가 봉황의 둥지이기에 서원의 누대까지 문짝을 달아서 둥지 울타리로 만들어 버린 것이다. 강당, 동재, 서재, 누대들로 강당 마당을 꽉꽉 막아버렸다. 이곳 건물들 자체가 둥지를 만드는 울타리인 것이다.[59]

봉황의 둥지는 아늑하고 포근해야 한다. 알을 품고 있는 봉황의 둥지는 외부에 대해 개방적 형태보다는 폐쇄적이고 안온한 모습이라야 한다. 옥산서원의 내부 구조가 폐쇄적이고 실제 운영상에서도 서원의 문이나 창을 닫아두는 이유라고 볼 수 있다. 즉, 풍수적으로 볼 때 옥산서원의 형국(形局)이 봉소형(鳳巢形)이기 때문에 서원의 내부가 폐쇄

---

[59] 장영훈, 앞의 책, 252면.

적인 형태를 띤다고 추정해 볼 수 있다.

물론 이러한 견해는 옥산서원 관계기관의 공식적인 입장은 아니다. 더구나 우리 사회에서 미신시 하는 풍수적 해석을 공적인 기관에서 인정할 리는 없다. 하지만 문화유산 본질에 대한 이해는 그 당시 시각에서 분석하는 것에서 비롯된다. 그 관점이 현재의 시각에서 볼 때 과학성과 합리성을 지녔는가 와는 다른 차원의 문제이다. 한 시대의 문화를 비과학적이고 비합리적이라고 해서 폄훼할 수는 없다. 그러한 자세는 전통 문화를 연구하는 자의 기본자세가 아니라고 본다. 오리엔탈리즘에 경도되어 아시아나 아프리카의 문화를 잘못 이해한 과거 서구 문화 인류학자들의 전철을 되풀이하는 잘못을 범할 수 있기 때문이다.

조선시대 문화나 건축물에는 풍수 사상이 깊이 스며있다. 조선시대 서원 건축도 주로 풍수적 원리에 따라 터를 잡고 건립되었다. 조선시대 서원 건축에서 풍수를 제외하면 이면에 숨어 있는 부분을 밝혀낼 수가 없다. 따라서 옥산서원에 대한 본질적 이해를 위해서는 먼저 풍수적 관점에서의 고찰이 선행되어야 한다.

정체불명의 게시문

옥산서원 입구의 역락문을 들어서면 무변루 앞에 횡으로 길게 축조된 시멘트 수로(水路)가 있다. 여름철에는 그 수로를 통하여 맑은 물이 시원스럽게 흘러간다. 풍수지리에 관심이 있는 자들은 순간 감탄

[그림 131] (좌) 옥산서원 역락문과 무변루 사이의 수로. (우) 역락문 담장에 붙어 있는 게시문

을 하게 된다. 풍수 고전에 나오는 계수즉지(界水則止), 즉 '땅 기운은 물을 만나면 멈춘다'는 구절을 바로 떠올린다. 옥산서원의 땅 기운을 보존하기 위해서 풍수적 차원에서 물길을 만든 것으로 생각하기 때문이다. 그러나 그것도 잠시다. 수로 바로 옆 담장 벽면에 붙여진 글귀를 보면 금방 실망(?)을 한다.

비닐로 코팅되어 담장에 부착된 안내문에는 "이 물길은 1956년에 만들어진 농업용 관개수이고…항간에서 떠도는 풍수지리와는 무관하다"라고 쓰여있다. 그것도 핵심 단어는 고딕체로 강조해 놓았다.

뭔가 이상하다. '거기가 게시판도 아닌데…그리고 세계유산의 담장에 함부로 못질을 해도 되는 건가'라는 생각부터 든다. 그다음엔 안내문의 공신력에 대해 의문이 생긴다. 나름 깔끔하게 만들어 붙인 안내문이지만 출처가 없다. 즉, 서원 관리 측에서 게시했다는 어떤 표식도 없다. 한 개인이 자기의 가치관에 따라 판단 후 설치한 것이 아닌가도 싶었다. 뒷날 이에 대해 관계기관에 문의하였고 다시 답사를 갔을 때는 그 안내문은 사라지고 없었다. 그렇다면 그 안내문은 사적인 개인이 설치한 것이라고 추정된다.

정확한 사실관계의 확인도 없이 아전인수(我田引水)격으로 자기들만의 주장을 펴는 풍수 만능주의자들도 문제가 있지만, 세계문화유산의 담장을 훼손하며 친절한(?) 설명문까지 게시한 사람도 마찬가지다. 대한민국은 사상과 학문 연구의 자유가 있다. 풍수에 대한 사적인 생각은 각자의 판단에 맡기면 된다. 그리고 자기와 다른 생각은 서로가 존중해주면 된다. 그것이 다양성을 추구하는 민주사회의 기본 철학이다. 더구나 한 나라의 문화유산은 정치적, 종교적, 개인적 신념을 떠나 그 자체로 수용하고 보존해야 하는 것이다.

CHAPTER
06

경복궁의 비보사찰
호암산 호압사

경복궁의 좌향(방향)과 관련해서 또 하나 문제가 되는 것은 관악산의 한 줄기인 호암산(虎巖山)이다. 호암산은 이름 그대로 '호랑이 형상의 바위산'이다.

호압사 약사전

관악산과 경복궁

경복궁에서 한강 너머 남쪽을 바라보면 타오르는 불꽃 모양의 산이 있다. 관악산(冠岳山)이다. 해발 고도 623m인 관악산은 서울의 남쪽 경계를 이루며 서울시 관악구와 경기도 안양시, 과천시와 접해 있다. 관악산이라는 명칭은 산 정상부의 모습이 마치 머리에 쓰는 '갓' 모습과 비슷해서 유래되었다고 한다. 또 관악산은 경기 5악에 속할 정도로 경관이 수려하여 소금강(小金剛) 혹은 서쪽의 금강산이라는 의미로 서금강(西金剛)이라 부르기도 한다.

조선시대 삼남 지방(三南地方), 즉 충청, 전라, 경상도에서 과거를 보러 한양으로 올라오는 수많은 선비는 멀리서 관악산 봉우리가 보이면 한양에 거의 당도했음에 안도했다. '갓' 모양처럼 생긴 관악산 봉우리를 보며 장원 급제의 부푼 꿈을 꾸기도 했다.

관악산은 한남금북 정맥, 즉 금강 북쪽에서 한강 남쪽으로 올라가는 산맥이다. 남진(南進)하던 백두대간이 속리산에서 잠시 멈춘 후, 한 줄기가 다시 북서쪽으로 거슬러 올라오다가 한강을 앞두고 크게 맺히며 멈춰 선 것이 관악산이다. 관악산은 이른바 손자가 할아버지를 돌아보는 형상인 회룡고조형(回龍顧祖形)의 산이다. 즉, 백두산에서 한반도 남쪽으로 내려가던 산맥이 다시 북쪽으로 올라와서 처음 발원한 장소인 백두산을 바라보는 형국이다. 백두산은 할아버지(조상)이고 관악산은 손자(후손)이다. 풍수에서 회룡고조형의 땅은 지기(地氣)가 강하다고 한다. 할아버지(조상)가 손자(후손)에게 가진 것을 몽땅 내려 주는 격이기 때문이다.

　조선의 건국과 함께 경복궁을 건립할 때, 궁궐의 좌향(*바라보는 정면 방향)을 어느 쪽으로 정할 것인가를 두고 무학대사와 정도전 간에 논쟁이 있었다고 한다. 무학대사는 인왕산을 주산(主山)으로 하여 궁궐 전각의 정면 방향을 동쪽으로 해야 한다고 하였다. 반면 정도전은 임금은 남쪽을 향해 앉아 정사(政事)를 봐야 한다는 군주남면(君主南面)사상을 근거로, 북악산을 배경으로 하고 궁궐의 정면 방향을 남쪽으로 해야 한다고 주장하였다. 결국, 정도전의 주장이 관철되어 경복궁은 북악산을 주산(主山)으로 하여 남쪽인 관악산을 바라보게 되었다.

　그런데 궁궐 전각의 정면이 남쪽을 향하게 되면 경복궁의 앞쪽에 있는 관악산이 문제가 된다. 관악산은 멀리서 보면 마치 불꽃이 타오르는 듯한 모습이다. 이러한 산은 오행(五行)으로 화산(火山)이라 한다. 화산(火山)은 불기운이 강해서 이러한 형상의 산이 앞에 보이면 화재의 발생 위험이 크다고 본다. 또 하나 관악산에서 갈라져 나온 호암산(虎巖山)도 문제가 된다. 호암산은 그 모습이 경복궁을 향하여 막 돌진하려는 호랑이와 비슷하기 때문이다. 경복궁의 정면을 남쪽으로 해서 궁궐을 건설하려면 이 두 가지 문제점을 해결해야 했다.

　먼저 관악산의 불기운을 약하게 하려는 조치를 살펴보자. 관악산은 불의 기운이 강하지만 경복궁 앞에는 그러한 불기운을 막아주거나 약화시킬 만한 자연적인 지형물이 없다. 그러므로 지형적인 약점을 보완하기 위한 인위적인 대책인 비보(裨補: 지형의 단점을 인위적으로 보완하

[그림 133] 경복궁과 관악산, 호압사의 위치(출처: 구글 위성에 필자 추가 작도)

는 것)가 필요하였다. 예를 들면, 관악산을 마주 보는 남대문 앞에 남지(南池)라는 연못을 조성하거나 경복궁 앞에 해태상을 설치하는 것이다.[60]

또 경복궁의 4대문 중에서 남대문인 숭례문(崇禮門) 현판의 글씨만은 세로로 만들어 걸었다. 이는 불꽃 모양의 세로로 숭례문 현판을 걸어서 현판의 맞불 기운으로 관악산의 불기운을 누르려는 의도이다. 또한, 궁궐의 남쪽에 있는 숭례문의 '례(禮)'자는 오행상

[그림 134] 세로로 쓴 숭례문 현판

---

[60] 남대문 근처의 연못인 남지(南池)는 한양의 오른쪽 산줄기를 보완하기 위한 것이라는 설도 있다. 경복궁 앞의 해태상은 경복궁 창건 때는 없었으나 고종 때 경복궁을 중건하면서 처음 세운 것이다.

'불(火)'에 해당하고, 숭례문의 '숭(崇)'자는 '높이다'라는 의미다. 그러므로 '숭례'라는 글에는 '예를 받든다'는 표면적 의미 외에 '불을 높인다'는 속뜻이 있다. 따라서 현판의 형상을 세로로 만들어 불꽃이 타오르는 모습으로 만들고, 현판의 속뜻도 불을 높여 받드는 의미를 지니게 만들어서 관악산의 불기운을 맞불로 막으려고 했다.

혹자는 만약 경복궁의 방향[좌향]을 조금 더 동쪽으로 틀어서 남산과 일직선으로 정했더라면 경복궁의 화재가 잦아들었을 것이라고 주장하기도 한다. 경복궁과 관악산의 중간 위치에 있는 남산이 관악산의 강한 불기운을 막아줄 것이라는 이유에서다. 어쨌든 위성 지도에서 보듯이 아쉽게도 현재 경복궁은 남산을 향하고 있는 것이 아니라 화기(火氣)가 강한 관악산을 거의 정면으로 마주 보고 있다.

호암산과 호압사

경복궁의 좌향(방향)과 관련해서 또 하나 문제가 되는 것은 관악산의 한 줄기인 호암산(虎巖山)이다. 호암산은 이름 그대로 '호랑이 형상의 바위산'이다. 관악산 정상의 연주암 부근에서 남서쪽으로 한 줄기의 지맥이 내려와 삼성산(三聖山)이 된다. 삼성산에는 삼막사가 있으며 원효, 의상, 윤필 등 세 분 성인의 자취가 깃들어 있다. 이 삼성산에서 다시 서쪽으로 뻗은 한 지맥이 바로 호암산이다. 호암산을 경복궁에서 바라보면 마치 거대한 호랑이가 경복궁을 향해 덮치려는 듯한 형상을 하고 있다. 호압사(虎壓寺), 즉 '호랑이를 제압하는 절'은 이러한

[그림 135] 호압사 요사채 앞에서 바라본 호암산 호랑이 형상

호암산 호랑이의 기운을 다스리고자 세워진 사찰이다.

이러한 얘기의 사실 여부를 확인하기 위해 먼저 호압사의 창건 과정에 대해 살펴보기로 한다. 한때 호압사의 본사였던 봉은사 말사지(末寺志)에 의하면, 호압사는 1407년 조선 태종 때 창건되었다고 한다. 태종이 호압이란 현액(懸額)을 하사하였다는 기록도 있다고 한다. 현재 서울 강남 도심에 있는 봉은사는 일제강점기 시절에는 서울을 비롯한 경기 인근 8개 군 78개 말사(末寺)를 관할한 거대 사찰이었다.

그러나 봉은사 말사지는 그 작성 연대가 그리 오래되지도 않았고 그 당시는 일제식민지라는 비정상적인 상황이었다. 봉은사 말사지의 일차적 사료(史料)로서의 신뢰성에 의문이 있을 수 있다는 뜻이다. 설령 태종이 '호압'이란 현액을 하사한 것을 인정하더라도 사찰은 그 이전에 이미 존재했을 수도 있다. 따라서 태종의 호압사 창건설은 소수 견해라고 본다. 현재 호압사는 봉은사의 말사가 아니라 대한민국 불교의 본산(本産)인 조계사의 말사(末寺)로 되어있다.

대체로 호압사의 창건 연대는 태종 때보다 앞선 시기인 조선 건국의 초기로 본다. 창건자도 태종 이방원이 아니라 태조 이성계의 왕사였던 무학대사라고 본다. 이를 뒷받침하듯 현재 호압사 삼성각 내부 한쪽에는 무학대사의 영정이 모셔져 있다. 이외에도 경복궁 건립과 관련된 호압사 설화와 다수의 관련 사료(史料)들이 그러한 주장을 뒷받침하고 있다.

[그림 136] 호랑이를 제압하는 호압사 삼성각의 벽화 모습

또 호압사 삼성각 외부 벽에는 호랑이를 제압하는 벽화가 그려져 있다. 대체로 사찰의 외부 벽면의 벽화는 그 사찰의 유래나 창건 설화를 그림으로 표현한 경우가 많다. 그리고 사찰의 명칭도 '호랑이를 제압한다'는 의미의 호압사이다. 이는 경복궁 창건 설화의 내용과 관련이 깊다.

다음 금천구청 홈페이지에 소개된 호압사 창건 설화도 위와 같은 주장을 뒷받침하고 있다.

"금천구에서 유일한 전통사찰로서 1393년(조선 태조 2년) 무학대사가 창건하였다. 호압사는 태조가 조선을 세우고 궁궐을 지을 때 일이 진척되지 않고 여러 차례 궁궐이 무너졌다. 그러던 어느 날 밤, 반은 호랑이고 반은 모양을 알 수 없는 이상한 괴물이 나타나 건물을 들이받으려 하여 군사들이 화살을 빗발처럼 쏘았으나 괴물은 궁궐을 무너뜨리고 사라졌다. 태조가 침실로 들었을 때 한 노인이 나타나 호랑이 머리를 한 산봉우리가 한양을 굽어보고 있다 하며 호랑이 기를 누르기 위해 호랑이 형상을 한 산봉우리의 꼬리 부분에 절을 지으면 만사가 순조롭다 하여 이곳에 절을 짓고 호압사라고 명하였다고 한다."

[그림 137] 호압사 약사전과 느티나무

호압사에는 오래된 고목 두 그루가 있다. 사람의 연륜은 주름살로 알 수 있고 문화유적의 유구함은 살아 있는 고목으로 우선 짐작할 수 있다. 호압사 마당에 서 있는 두 그루의 느티나무는 대웅전인 약사전을 좌우에서 협시하고 있는 나무 보살처럼 보인다. 안내 표지판에는 보호수의 수령이 500년이라고 나와 있지만, 호압사의 창건과 함께 심어졌다고 전하고 있다.

두 그루의 느티나무 중 한 그루는 한때 나무 속이 훤히 비워지다시피 했고 나무줄기는 오랜 세월의 풍상을 겪은 탓에 그 생명이 위태위태한 것처럼 보였다. 현재는 보수 조치를 해서 나무 속을 뭔가로 잔뜩 채워 넣은 상태이다. 좀 든든해 보이기는 하지만 일반인의 관점에서 볼 때 외관이 자연스러워 보이진 않는다. 주변 환경과의 조화가 부족하다는 아쉬움이 남는다. 그래도 여전히 때를 놓치지 않고 시절에 맞춰 철마다 다시 잎을 푸르게 하고 그늘을 만들어 주는 걸 보면 일종의 경외감마저 든다.

호랑이 모습의 호암산

호압사 대웅전 마당에 서서 바로 위로 고개를 들면 호암산이 보인다. 얼핏 보면 가파른 경사 위로 그냥 평범한 돌산만 보일 뿐이다. 그러나 지형을 사물에 비유하여 판단하는 풍수 물형론(物形論)에 관심이 있는 사람은 곧 그것이 호랑이 옆모습과 비슷하다는 것을 알게 된다. 그리고 크게 범위를 확대해서 호암산 전체 형상을 관찰해보면 호암산이 거대한 호랑이 형상임을 깨닫게 된다. 즉, 호암산은 한강 너머 북쪽에 있는 경복궁을 향해 한 마리의 호랑이가 막 앞으로 나아가려는 듯한 모습이다. 좀 더 구체적으로 보면 호랑이 옆모습으로 보이는 머리 형상과 희끗한 바위로 나타나 있는 호랑이 왼쪽 눈, 작으면서도 옹골

[그림 100] 호압사에서 바라본 호암산. 후랑이 형상이 북쪽인 경복궁을 향하고 있다.

차게 생긴 호랑이 왼쪽 귀를 찾아볼 수 있다. 그리고 비스듬하게 사선으로 골짜기를 형성하며 아래로 내려온 호랑이 왼쪽 앞 다리와 그 끝에 힘차게 불룩 솟은 왼쪽 어깻죽지도 보인다.

[그림 139] 호랑이 허리와 엉덩이 모습의 호암산 줄기

호랑이 머리에서 시선을 남쪽으로 조금 돌리면 매끈한 산 능선을 볼 수 있다. 호랑이 머리에서 등허리와 엉덩이로 이어지는 산 능선이다. 영락없는 네발 가진 짐승의 등허리 모습이다. 더구나 호랑이 등허리에 해당하는 부분을 실제로 답사해 보면 그 세부적인 모습에 다

시 한번 감탄을 하게 된다. 머리 쪽에서부터 시작되는 암맥(岩脈)이 지표면 밖으로 드러난 채 등허리 쪽으로 쭉 이어진다. 특히 등허리 가운데 부위쯤에 이르면 호암산 산 능선을 따라 드러난 암반이 마치 호랑이 척추처럼 뻗어 있다. 또한, 등허리 산 능선에서 양쪽 산비탈로 내려가는 암석 맥이 흡사 호랑이 갈비뼈 모습으로 능선 아래 방향으로 뻗어 있다. 조각가가 인공적으로 만들었다 해도 손색이 없을 정도로 사실적인 자연의 걸작이다.

[그림 140] 호랑이 등허리 갈비뼈 마디 모습의 암맥(岩脈)

관악산은 원래 바위가 많은 산이다. 산 능선을 따라 암석이 드러나 있는 것이 별로 신기할 게 없는 평범한 자연현상일 수도 있다. 합리적으로 추론하면 오랜 세월 세찬 바람에 의해 산 능선에 덮여 있던 흙이 능선 아래로 쓸려 내려갔기 때문에 산 능선에 바위가 드러난 것이라고 볼 수도 있다. 그러나 그렇다 하더라도 산의 전체적 형상이 호랑이 등허리와 흡사하고 또 호랑이 척추에 해당하는 부위에 뼈 모양의 암석이 연이어 박혀 있는 것을 보면 묘한 신비감이 들기도 한다.

호압사에서 이러한 호암산 호랑이 형상을 제일 명확하게 관찰할 수 있는 장소는 따로 있다. 호압사 요사채의 수돗가를 지나 큰 암반 덩어

[그림 141] 호압사 요사채 앞에서 바라본 호암산 파노라마

리가 드러나 있는 곳이다. 예전에 호압사를 방문하는 사람은 누구나 그곳까지 자유롭게 출입할 수 있었으나, 현재는 출입 금지구역이다. 스님과 사찰의 보살님들은 그곳에 출입하는 호기심 많은 사람을 보더라도 별말씀을 안 하신다. 하지만 사찰 관리를 하는 남성 신도인 처사(處士)님의 눈에 띄면 쓴소리를 들을 수도 있다. 더구나 현재 호압사는 예전의 요사채 자리에 큰 공사를 하고 있다. 건물이 완공되면 호압사 호랑이 형상을 관찰하는데 더 좋은 공간이 될 수도 있을 것이다.

호압사 위치는 호랑이 꼬리인가

호랑이의 기세를 제압하기 위해 창건한 호압사의 위치에 대해서는 이견(異見)이 있다. 일반적으로 호압사는 호랑이의 약점인 호랑이 꼬리 부분에 자리잡고 있다고 알려져 있다. 이에 대해 호압사의 위치는 호랑이 꼬리 부분이 아니라 호랑이 심장 부위에 위치한다고 주장하는 견해도 있다.

호압사 대웅전 앞마당에 서서 호암산을 보며 바로 고개를 들면 호랑이 머리에 해당하는 호암산이 있다. 호랑이 꼬리에 해당하는 부위는 호압사에서 멀찌감치 떨어져 있다. 실제 호압사 현장에서의 느낌은 일반적 소문과는 좀 다른 것이다. 즉, 호압사 위치는 호랑이 꼬리 부분이 아니라 심장 부위에 자리하고 있다는 느낌이 더 강하게 든다.

또 아주 오래전의 호압사 안내 표지판에는 호압사가 호랑이 심장에 위치하고 있다고 쓰여 있었다. 그 안내판 하단에는 호압사 주지와 시주자 무오생 OOO라고 적혀 있었다. 안내판에 나와 있는 내용도 현재 안내판의 내용과는 달랐다. 호압사 유래와 창건 설화와 관련된 풍수지리적 내용이 포함되어 있었다. 그 안내판은 당시 호압사 주지 명의로 제작되었고 시주자의 경제적 후원으로 이뤄진 것이다. 오래전 절 살림이 어려웠던 시절의 호압사 형편을 보여주는 한 단면이기도 했다.

현재 호압사 왼쪽 호암산 자락에 세워져 있는 안내판은 그 이후 다시 작성된 것이다. 사찰의 관할도 주지 스님이 아닌 금천구청으로 표기돼 있다. 이전의 안내판보다 겉모습은 훨씬 더 깔끔해졌으나 호압사 창건에 관한 풍수적 내용은 완전히 삭제되었다. 관할 구청의 재정적 지원으로 설치된 현재의 호압사 안내판은 겉모습은 번드르르한 것 같지만 호압사 창건 취지와 본래 모습을 전달하는 데는 실패하였다. 호압사는 경복궁 비보 사찰로서 세워진 절인데 창건의 핵심인 풍수지리적 내용이 없기 때문이다. 마치 당나귀에서 귀 빼고 뭐 빼고 남은 모습 같다. 아무튼, 예전의 호압사 안내문에는 호압사가 호랑이의 심장 부위에 위치한다고 분명하게 적혀 있었다.

호압사와 비보 풍수

한국의 풍수는 중국의 풍수와 달리 비보 풍수적 성격이 강하다. 비보 풍수(裨補風水)란 지리적 결함이 있는 땅을 인위적으로 보완해서 좋은 땅으로 바꾸는 것이다. 넓은 의미의 비보에는 비보(裨補), 압승(壓勝) 혹은 염승(厭勝)을 포함한다. 비보란 약한 곳을 보완해주는 것이고, 압승 혹은 염승은 땅의 기운이 지나치게 강한 것을 완화하는 것이다.

호압사는 과도하게 강한 호랑이의 기운을 누르기 위한 압승 혹은 염승 풍수의 일환으로 창건된 절이다. 그렇다고 호랑이를 아예 죽여 버릴 정도까지 기운을 억눌러서는 안 될 것이다. 비보 풍수의 기본은 땅을 어머니로 보는 지모사상(地母思想)이며 자연환경과의 조화를 통한 자연과 인간의 공생을 추구하기 때문이다.

만약 호랑이 심장 부위에 사찰을 건립하여 심장을 계속 누른다면 결국 호랑이는 죽을 수도 있다. 그러므로 호압사의 위치는 심장 부위가 아니라 꼬리 부위라고 주장하는 견해가 설득력이 있어 보인다. 비보 사찰인 호압사를 건립한 목적은 호랑이 형상의 드센 기세를 약하게 하려는 것이지 아예 호랑이를 죽여 없애려는 것이 아니기 때문이다.

호압사의 위치가 호랑이 꼬리 부위냐 아니면 심장 부위냐는 것은 관찰자의 위치에 따라서 다를 수 있다. 풍수 형국론(形局論)에서 사물의 형상은 관찰자의 위치에 따라 다른 모습으로 보이기도 한다. 호랑이 머리 방향인 관악구 신림동에서 보면 호압사는 꼬리 쪽에 있는 것처럼 보일 수 있다. 반면 호랑이 엉덩이 쪽인 금천구 시흥동 산 아래에서 쳐다보면 호압사는 호랑이 심장 쪽에 있는 것처럼 보일 수도 있다. 한편 호랑이가 앞발 근처로 꼬리 끝을 내려뜨리고 있는 모습을 상상하면 호압사의 위치가 심장에 가까운 곳일지라도 실제는 꼬리 끝부분에 사찰을 올려놓은 것일 수도 있다.

산의 형상을 실제 동물의 모습과 똑같이 비교한다는 것 자체가 무의미한 것일 수도 있다. 풍수 형국론[물형론]은 개략적인 물상(物像)에 따른 상징적 의미와 그에 따른 사람들의 심리적 측면을 중시한다. 예를 들면 풍수에서 '옥녀봉(玉女峰)'이라고 함은 산봉우리가 여성의 얼굴 모습을 닮은 것을 지칭하는 것이 아니다. 그냥 단정하고 좌우가 균형 잡힌 산봉우리를 옥녀봉이라 한다. 그러므로 호압사의 위치가 호랑이의 어느 부위에 해당하는가에 대한 것을 지나치게 사실적 측면으로만 접근할 필요는 없다. 이러한 논쟁은 실제의 위치보다 이와 관련된 상징적 의미를 고려하여 해석하는 것이 더 적절하다고 본다.

호암산의 석구상(石狗像)과 호암산성

호암산 줄기 산 능선에는 호압사 외에도 호랑이의 기세를 다스리기 위한 몇 가지 비보 풍수적 조치가 숨어 있다. 호암산 정상부의 호랑이 머리 부위에서 남쪽으로 매끈하게 뻗어 있는 호랑이 등줄기를 따라가면 호랑이 허리 부분쯤에 돌로 만든 형상의 물체가 있다. 이 물체는 오랜 세월 비바람으로 인한 마모로 그 모양이 뚜렷하지 않다. 한때는 이 물체를 관악산의 불기운을 다스리기 위한 해태상이라고 보기도 했다.

[그림 142] 호암산 호랑이 등 어리에 있는 개의 모습을 한 석구상(石狗像)

그러나 근처의 연못에서 석구지(石狗池)라고 새긴 돌기둥이 발견된 이후로 그 물체는 오동통한 모습의 개의 석상(石狗像)으로 결론이 났다.

그렇다면 이 석구상은 왜 호암산 깊숙한 이곳에 있는 것인가? 우선 그 모습을 보면 석구상이 호랑이를 사냥할 만한 늠름한 모습과 듬직한 크기의 사냥개가 아니다. 석구상은 호랑이의 한 끼 식사에 적당한 크기와 순한 양 같은 모습을 하고 있다. 결론을 말하자면 석구상이 설치된 것은 비보 풍수적 이유 때문이다. 즉, 경복궁을 향해 앞으로 나가려는 호랑이의 뒤쪽에 먹음직스럽고 사냥하기 쉬운 개 모습의 석상을 설치하여 앞으로 나아가려는 호랑이를 멈추게 하려는 것이다. 호압사를 건립하여 호암산 호랑이 기운을 억제하려는 의도와 같은 차원이다. 그런 관점에서 석구상을 다시 관찰해보면, 다소곳이 시선을 내리

깔고 자신의 운명을 예감한 듯 어찌할 바를 모르고 낑낑대는 강아지가 연상되어 그 모습이 무척 애처롭게 보이기까지 한다.

호암산 정상에 서면 서울과 시흥시 및 서해 방면으로 탁 트인 전망을 감상할 수 있다. 유사시에는 적의 동태를 감시하기 쉽고 방어에 유리하여 군사적으로도 중요한 장소이다. 영토 분쟁이 극심한 고대 국가 시대라면 당연히 산성이 있었을 것이다. 현재 호암산에는 신라 시대에 조성된 호암 산성터가 있다. 임진왜란 때 호암산성은 선거이 장군이 주둔하며 행주산성에 주둔한 권율 장군을 도왔다고 한다. 당시 팔도 도원수였던 권율 장군의 신도비(神道碑) 비문에 의하면 "권율이 선거이와 군사를 나누었고, 권율은 행주산성으로 가고 선거이는 시흥 금주산(衿州山: 현재 호암산)에 진을 치도록 했다"고 한다. 또 권율의 사위였던 백사 이항복은 『백사집』에서 "권율이 선거이로 하여금 '금주산에 군영을 만들어 멀리서 성원'하게 했다"고 적고 있다. 임진왜란 3대첩의 하나인 권율 장군의 행주대첩 승리에는 호암산성에 주둔한 선거이 장군의 간접적인 지원이 있었다.

호랑이 엉덩이의 한우물과 불영암

석구상을 뒤로 하고 조금 더 남쪽으로 내려가면 '한우물'이라는 오래된 인공 연못이 나온다. '한우물'은 '큰 우물' 또는 '하늘 연못(天井)'이라는 뜻이다. 호암산에는 산 정상 부위에 두 개의 우물이 있다. 제1우물지인 한우물은 복원되었고, 한우물에서 200m 옆에는 복원되지

[그림 143] 호암산 호랑이 꼬리 부분에 있는 연못 '한우물'

않은 제2 우물지가 있다. 원래 한우물은 신라 때 조성되었으나 조선 시대에 이르러 원래의 위치에서 서쪽으로 약간 이동하여 다시 증축하였다고 한다. 애초의 한우물은 한양이 도읍 터로 정해지기 이전인 신라 시대의 것이다. 그때는 삼국 간의 쟁패가 심한 시기였으므로 한우물의 용도는 산성터와 함께 군사상의 용도로 조성되었다.

그러나 조선 개국과 함께 궁궐로 향한 관악산 불기운에 대한 비보 조치가 필요하였고 이러한 차원에서 원래의 한우물을 이동, 증축하였다고 볼 수 있다. 관악산의 불기운을 한우물의 물로 다스려 경복궁의 화재를 다스리기 위한 풍수적 조치인 셈이다. 한우물은 가뭄 때도 마르지 않는 신비스러운 면도 있는데 가뭄이 심할 땐 이곳에서 기우제를 지냈다는 기록도 남아 있다고 한다. 또 호랑이는 고양잇과의 다른

[그림 144] 호랑이 엉덩이에 위치한 불영암

[그림 145] 호암산과 유사한 호랑이 사진

동물들과는 달리 물을 좋아한다. 따라서 한우물은 석구상과 함께 호랑이를 그 자리에 묶어두기 위한 유인책이며 풍수적 비보(裨補)이기도 하다.

호암산의 호랑이 엉덩이 부근에는 암자가 하나 있다. 불영암이다. 호압사에서 바라보면 육안으로도 식별이 가능하다. 불영암은 협소한 장소에 자리한 아담한 크기의 암자이다. 특히 대웅전 바로 앞으로 등산로가 있는데 그 등산로 너머는 거의 낭떠러지 수준의 경사지이다. 그 너머로 멀리 펼쳐지는 전망은 일품이다. 그러나 전망이 좋은 대신 겨울철 매서운 서해의 칼바람은 피할 수 없을 것이다.

암자는 부처님을 모시는 곳이지만 사람이 거주하는 곳이기도 하다. 불영암은 그 위치로 볼 때 인간의 주거 환경적 측면에서는 매우 불리한 장소이다. 불영암이 굳이 그 자리에 있어야 할 상식적 이유는 없다. 그러나 풍수적 관점에서 보면 이 또한, 설명된다. 불영암은 호암산의 호랑이 기운을 누르기 위한 비보 풍수적 차원에서 건립된 것이다. 그 곳은 호랑이 항문 근처의 호랑이 꼬리가 시작되는 지점이다. 그리고 호랑이 꼬리는 백수의 왕 호랑이의 최대 약점이다. 불영암은 호압사 위치보다 더 확실하게 호랑이 꼬리에 앉아 있는 셈이다.

금천구 호압사와 동작구 사자암 관계

서울 관악구에 인접한 동작구에는 사자암이라는 사찰이 있다. 동작구는 관악구에 인접하여 관악구 북쪽 지역에 있다. 그런데 이 사자암도 호암산과 관련이 있다.

경복궁을 기준으로 보면 사자암은 호암산과 경복궁의 일직선상의

[그림 146] 경복궁과 호압사, 그리고 사자암의 위치(출처: 구글 위성에 필자 추가 작도)

중간 정도 지점에 있다. 그러면 사자암이란 명칭은 어디에서 유래했으며 사자암은 왜 그곳에 자리한 것인가? 여기에도 풍수적 관념이 반영되어 있다.

동작구의 사자암도 호암산의 호랑이 기세를 누그러뜨리기 위한 비보 사찰이다. 호암산 바로 아래에는 호랑이 꼬리에 해당하는 부위에 호압사를 건립하고, 거기에서 멀리 떨어진 동작구에 사자암이란 또 하나의 암자를 세워 경복궁을 보호하려고 한 것이다. 그리고 이러한 풍수적 비보책은 호암산과 경복궁을 사이에 두고 단계적으로 처방이 이루어져 있다.

이와 관련하여 서거정의 『동문선』에는 호압사에 대해 다음과 같은 내용이 있다.[61]

"금천(衿川) 동쪽에 산이 솟아 있는데 그 형세가 북으로 달려가 마치 걸어가는 범과 같고, 돌이 높이 솟아 있어 세상에서 이를 호암(虎巖)이라 부른다. 술가(術家)가 형국을 살펴보고, 바위 북쪽 모퉁이에 절을 세우고는 호압사(虎押寺)라 이름하였고, 그 북쪽으로 7리를 가면 다리가 있는데 궁교(弓橋)라 이르고, 또 그 북쪽 10리쯤에 암자가 있어 사자암(獅子菴)이라 부르니, 이는 그 행동하는 범의 형세를 제압하기 위한 것이라 한다."

---

[61] 비슷한 이야기가 『신증동국여지승람』에도 전한다.

위 문헌에 등장하는 사자암이 현재 동작구 상도동 국사봉에 있는 사찰이다. 위 문헌을 토대로 볼 때 조선의 한양 도읍 설계자들은 경복궁을 향해 달려드는 호암산의 기세를 누르기 위해 비보 풍수적 장치를 여러 단계로 나눠 마련한 것으로 보인다. 즉, 제1단계는 호암산 바로 아래에 호압사를 건립하고, 2단계는 궁교를 세우고, 3단계는 사자암을 창건한 것이다.

궁교는 활과 같은 모양의 다리이므로 활모양의 다리로 호랑이를 제압하려는 것이고, 사자암은 호랑이의 맞수인 사자의 기세로 호랑이를 견제하려는 것이다. 즉, 호랑이의 최대약점인 꼬리에 호압사란 절을 세워 호랑이의 기세를 누르고, 이어 활로써[궁교] 호랑이를 견제하고 그다음엔 호랑이의 맞수인 사자암을 건립하여 호랑이의 사나운 기운을 조절하려고 했다.

그런데 동작구 사자암의 창건과 관련하여 조금 다른 견해가 있다. 즉, 동작구 사자암은 호암산의 호랑이 기운을 막기 위한 위해서 건립된 것이라기보다 서울 한양의 약한 지세(地勢)를 보완하기 위해서 세워진 절이라고 주장하는 견해이다. 서울 한양의 지세는 북악산을 기준으로 볼 때, 오른쪽으로 내려오는 산줄기인 우백호(右白虎)

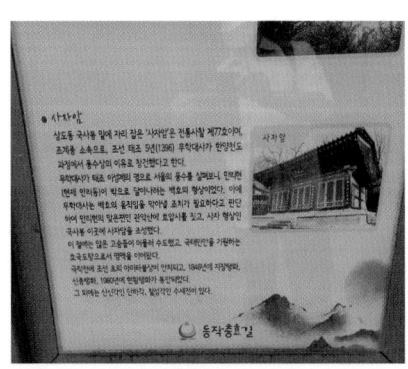

[그림 147] 동작구 사자암 안내문

가 서울역 근처인 만리동 고개[만리현]에서 서울 바깥쪽으로 달아나는 형세이다. 사자암은 이러한 지세를 보완하기 위해 세운 절이라고 주장한다. 그 근거로 사자암의 정면 방향이 서쪽을 향하고 있는데 서쪽에 만리동 고개가 있기 때문이다. 그리고 사자암 뒤 산책길 안내문에도 그러한 내용의 안내문이 게시되어 있다.

이러한 주장에 대한 반론을 보면, 우선 사찰은 일반 건물과 같이 대체로 건물의 앞이 낮고 뒤가 높은 전저후고(前低後高)의 원리에 따라 뒤에서 내려오는 산줄기에 의지하여 터를 잡는다. 사자암의 산줄기는 동쪽에서 서쪽으로 뻗어 나가는 형세이고 사자암의 자리는 서쪽 산능선 끝부분에 있으므로 뒤에 산을 의지하려면 사찰 정면이 서쪽을 향할 수밖에 없다. 또한, 서향을 하면 사찰의 전망이 확 트여서 훨씬 시원스럽기도 하다. 또 한 가지는 서울 도성 바깥쪽으로 달아나는 산줄기와 사자암 건립의 상관관계가 약하다는 점이다. 바깥쪽으로 달아나는 산줄기를 비보하기 위해 사자암

[그림 148] 사자암 범종각의 '사자후(獅子吼)' 현판

을 세웠다는 논리보다는 호암산 호랑이의 기운을 사자의 기운으로 상쇄시키려 사자암을 건립하였다는 설이 훨씬 관련이 깊어 보인다. 무엇보다 호압사와 사자암이 호암산 호랑이 기운을 제압하기 위해 세웠

다는 것은 『동문선』 『신증동국여지승람』 등의 문헌에 분명히 기록되어 있다.

그런데 동작구에 자리 잡은 사자암의 가장 큰 특징은 범종각에 있다. 다른 여느 사찰의 범종각에는 '범종각'이라는 현판이 달려 있지만, 사자암의 범종각 현판에는 '獅子吼(사자후)'라는 글씨가 쓰여 있다. 사자암에서 울리는 종소리는 사자의 울음소리인 '사자후'라는 의미다. 이는 사찰 범종각의 종소리를 사자의 울음소리로 상징화하여 호랑이의 기세를 막으려는 의도이다. 이것은 명칭으로 지형적 단점을 보완하는 것으로 비보 풍수의 일환이다.

이처럼 조선 건국의 설계자들은 한양에 도읍을 정하고 조선의 법궁인 경복궁 건립에 세심한 주의를 기울였다. 호압사, 석구상, 한우물, 궁교, 사자암 등이 그러한 예이다.

호압사 자리는 명당인가

호압사는 호암산의 호랑이 기운을 누르기 위해 건립한 비보 사찰이다. 그래서 호압사 자리가 풍수적으로 좋은 자리인가에 대해서는 미처 관심을 못 가질 수도 있다. 지리적 약점을 보완하기 위해 세우는 사찰은 약점을 보완하는 것이 첫 번째 목적이기 때문이다.

호압사는 일반적으로 뒤에 주산을 등지고 앞을 내다보는 위치가 아니다. 호압사 대웅전 뒤로는 호암산 정상에서 내려오는 산줄기 하나가 위에서 아래로 내려간다. 즉, 호압사는 사찰 대웅전 뒤쪽에서 옆으

[그림 149] 호압사 대웅전 뒤의 귀성. 호암산의 땅 기운이 호압사로 들어가는 징표이다.

로 지나가는 산줄기의 한쪽 기슭에 등을 의지한 채 세워졌다. 풍수에서는 이러한 형태의 입지를 횡룡입수(橫龍入首)라 한다. 옆으로 지나가는 산줄기에서 한 줄기 기운이 수직으로 꺾여서 들어왔다는 말이다.

그런데 호암산 정상에서 산 아래쪽을 내려가는 산줄기가 호압사 대웅전 바로 뒤에 널찍한 평지를 형성하고 있다. 그리고 그 평지에서 호압사 대웅전과 반대 방향으로 작은 산줄기가 또 내려간다. 즉, 동에서 서로 내려가는 산줄기의 특정 지점(호압사 대웅전 뒤)에서 작은 산줄기가 북쪽으로 내려가며 받치고 있다. 다시 말하면 호압사 대웅전 뒤쪽에는 커다란 혹덩이 같은 흙더미가 하나 붙어서 북쪽으로 가지를 뻗고 있다. 그리고 그 흙더미 산줄기는 호암산 정상에서 산 아래쪽으로 내려가는 기운을 호압사 쪽으로 밀어 넣는 역할을 한다. 이것이 호압사를 지기(地氣)가 강한 장소로 만들어 주는 것이다. 풍수에서는 이를 귀성(鬼星)이라고 한다.

호압사 대웅전 뒤의 둥그스름하게 생긴 땅덩이는 호압사 산줄기의 귀성이다. 보통 건물의 입지는 뒤에서 내려오는 산줄기를 의지하여 정한다. 그러나 옆으로 지나가는 산줄기에 터를 잡아야 할 때도 있다. 이때 그 자리가 명당이 되려면 반드시 이 귀성이 있어야 한다. 호압사는 그러한 귀성이 있다. 따라서 호압사는 호암산의 지형적 단점을 보완하기 위한 비보 사찰이지만 그 터도 풍수적으로 좋은 기운이 맺힌 자리라고 볼 수 있다.

호랑이 앞에 위치한 활터와 천주교 성지

북쪽을 바라보는 호암산의 호랑이 머리 앞쪽은 바위로 된 깎아지른 절벽이다. 그 위에는 서울 전체를 조망할 수 있는 전망대가 있다. 그런데 전망대 아래는 절벽이고 북향이어서 햇볕이 잘 들지 않는다. 대낮에도 음산한 기운이 감도는 으스스한 곳이다. 실제 그 근방에는 무속인들이 기도를 올린 흔적이 곳곳에 남아 있다.

현재 호랑이 머리 형상의 산에서 북쪽으로 약 600m 정도 떨어진 지점엔 삼성산 천주교 성지가 있다. 조선시대 천주교 박해 시에 순교한 외국인 신부인 앙베르, 모방, 샤스땅 등 세분을 모셔둔 곳이다. 평소에도 천주교인들의 발걸음이 끊이질 않고 있다.

천주교 성지에는 북쪽을 향해 성모 마리아상이 있고 주변 순례 코스에는 예수님의 수난 과정을 새긴 동판이 순례길을 따라 만들어져

[그림 150] 관악구 방면에서 바라본 호암산. 호압사는 붉은 원 표시의 산능선 바로 아래에 위치한다.

있다. 또 언덕 한쪽에는 미사를 볼 수 있는 공간도 마련되어 있다. 천주교 성지 우측에는 작은 개천이 산 아래로 흐르고 있는데 그 위에는 무지개 모양의 아담한 다리가 놓여 있다. 무지개 모양의 다리는 활모양과 유사하다. 호압사 관련 문헌에 등장하는 궁교(弓橋), 즉 화살 모양의 다리가 어디인지 현재로서는 알 수가 없으나 천주교 성지 앞쪽의 다리 모습이 궁교를 연상케 한다.

또 호압사에서 북쪽으로 약 1㎞ 떨어진 지점에는 국궁 활터인 관악정이 있다. 호암산은 관악구 신림동 쪽에서 바라봐도 동물 형상이 나온다. 한 마리의 거대한 짐승이 옆으로 앉은 자세에서 머리를 경복궁으로 향하고 있는 모습이다. 머리 형상 앞쪽에 조금 불룩하게 솟은 지형이 있는데, 그 한쪽 면을 절개하여 국궁장 활터를 만들어 놓았다. 하필 그곳에 국궁장이 조성된 내막을 알 수는 없으나 자연환경을 훼손하여서 인간들의 놀이 공간을 조성한 것이 개운치는 않다. 그런데 공교롭게도 활을 쏘는 방향이 호랑이 머리 방향을 향하고 있다. 호암산 호랑이 기운을 누르기 위해 인간들은 지금도 호랑이를 향해 화살을 쏘아 대고 있는 것인가?

전통문화와 미신

관악산 둘레길을 걸어서 호암산을 오르려면 토속 신앙인 무속인들의 기도처를 지나고 천주교 성지도 거치며 불교 도량인 호압사도 지나야 한다. 현대인들의 미래에 대한 불안감과 함께 인류의 역사만큼이나 유구한 무속신앙은 아직도 건재하다. 불교는 신라 시대 이차돈의 순교 이래 국가적으로 공인 되어 우리 전통문화로 자리매김하였고, 천주교 역시 험난한 박해와 순교를 거쳐 이제 한국 문화의 한 축을 이루고 있다.

서세동점(西勢東漸)의 시대 이후 한국 사회의 전통문화에 대한 인식은 호의적이지 않았다. 우리 전통문화는 미신이자 미개한 문화이고 서구 문화는 과학이고 계몽된 선진 문화로 보는 시각이 지배적이었다. 그러나 문화에 우열은 없다. 차이만 있을 뿐이다. 토속 신앙이나 풍수를 그 자체로 하나의 문화현상으로 볼 필요가 있다. 종교적 관점이나 서구 과학적 시각에서 폄훼할 것이 아니라 전통문화 이해의 차원에서 바라보는 자세가 필요하다. 호암산의 천주교 성지도 존중하고 호압사의 전래 설화도 스토리텔링의 관점에서 수용한다면 우리 문화에 대한 이해의 폭이 더욱 넓어지고 풍성해질 것으로 본다.

CHAPTER
07

청도의 마을 풍수
주구산 떡절(德寺)

주구산에는 떡절이 있다. 떡절은 순수 우리말이다. 즉, 떡을 상징하는 사찰이다. 떡절을 한자로 표기하면 '병사(餠떡병 寺절사)'가 된다.

청도 주구산 덕사(일명 떡절)에서 바라본 청도읍의 모습

청도 개관

청도(淸道)는 경상북도 최남단에 있는 군이다. 청도 소싸움과 청도 반시로 잘 알려져 있다. 유명 관광지로는 국내 최대의 비구니 도량인 운문사가 있다. 운문사는 유홍준의 『나의 문화유산 답사기』에 등장한 이후 전국적인 유명세를 탔다. 이외에도 청도읍성과 향교 등이 복원이 되어있고 청도군 이서면에는 조선 전기의 김일손을 추모하는 자계서원도 있다.

청도군 화양읍 소라리에는 주구산(走狗山)이라는 특이한 명칭의 야트막한 산이 있다. 청도역에서 대구 방향으로 걸어서도 쉬엄쉬엄 가면 도달할 수 있는 거리이다. 남쪽으로 청도 들판을 앞에 두고 있는 주구산은 글자 그대로 풀이하면 '개가 달아나는 산'이다. 그리고 이 주구산에는 산 이름과 걸맞은 독특한 명칭의 사찰이 하나 있다. 사람들은 보통 '떡절'이라 부른다. '떡절'이 발음이 순화되어 '덕절'로 되었다가 다시 한자인 '덕사(德寺)' 바뀌었다. 그리고 이와 관련하여 주구산 남쪽 들판에는 동그란 형태의 인공산 세 개가 있다.

이렇게 주구산, 덕사, 인공산인 조산(造山)이 서로 관련을 맺으며 청도 지형에 관한 흥미로운 이야기를 전하고 있다.

주구산과 폐성

주구산은 해발 고도 200m 정도이며 동서로 길게 늘어서 있다. 주구산 능선의 3면은 깎아지른 듯한 절벽이고, 뒤쪽인 북쪽만 용각산 줄기에 연결되어 있다. 주구산 남쪽 절벽 아래는 청도천이 서에서 동으로 흐르고 있다. 주구산은 고대 이서국(伊西國)의 전초 기지로 활용되었으며, 여기에는 폐성(吠城) 혹은 이서산성이 있다. 폐성은 고대 이서국 시대에 축조된 것으로 추정되는 토성이다. 비록 규모는 작지만 험준한 절벽을 이용해 쌓은 성이다. 폐성은 삼면이 절벽이고 남쪽에는 청도천이 흘러 천혜의 요새였다. 이서국은 신라에 병합되기 전 이곳에서 마지막까지 항전했다.

문헌에 의하면 『삼국유사』에는 '견성(犬城)'으로, 『신증동국여지승람』에는 '폐성(吠城)'이란 기록이 나온다. '견성'의 '견(犬)'자는 '개 견'이고 폐성의 '폐(吠)'는 '짖을 폐'이니 결국 견성이나 폐성이나 같은 의미이며 이는 모두 주구산성[이서산성]을 일컫는 것으로 본다.

주구산 폐성은 고려 태조 왕건과도 관련이 있다. 고려 왕건이 신라의 항복을 받은 뒤에도 신라의 잔병이 폐성에서 저항하고 있었다. 왕건은 당시 중국에서 돌아온 고승 봉성사(奉聖寺) 보양 스님께 폐성을 공략할 방도를 구했다. 이때 보양 스님은 주구산 현지에 와서 지형을 직접 살핀 후, 다음과 같은 조언을 했다. '개란 짐승은 밤엔 지키고 낮에는 지키지 않으며, 또 앞만 지키고 그 뒤쪽은 잊고 있으니, 마땅히 대낮에 그 뒤쪽인 북쪽을 공격하면 될 것이다'. 그리하여 이튿날 대낮에 북쪽에서 공격해서 무난히 산성을 함락시켰다고 한다. 이로부터 이 산성은 폐성이라 부르게 된다.

보양 스님의 조언은 요즘 관점에서 보면 한낱 웃음거리로 들릴 수

[그림 152] 청도 주구산, 청도천 및 덕사의 모습(출처: 디지털청도문화대전에 필자 추가 작도)

도 있겠지만 엄연히 문헌 기록에 나오는 말이다. 그리고 그 이후의 기록을 보면 더욱 신빙성이 더해진다. 즉, 후일 왕건은 도움을 준 보양 스님이 중창한 대작갑사(大鵲岬寺)에 사액을 내려 운문선사(雲門禪師)라 하고 밭 오백결을 합해 절에 하사했다. 이로부터 대작갑사를 운문사라 하고 후세에 호거산을 운문산으로 부르게 됐다. 여기의 운문사가 바로 오늘날 한국 최대의 비구니 도량인 청도의 운문사이다.

주구산과 떡절, 그리고 황응규 군수

주구산에는 떡절이 있다. 떡절은 순수 우리말이다. 즉, 떡을 상징하는 사찰이다. 떡절을 한자로 표기하면 '병사(餠떡병 寺절사)'가 된다. 또

'떡절'이 '떡사(寺)'가 되었다가 발음이 순화되어 '덕사(德寺)'로 변했다. 현재는 덕사로 불리고 있다. 이렇게 사찰의 명칭을 떡을 의미하는 단어로 부른 것은 주구산의 전체적 지형과 관련이 있다. 주구산 맞은 편 청도읍 쪽에서 주구산을 전체적으로 조망하면 마치 한 마리의 개가 밀양 방면으로 힘차게 달리는 모습이다. 즉, 산의 형상이 굶주린 개가 달아나는 모습이다.

조선 시대인 16세기 중엽 황응규(黃應奎:1518~1598)라는 군수가 청도에 부임하였다. 부임한 황 군수는 청도의 산천 지리를 둘러본 후, 청도 읍치 앞에 보이는 주구산이 굶주린 개가 달아나는 형상과 같다고 보았다. 황 군수는 주구산을 그대로 두면 청도 고을에 부자가 나지 않고 백성들의 살림살이도 곤란할 뿐 아니라 훌륭한 인물도 배출되지 않을 것이라 여겼다. 그래서 이에 대한 대책을 세우게 된다. 당시 조선은 사회 전반에 풍수가 널리 퍼져 있었다. 황 군수가 고을을 잘 다스리기 위해 풍수적 조치를 하는 것이 전혀 어색하지 않은 시대였다. 청도에는 황 군수의 풍수적 조치 흔적이 현재까지도 남아 있다.

풍수지리에서는 '산이 내달리고 물이 곧장 흘러 나가면 남의 종이 되어 빌어먹고 산다'고 하였다. 청도 주구산은 문자 그대로 '개가 달아나는 형상의 산'이다. 게다가 청도천도 개가 달리는 방향으로 흐른다. 산줄기의 흐름과 물줄기의 흐름이 같은 방향이다. 즉, 산과 물이 같은 방향으로 흐르는 산수동거(山水同去)이다. 풍수적으로 아주 좋지 않은 형세이다. 풍수에서는 산과 물이 서로 반대 방향으로 흐를 때 길(吉)한 땅이 된다.

황 군수는 먼저 개의 머리에 해당하는 곳에 떡절[餠寺]을 지었다. 개가 떡을 보고 달아나지 못하게 하려는 의도이다. 지금의 덕사가 바로 그 떡절이다.

떡절, 즉 덕사(德寺)가 언제 누구에 의해 건립된 것인지에 대해 공식적 문헌 기록이 남아 있지 않다. 그래서 덕사의

[그림 153] 주구산과 유사한 모습의 개.

[그림 154] 개가 달리는 모습의 주구산(덕절산)과 떡절(덕사)의 위치

정확한 창건 시기에 대해서는 알 수 없다. 일설에는 통일신라 때 창건되었고, 이후 조선 전기 무학대사가 중창해 지금의 모습을 이루었다고 한다. 대체로 황응규 군수와 연관 지어 현재의 절은 조선 선조 때

지은 것으로 보기도 한다. 설령 황 군수가 덕사를 창건한 것은 아닐지라도 그가 절의 명칭을 풍수에 맞게 변경하였다는 것은 신빙성이 있다. 근래 황 군수의 후손들이 덕사에 기여한 황 군수의 업적을 적극적으로 알리려는 움직임도 일고 있다.

현재 덕사 경내에 있는 비석에 의하면 덕사는 1816년(순조 16) 장옥 스님이 중창했고, 1972년 정용산 스님이 주석한 뒤 1977년 영산전(現 영산보전)을 단청했으며, 1978년 명부전을 단청하고 시왕상을 개금했다고 한다.

아무튼, 주구산에 절을 짓고 난 뒤, 황 군수는 주구산 남쪽에 펼쳐진 넓은 들판 세 군데에 인공산을 만들고 나무를 심어 이름을 범골[凡谷]이라 하였다. 이는 인공산[떡]을 만들어 개를 유인하고 개가 달아나지 못하도록 범[虎]이 지키도록 한 것이다. 또 청도에서 밀양 방면으로 바로 빠져나가는 청도천의 물줄기를 돌리기 위해 밀양 방면의 산 밑에 큰 도랑을 파서 청도천의 물줄기를 바꿔 흐르게 하였다. 그리고 그 인근 지역 월곡산 기슭에 있는 '누름 바위'라는 큰 바위의 이름을 '범바위[虎岩]'라고 고쳐 부르게 하였다. 이 역시 주구산의 개를 지키고 청도의 지기(地氣)가 밀양으로 빠져나가지 않게 하려는 조치였다.

이렇게 풍수적 처방을 하여 주구산 개의 입 앞에는 떡절을 세우고, 옆 들판에는 떡모양의 인공산을 세 개나 만들어서 달리는 개를 멈추게 하였다. 또 범골에는 범이 지키고 있으며, 개의 앞쪽에는 범바위[虎岩]가 개를 가로막도록 하였다.

이러한 조치를 한 황응규 군수에 대해 상반된 평가를 할 수도 있다. 불필요한 공사를 일으켜 백성들의 노역 부담을 가중시켰다고 볼 수도 있기 때문이다. 그러나 당시의 평가는 그렇지 않았던 모양이다. 황 군수는 오히려 고을 사람들의 칭송을 받았다. 또한, 청도 고을에 대한 황 군수의 풍수적 처방 이후, 고을 사람들의 살림이 차차 일어나고 부자가 생겨서 만석꾼이 속출하였다고 한다. 훗날 황 군수가 청도를 떠나게 되자 고을 사람들은 몹시 애석해했으며 그의 공덕을 기리기 위한 계(契)를 모아 송덕 사업을 하였다. 또 황 군수가 죽은 후에는 사당을 지어 그를 추모하였다고 한다.[62]

황 군수는 성품이 검약하여 화려하게 꾸미는 것을 좋아하지 않았고, 옷은 해질 때까지 입고 다녔으므로 항상 허름한 옷차림새였다. 청도군수로 나갔다가 어버이를 봉양하고자 풍기에서 가까운 단양군수를 자청하여 가기도 했다. 그곳에서도 선정(善政)을 베풀어 임기가 끝났는데도 고을 백성들의 간청으로 1년을 더 머물렀다는 일화도 있다.

이제부터 위와 같은 청도의 풍수적 일화에 대해 좀 더 구체적으로 살펴보고자 한다.

주구산 남쪽 들판의 조산

주구산 남쪽 청도천 건너에 펼쳐진 들판에는 특이한 형태의 작은

---

[62] 이상의 내용은 디지털청도문화대전을 주로 참고하였으며 청도군에서 1991년에 발간한 『청도 군지』에도 수록되어 있다고 한다.

숲 세 개가 보인다. 조선 시대에 청도 송전(松田) 들판에 인공적으로 만든 조산(造山)이다. 오랜 세월과 인간들의 훼손으로 인해 관심이 없으면 눈에 잘 띄지 않는다. 그나마 들판에 위치하여 주변 농지보다 약간 돌출된 형태여서 찾을 수는 있다.

청도는 고을의 지세와 관련하여 다양한 풍수지리적 유적이 남아 있으나 대부분 그저 예부터 전해오는 설화 정도로만 알고 있다. 나아가 그러한 설화의 사실 여부에 대해서는 대체로 관심이 없거나 신뢰하지 않는 편이다. 청도의 들판에 조성했다는 조산(造山)에 대해서도 마찬가지다. 그러나 결론부터 말하면 청도 송전들에 조성했다는 조산(造山)은 분명한 사실이며 지금도 존재한다. 현재 청도 초등학교 앞 인근에 서부터 북쪽 청도천 방향으로 조산 세 개가 일렬로 만들어져 있다. 즉, 청도 범곡리(凡谷里) 송전(松田)들에서 송북리(松北里), 그리고 서북쪽의

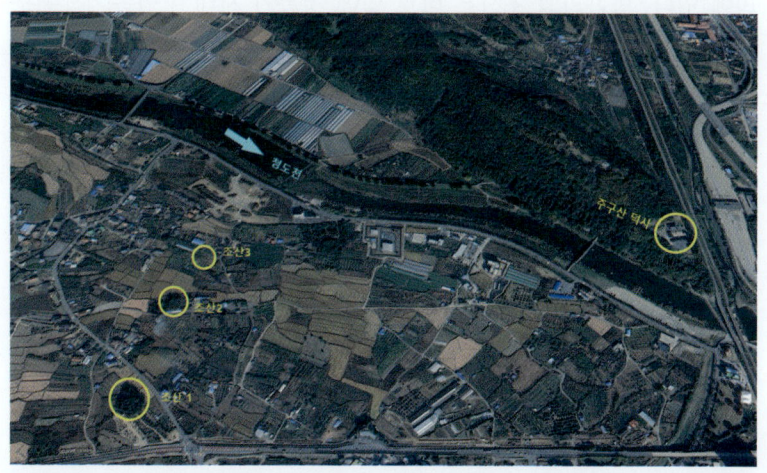

[그림 155] 청도 조산(造山)의 위치와 주구산 덕사(출처: 구글 위성에 필자 추가 작도)

[그림 156] 범곡리 지석묘군 근처에 있는 조산. 일제의 신사가 있었던 곳이기도 하다.

합천리(合川里)로 이어지는 옛 영남대로(嶺南大路) 인근에 3개의 조산이 만들어져 있다.

조산 중 하나는 일제가 일본 신사(神社)를 설치했던 곳이기도 하다. 그 위치상으로 볼 때 주민들이 주거하는 마을에 가깝고 큰길[영남대로] 바로 옆에 위치하여 오가는 사람들의 눈에 잘 띄는 장소다. 일제로서는 신사의 장소로 여러모로 적합했다.

현재 3개의 조산 중 하나는 화양읍 범곡리에 속하고, 두 개는 송북리에 있다. 범곡리의 조산은 바로 옆에 청동기 시대 고인돌[지석묘]군이 있다. 이곳이 바로 일제의 신사가 있었던 곳이다. 세 개의 조산 중 보존 상태가 가장 양호한 편이었다.

세 개의 조산 중 들판 가운데에 있는 조산은 현재 심각하게 훼손된 상태이다. 또한, 그곳에는 동물 축사가 들어서 있는 사유지라서 함부로 접근하기도 곤란하다. 나머지 하나는 청도천에 제일 가까운 곳에 있다. 이곳에는 현재 청도기상관측소의 관측시설이 들어서 있고 조산의 정상에는 개인의 가묘(假墓)가 버젓이 있다.

조산을 만든 이유

황응규 군수가 청도 들판에 인공 조산을 만든 이유는 무엇인가? 여기에는 몇 가지 설(說)이 있다. 첫째는 주구산의 개를 붙잡아두기 위한 목적에서 만든 것이라고 본다. 달리는 개의 주둥이 근처에 떡절을 세우고 추가로 들판에도 떡 덩어리를 상징하는 조산을 세 개 만들었다는 주장이다.

그런데 이 견해와 비슷하지만 조금 다른 견해도 있다. 인공산을 떡이 아니라 사람의 똥인 인분(人糞)으로 보는 것이다. 떡이라고 표현한 것은 단어에서 풍기는 다소 거북한 느낌을 지우기 위한 것이라고 본다. 이러한 관점을 뒷받침하는 근거를 들면 다음과 같다.

청도 주구산 일대 마을 사람들은 주구산 들판, 즉 송전 들판의 조산 세 개를 '똥메띠'라고 부른다. '똥메띠'에서 '메'는 '뫼'의 변형으로 산을 의미한다. 그래서 '똥메'는 '똥산'이라는 말이다. 그리고 '띠'의 사전적 의미는 '특정 부위에 두를 수 있게 폭이 좁고 긴 헝겊이나 가죽 등으로 만든 물건'이다. 즉, 허리띠와 같이 좁고 길게 늘어선 형태를 말한다. 이는 인공산이 일렬로 늘어서 있는 모습을 표현한 것이다. 또한 '띠'를 '들판'으로 해석하는 견해도 있다. 어쨌든 청도 송전 들판의 인공 조산을 똥산으로 보는 건 같다.

요즘은 개를 반려동물 나아가 반려자로까지 생각한다. 애견의 먹이 또한 비용이 만만찮을 정도로 고급이다. 젊은 세대들은 사람의 배설물인 인분(人糞)이 개의 먹이로 재활용되었다는 사실을 상상조차 할 수 없을 것이다. 그러나 배고프고 가난했던 시절, 떡은 사람에게도 귀한 음식이었다. 그 시절 개의 먹이는 심심찮게 사람의 똥이었다는 것을 아는 사람은 다 알고 있다.

주구산 옆 들판에 만든 조산의 용도에 대한 두 번째 견해도 풍수와 관련이 있다. 청도 들판의 조산은 청도 읍치가 위치한 장소의 뒷산, 즉 청도 주산(主山)의 기운을 보존하기 위한 것으로 본다. 청도의 남쪽에 있는 남산은 851.7m로 높은 편이고, 송전들판 너머 북쪽의 주구산은 200m 내외의 야산이다. 즉, 청도읍의 지형은 남고북저(南高北低)형이다. 청도읍의 남쪽에 있는 높은 산들이 북쪽으로 내려가면서 준경사지에 마을이 형성되고 청도천 가까운 곳의 평지는 농경지가 들어서 있다. 그런데 남쪽의 산에서 내려오는 산세가 특별한 멈춤이 없이 그냥 북쪽으로 쭉 흘러가서 청도천으로 들어가 버린다. 이렇게 되면 청도의 땅 기운이 그대로 설기 되어 청도천으로 빠져 버린다. 그리고 청도천이 흘러가는 밀양으로 그 기운이 빠진다고 보았다. 그래서 이러한 지세를 보완하기 위해서 조산을 만들었다고 본다. 즉, 주산이 청도천으로 흘러가는 장소 세 군데에 일렬로 조산을 만들어 지기의 누설 속도를 늦추거나 차단하고자 한 것이다.

그 외 조산을 비보 숲의 일환으로 조성했다고 보는 견해도 있다. 즉, 청도의 북서쪽과 청도천에서 불어오는 바람을 막기 위해 조산을 만들고 숲을 조성했다고 보는 견해이다. 그러나 바람을 막기 위한 것이라면 북서쪽과 청도천을 따라 동서로 조산을 만들고 숲을 조성하는

게 맞다. 그런데 현재 조산은 남북으로 일렬로 세 개만 늘어서 있어 바람을 막기 위한 비보책으로 보기는 어렵다.

지방문화유적과 공공기관의 인식

청도 송전 들판의 조산 세 개 중에서 현재 그나마 보존 상태가 양호한 것은 대로변에 있는 것이다. 소나무 숲의 상태도 다른 두 개의 조산에 비해 훨씬 잘 보존돼 있다. 그러나 어떠한 안내문도 없다. 바로 인근의 지석묘군이 잘 관리되어 안내문까지 설치된 것과 비교된다.

[그림 157] 청도범곡리 지석묘군의 안내문과 바로 뒤에 보이는 조산 숲

나머지 두 개의 조산은 관계기관의 시급한 조치가 있어야 할 상태이다. 특히 세 개의 조산 중 가운데 위치한 조산은 거의 형체도 없다. 조산에 식재된 소나무 숲도 거의 없어지고 그 위치엔 양돈 축사가 들어서 있다. 땅 주인 외엔 접근하기도 어렵다. 지방문화유적지가 어떻게 사유지가 되었는지도 의문이지만 지방의 관리 관청은 무엇을 위해 존재하는지를 생각하게 한다.

마지막으로 청도천에 제일 가까이 있는 조산이다. 이곳은 어떤 의미에선 오히려 눈에 잘 드러난다. 우선 지방 관청에서 설치한 높다란 기상관측기구가 조산의 정상 부위에 서 있다. 또 조산의 정상 부위도 특이하다. 얼핏 보면 조산이 무너지지 않도록 돌담을 동그랗게 둘러 놓은 것 같아 잘 관리를 받는 것처럼 보인다. 하지만 그게 아니다. 인근 주민에 의하면 그것은 개인의 가묘(假墓)이다. 가묘란 시신은 없지만, 후일을 대비해 임시로 만든 무덤이다.

[그림 158] 청도천 제일 가까이 있는 조산. 현재 기상관측장비가 들어서 있다.

세 번째 조산 역시 근처에 어떤 안내문도 없다. 기상관측기구는 개인이 아니라 국가지방자치단체가 예산으로 설치한 것이다. 그렇다면 그곳이 옛날에 어떤 곳이었으며 이제 시대적 필요에 따라 기상관측소를 설치하게 되었다는 몇 줄의 안내문 정도는 있어야 정상이다. 그런데 그런 것이 전혀 없다.

지역주민의 증언에 의하면 인공 조산에 기상관측소가 들어선 것은 복잡한 과정을 거쳐 근래 모 군수의 재임 시절이라고 했다. 지방 문화유적을 발굴하고 보존 관리해야 할 책임과 의무가 있는 지방 공공기관이 오히려 그와 상반되는 행정을 한 것이다.

물론 그들 나름대로의 명분은 있을 것이다. 지역주민의 복지와 농민의 생산활동에 도움을 주기 위해 기상관측장비를 설치했다거나 사유지라서 관리가 어렵다는 등등의 합리적인(?) 이유가 있을 것이다. 그러나 무엇보다 큰 문제는 조산에 대한 지방 공공기관의 잘못된 인식

[그림 159] 청도천에 제일 가까이 있는 조산의 모습. 기상관측장비가 설치되어 있고 가운데 가묘의 봉분이 만들어져 있다.

이 아닌가 싶다. 비록 겉으로는 하찮게 보이는 것일지라도 오래된 것은 그 자체로 보존의 가치가 있다. 허물기는 쉬워도 다시 복원하기가 어려운 것이 문화유적이다. 청도 송전 들판의 조산에 기상관측기구가 설치되고 개인의 가묘가 버젓이 들어서게 된 것은 조속히 시정되어야 한다. 힘없는 백면서생에게 열변을 토하며 억울함을 호소하는 인근 주민의 하소연이 안타깝고 애처롭기까지 하였다.

범바위와 범바위 마을(虎岩村)

청도 지세에 대한 황응규 군수의 또 다른 비보책(裨補策)으로 범바위와 범바위 마을이 있다.

범바위가 있는 월곡동은 1914년 행정 구역 통폐합 때 박월동과 두곡동을 병합하여 월곡동이 되었다. 여기서 박월동의 '박월'은 '바우골', 즉 '바위골'이라는 뜻인데, 동네 입구에 '범바위'라고 부르는 큰 바위가 있었다. 범바위는 청도천이 흘러 밀양 방향으로 빠져나가는

[그림 160] 청도천이 밀양으로 빠져 나가는 지점에 있는 범바위(출처: 구글 위성에 필자 추가 작도)

곳에 있다. 그곳은 현재 청도역을 지나 밀양 방면으로 내려가는 도로 옆 지점인데 풍수적으로 청도의 수구(水口)[63]에 해당한다. 수구 지점에 큰 돌이 있는 것은 아주 길(吉)한 것으로 본다. 물 빠짐을 단속해 주는 상징적 의미가 있기 때문이다. 풍수에서 물은 곧 재물을 의미한다. 따라서 수구가 잘 관쇄되어 있으면 재물이 모인다고 본다.

이렇게 바위 명칭을 '범바위'라고 붙인 것은 밀양 쪽으로 달아나는 주구산의 개를 지키기 위한 것이다. 이는 풍수에서 말하는 지명비보 (地名裨補)의 일종이다. 즉, 지형적 단점을 그를 보완하는 명칭을 붙여서 해결하고자 하는 방법이다. 현재 범바위 근방의 산은 많이 훼손되

63) 특정 지역에서 물이 빠져나가는 마지막 장소

어 있고 모 업체의 공장이 들어서 있어서 범바위의 실체를 확인해 보기는 어렵다.

기타 청도의 풍수 스토리텔링

청도읍 송전 들판을 사이에 두고 북쪽의 주구산과 마주하는 남쪽에 남산이 있다. 그런데 이 남산의 북쪽 끝자락, 즉 청도 고을의 주거지가 몰려 있는 곳의 지명에도 풍수가 숨어 있다. 이곳을 범실 혹은 범곡(凡谷 혹은 虎谷)이라 하고 하천의 명칭은 범곡천이라 한다. 모두 범[호랑이]과 관련이 있다.

예전에는 흔히 범(虎)을 발음나는 그대로 범(凡)으로 표기했다. 따라서 범곡, 범실, 범곡천 등의 지명에서 범(凡)은 범(虎), 즉 호랑이를 지칭했던 것으로 본다. 이렇게 지명에 호랑이를 의미하는 '범'자를 붙인 것은 달아나는 주구산의 개를 멈춰 세우려는 풍수적 조치이다.

청도 주구산에는 또 하나의 풍수 스토리텔링이 있다. 일제가 박았다고 전해지는 쇠말뚝이다. 산의 기운을 끊기 위해 쇠말뚝을 박거나 산 능선을 끊어버리고 뜸을 뜨거나 하는 행위를 단맥(斷脈)이라 한다. 맥을 끊는다는 뜻이다. 물론 현재는 이러한 단맥설을 부정하는 견해가 대부분이다. 여기서는 단맥설의 사실 여부를 논하고자 하는 것이 아니다. 그간 단맥설과 관련된 전래 일화들을 살펴보고 청도 주구산 쇠말뚝에 대해 스토리텔링(storytelling)의 차원에서 살펴보고자 하는 것이다.

우리나라 단맥의 역사는 크게 두 번 있었다고 한다. 한 번은 조선 선조 임진왜란 당시 명나라 군대에 의한 것이다. 당시 명군 총사령관인 이여송은 조선에서 인물이 날 것을 염려해서 우리나라 산천에서 중요한 자리의 맥을 끊었다고 한다. 또 한번은 일제가 식민통치 기간에 저지른 단맥이다. 특히 일제의 단맥설은 우리의 반일감정과 결합되어 더욱 널리 확산하였다.

일제는 식민통치 시절 무라야마 지준이라는 젊은 학자를 총독부 촉탁으로 임명해서 무려 22년에 걸쳐 식민통치에 필요한 조선의 모든 자료를 수집하고 조사했다. 특히 한반도의 지형과 조선의 풍수를 샅샅이 조사하였는데 그 결과물이 『조선의 풍수』라는 책이다. 이 책은 일제의 민족 말살 통치 정책이 막 전개되던 1931년 출간된 것으로 한국의 현장 풍수를 총정리한 책이다. 일제는 이러한 자료들을 토대로 중요한 혈처라 여겨지는 곳마다 쇠말뚝을 박거나 신사(神社)를 세웠다고 한다. 또 도로나 철도를 놓아 맥을 끊기도 했다고 한다.

현재 이러한 얘기의 사실 여부에 대해서는 의견이 분분하지만 대체로 일제의 단맥설을 부정하는 견해가 많은 것 같다. 현대는 과학이 지배하는 시대이다. 대부분 사람이 풍수를 비과학적이라고 여긴다. 간혹 대중매체에서 풍수에 대해 긍정적인 생각이라도 펼치면 모욕적인 악플 세례를 받는다. 나아가 그 사람은 전근대적이고 뭔가 계몽이 덜 되었으며 지적인 결함이 있는 사람으로 취급될 수도 있다.

그러나 비과학적인 무속도 학문적 연구 대상이고 그래서 민속학이

[그림 161] 주구산 덕사 아래 쇠말뚝 뽑은 곳

있다. 눈에 보이지 않지만 신을 연구하는 종교학도 있다. 세상에는 과학적인 영역이 아닌 부분도 있고 아직 과학으로 설명할 수 없는 부분도 많다. 현시대에 과학을 부정하는 사람은 없을 것이다. 하지만 지나친 과학만능주의도 한계가 있음을 직시해야 한다.

아무튼, 청도 주구산 덕사 바로 아래에는 광복 50주년 기념사업의 하나로 쇠말뚝을 제거한 곳이 있다. 이 쇠말뚝은 일제 강점기에 박았던 것으로 보이며 그 위치가 주구산 개의 콧잔등에 해당한다고 한다. 이때 제거된 쇠말뚝의 크기는 지름 4cm, 길이 1m 정도이다. 그리고 현재 그것을 기록한 돌비석이 용케도 남아 있다.

누가, 언제, 어떤 의도로, 그곳에 쇠말뚝을 박았는가를 먼저 밝혀야 한다. 그게 규명이 되지 않으면 그에 관한 섣부른 판단도 유보해야 한다. 또 오래된 유물이나 유적과 관련하여 전해 내려오는 민간의 설화들을 무조건 부정하는 태도도 문제이다. 멀쩡한 산에 그러한 짓거리를 했다는 것 자체만으로도 충분히 비난받아야 한다. 자연보호 차원에서 보더라도 주구산 쇠말뚝 제거는 아주 잘한 일이다. 민족정기를 거론하면 국수주의자로 몰아붙이는 세태도 지양되어야 한다. 바라건대, 멀쩡한 산에 누가, 왜, 쇠말뚝을 박았는지를, 합리적이고 실증적인 사고를 지닌 지식인들이 과학적으로 명쾌하게 규명해주기를 기대한다.

CHAPTER
08

산태극 수태극의
안동 하회마을

산과 물이 서로 감아 도는 하회(河回)마을은 경상북도 안동시 풍천면 하회리에 위치한 전통 민속마을이다. 이 마을은 풍산류씨(豊山柳氏)가 600여 년간 대대로 살아 온 한국의 대표적인 동성(同姓)마을이다.

산과 물이 감아 도는 안동 하회마을(출처: 안동하회마을)

산과 물이 얼싸안는 물돌이동

산과 물이 서로 감아 도는 하회(河回)마을은 경상북도 안동시 풍천면 하회리에 위치한 전통 민속마을이다. 이 마을은 풍산류씨(豊山柳氏)가 600여 년간 대대로 살아온 한국의 대표적인 동성(同姓)마을이다. 기와집과 초가집이 오랜 역사 속에서도 잘 보존되어 있다. 하회마을은 조선시대 유학자인 겸암 류운룡(1539~1601)이 태어나서 성장한 곳이며, 류운룡의 아우 서애 류성룡(1542~1607)이 성장한 곳이기도 하다. 류성룡은 임진왜란 때 영의정으로 국난 극복을 위해 온 힘을 다해 헌신하였고 전후 임진왜란에 관한 소중한 기록물인 징비록을 하회마을 옥연정사에서 집필하였다.

하회라는 마을 이름은 낙동강[화천]이 마을을 S자로 휘어 돌아간다는 뜻에서 유래되었다. S자형을 이루며 흘러가는 낙동강을 사이에 두고 두 개의 산줄기, 즉 소백산맥과 일월산맥의 줄기가 서로 다른 방향에서 와서 태극 모양을 이룬다. 마을의 동쪽에 태백산에서 뻗어 나온 해발 328m의 화산(花山)이 있고, 이 화산의 줄기가 낮은 구릉지를 형성하면서 마을의 서쪽 끝 낙동강 물줄기 앞까지 뻗어 있다. 마을에서 가장 높은 중심부에는 삼신당이 있는데 여기에 수령이 600여 년 된 느티나무가 있다. 이 느티나무는 마을 사람들에게 신령스러운 나무로 여겨지고 있으며 현재에도 하회마을의 방문객들은 이 신당수(神堂樹)에 소원을 빌고 있다.

조선시대 이중환은 『택리지』에서 삼남(충청, 전라, 경상도)의 4대 길지(吉地)로 안동 하회마을, 안동 내앞마을, 봉화의 닭실마을, 경주의 양동마을을 들었다. 특히 '강거(江居)의 제일은 평양이요, 계승(溪勝)의 제일은 하회'라고 극찬하였다. 즉, 강 인근 주거지역으로는 평양이 최고이고 물이 흐르는 주변의 자연경관과 문화는 하회마을이 최고라 하였다. 마을 전체가 문화재라 할 정도로 문화유적들이 많이 남아 있으며 하회마을은 그 자체가 중요민속자료 제122호이기도 하다.

[그림 163] 하회마을 세계유산 표지석

유네스코와 하회마을

하회마을의 명성은 국제적이다. 1999년 영국의 엘리자베스 2세 여왕이 생일날에 하회마을을 방문하여 생일 잔칫상을 받았다. 2005년에는 전 미국 대통령 H.W 부시(아버지 부시), 2009년에는 G.W 부시(아들 부시) 전 미국 대통령이 방문하였다. 2007년 2월에는 노무현 당시 대통령 부부가 하회를 다녀가기도 했다.

하회마을은 2010년 7월 유네스코 세계유산에 등재되었다. 유네스코는 "하회마을은 주택과 서원(書院), 정자(亭子)와 정사(精舍) 등 전통 건축물들이 조화를 이루고 있고, 마을의 공간 배치가 조선시대 사회구조와 독특한 유교적 양반문화를 잘 보듬고 있으며, 이러한 전통이 오랜 세월 동안 온전하게 보존되어 있어서 세계유산으로 등재되기에 손색이 없다"라고 했다. 또한, 하회마을은 "한국인의 전통적인 삶이 그대로 전승되고 있는 생활공간이며, 주민들이 세대를 이어 삶을 영위하고 있는 살아있는 유산(Living Heritage)으로서 자연과 조화를 이루며 살아온 한국인의 삶이 인류의 문화유산으로 탁월한 보편적 가치를 지니고 있다"라며 등재 이유를 밝히고 있다.

하회마을은 한말(韓末)까지 350여 호가 살았으나 현재는 150여 호가 살아가고 있다. 마을은 총 127개 가옥, 437개 동으로 이루어져 있고, 127개 가옥 중 11개 가옥이 보물 및 국가 민속문화유산으로 지정되었다.

허씨 터전에 안씨 문전(門前)에 류씨 배판(胚盤)

하회에서 초기 마을의 형성은 가장 먼저 입촌(入村)하여 터를 잡은 김해허씨(金海許氏)들에 의해서이다. 허씨들은 화산 자락의 따뜻하고 양지바른 거먹실골에 자리를 잡았다. 그 뒤를 이은 광주안씨(廣州安氏)들은 향교가 있었다고 전하는 향교골(행개골)에 터를 잡았다. 현재와 같은 하회마을의 모습은 고려 말 조선 초에 이르러 풍산류씨 전서공 류종혜(柳從惠)에 의해 시작되었다.

하회마을에는 "허씨 터전에 안씨 문전(門前)에 류씨 배판(杯盤)[64]"이

---

64) '배판'에 대해 '잔치판'이라 해석하는 견해도 있고, '배반(胚盤)'은 알의 노른자위 위에 희게 보이는 원형질로서 조류나 파충류의 몸체를 만드는 중요한 부분을 말한다. 배아(胚芽), 배자(胚子)에서처럼 '알눈'으로 해석하는 견해도 있다.

라는 말이 전해져 온다. 김해허씨가 터를 닦아 놓으니 그 위에다 광주 안씨가 집을 짓고, 풍산류씨는 안씨 집 앞에서 잔치판을 벌였다는 뜻이다. 즉, 허씨들이 처음으로 마을을 개척했고, 이어서 안씨들이 마을에 들어와 문중을 이루었으며, 다음으로 류씨들이 잔치판을 벌일 정도로 가문이 번성했다는 말이다. 하회마을에 대대로 살아온 허씨와 안씨, 류씨들의 역사가 이 한마디에 담겨있다.

하회마을의 역사가 직접 기록된 문헌은 없다고 한다. 그래서 구전(口傳)되어 온 말이나 기타 부수적 자료에 의지해 옛 모습을 추정하는 수밖에 없다. 하회와 관련된 구전이나 기타 간접적 자료를 살펴보면 다음과 같다.

우선 하회마을에 제일 먼저 들어와 정착한 김해허씨와 관련된 것으로 허정승(許政丞) 묘와 고려 중엽 허도령이 하회탈을 제작했다는 허도령 일화가 있다.

허정승은 고려 말에 정승을 지냈던 분이다. 그는 조정에서 물러나 전국의 경치 좋은 곳을 돌아다니며 유람하다 하회의 경치가 너무 좋아 하회마을 웃골 거먹실골에 정착하였다. 그의 묘가 하회마을 강 건너 광덕동의 건짓골에 있는데 지금도 해마다 류씨들이 벌초를 하고 있다고 한다. 하회탈을 만들었다는 허도령도 역시 김해허씨이다.

하회마을에 두 번째 정착한 광주안씨들도 '피 천석 전설'과 안씨 족보를 통해 하회마을 거주 역사가 확인되고 있다. 허씨들이 터를 잡고 산 지 백 년 뒤, 광주안씨 안성(1344~1421)이란 분이 경상감사로 부임

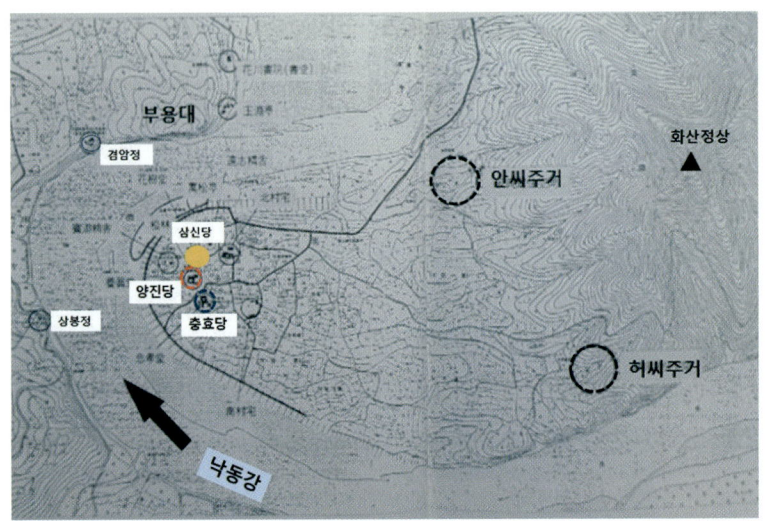

[그림 164] 하회 세 성씨 주거공간(출처:임재해, 『안동하회마을』, 대원사, 1992, 42-43면에 필자 추가작도)

하여 각 고을을 순회하던 중 하회에 들르게 된다. 그도 하회의 산수가 너무 좋아 화산 기슭 향교골에 터를 잡아 살기 시작했다. 『광주안씨 대동보』에 의하면 안성은 전서공 류종혜와 동시대 인물이다. 안씨는 하회에 들어와 35대까지 내려왔다는 것만 보아도 그 역사가 유구했음을 알 수 있다. 지금도 마을 근처에 안씨의 묘소들이 산재해 있다.[65]

또 '피 천석 전설'은 안씨들이 '피'를 천석이나 수확했다는 이야기이다. 이 이야기는 초기 하회마을에 정착한 광주안씨 사람들의 삶이 녹록하지 않았음을 말해 준다. '피'는 벼와 생김새가 비슷한 일년생 식물로 일종의 구황작물이다. 환경 적응성이 커서 산지나 척박한 땅에서도

---

[65] 서수용, 『안동하회마을을 찾아서』, 민음사, 1999, 17면.

잘 견딘다. 농촌에서 성장한 사람들은 '피사리'라는 것을 한 번쯤은 경험해 봤을 것이다. '피'는 성장 초기에는 벼와 구분이 잘 안 되지만 어느 정도 성장이 되면 벼보다 크기도 크고 훨씬 잘 자란다. 그래서 '피사리'는 피가 어릴 때는 할 수 없고 어느 정도 성장이 된 후에 한다. 그때쯤 논에 들어서면 벼와 피가 쉽게 구별이 된다. 그런데 이 '피'를 그냥 두면 벼의 성장에 방해가 되고 수확률을 떨어뜨리기 때문에 이것을 사람 손으로 일일이 뽑아줘야 하는데 이것을 '피사리'라고 부른다.

'피천석 전설'은 대략 다음과 같다. 고려시대 하회마을 행개골의 가난한 안씨 부부가 들일을 마치고 돌아오던 중 길거리에 쓰러져 있는 한 스님을 만났다. 부부는 이 스님을 집으로 모시고 와서 가난한 살림에도 불구하고 정성을 다해 모셨고, 곧 기력을 회복한 스님이 보답의 의미로 하나의 제안을 한다. '후손에서 삼정승이 나는 자리와 당년에 피 천석을 할 수 있는 자리 중의 하나를 택하라'는 것이다. 당장 먹고 살기에 급급한 안씨 부부는 당년에 피 천석을 하는 자리를 택해 부모의 묘를 이장한다. 그런데 그해 여름에 장마가 지고 물길이 바뀌더니 묘 아래쪽에 드넓은 개펄이 생겨 들을 이루었다. 안씨 부부는 그 들판에 '피'씨를 뿌려서 그해 '피' 천석을 수확하게 되었다.

안씨 부부가 피 천석을 했다는 너른 들은 하회마을 북쪽 기슭의 섬들이다. 그 들판은 그 뒤 대홍수로 또 물길이 바뀌어 경지가 유실되었다고 한다. 없었던 땅이 갑자기 생겨나는 이 현상은 설화이긴 하나 그 근거가 전혀 없는 것도 아니다. 안동댐이 생기기 전 하회마을은

[그림 165] 신라시대 장안사가 있었던 화산 기슭에 있는 현재의 연화사

주기적으로 대홍수가 발생하면 강 가운데 없던 섬이 생겨나곤 했다고 한다.

이러한 얘기들을 통해 짐작할 수 있는 것은 화산 자락의 따뜻하고 양지바른 거먹실골에는 처음 들어온 허씨들이 터전을 마련하고 있었다는 점이다. 뒤이어 들어온 안씨들은 허씨들의 터전과 장안사(현재 연화사)가 있는 탑골을 피해서 지리적으로 불리한 하회의 북서쪽 향교골(행개골)에 자리를 잡을 수밖에 없었다. 이렇게 볼 때 하회마을에는 류씨 이전에 허씨와 안씨들이 이미 뿌리를 내리고 있었음은 확실하다.

풍산류씨는 본래 하회마을에서 북동쪽으로 8㎞ 정도 떨어진 풍산 상리에 살았다. 그래서 하회마을 류씨들의 본향(本鄕)이 풍산(豊山)이다. 고려 말기 풍산류씨 류종혜가 하회마을로 처음 들어와 살면서 풍산류씨의 하회마을 입향조(入鄕祖)가 된다. 그리고 조선 중기부터 풍산류씨가 마을을 석권하기 시작했다.

사실 풍산류씨들이 하회에 세거지를 마련하기 시작한 것은 훨씬 이전부터 있었다고 본다. 전서공 류종혜의 할아버지이자 고려의 도염서령(都染署令: 종6품 무관)이던 류난옥(柳蘭玉)이 풍수지리에 밝은 지사(地

師)를 찾아가서 택지를 구한 데서부터 비롯된다. 이때 지사는 3대 동안 적선을 한 뒤에야 훌륭한 길지(吉地)를 구할 수 있다고 했다. 그래서 하회마을 밖 큰길가에 관가정(觀稼亭)이라는 집을 짓고 지나가는 길손들에게 적선을 베풀었다. 이 일을 아들과 손자, 즉 전서공 류종혜까지 계속하여 그 공덕으로 마침내 하회마을에 정착하게 된 것이다.66)

풍산류씨는 하회에 터를 잡은 이래 많은 명신(名臣)과 선비를 배출하였다. 문과 급제자 22명, 무과급제자 5명, 사마시[소과]합격자 70명 등이 하회마을 풍산류씨 가문에서 나왔다. 지역에서는 세거지 이름을 따서 풍산류씨를 '하회류씨(河回柳氏)'라는 별칭으로 부르기도 한다.

조선시대 특정 성씨의 계보를 기록한 『동원록(洞員錄)』에 의하면 17세기 중엽까지만 하더라도 허씨 몇 사람과 안씨 소수가 함께 수록되어 있다. 이는 조선 후기까지는 허씨, 안씨, 류씨 등 세 성씨가 하회마을에 함께 살았음을 의미한다. 1960년대까지도 하회에서는 안씨 한 가구가 살았는데, 그 후 하회 2리인 현외로 이사를 했다고 하며 현재 하회마을에 허씨와 안씨는 없다.

이렇듯 하회에는 허씨·안씨·류씨들이 차례로 마을을 일구었으며, 마을의 중심부도 성씨별 주거지에 따라 거먹실골에서 향교골로 이동되었다. 그리고 같은 순서로 쇠퇴하기 시작하여 지금은 제일 마지막에 강 가까이에 터를 잡은 류씨들의 집성촌이 현재 하회를 대표하고 있다.

---

66) 임재해 글 김수남 사진, 『안동하회마을』, 대원사, 1992, 46-47면.

산태극 수태극의 지형

하회마을은 마을 동쪽에 주산(主山)인 화산(花山)이 있다. 이 화산의 기운이 나지막한 능선을 이루며 서쪽으로 뻗어 내린 곳에 하회마을이 자리를 잡고 있다. 마을을 기준으로 볼 때 낙동강이 동쪽으로부터 들어와서 마을의 남쪽을 거쳐 서남쪽으로 우회하다가 다시 역류하여 동쪽으로 흐르면서 마을의 삼면을 완전히 감싼다. 그리고 현재 마을의 입구가 있는 지역을 지나면서부터 잠시 북쪽으로 방향을 틀었다가 서쪽으로 빠져나간다. 전체적으로 보면 그 형상이 마치 S자와 같다. 이렇게 낙동강 화천(花川)이 마을을 휘돌아 흐른다고 하여 하회는 '물돌이동'이라고도 부른다. 즉, 하회의 산은 물을 얼싸안고 물은 산을 휘감아 돌아 산태극(山太極) 수태극(水太極)의 절묘한 지형을 빚어낸다.

[그림166] 낙동강(화천)이 S자로 감아 도는 하회마을(출처: 영남일보)

[그림167] 산태극수태극 형상의 하회마을(출처: 대구신문에 필자 추가 작도)

산과 물이 태극 모양을 형성하는 산태극 수태극의 형세는 풍수에서는 아주 길한 땅으로 본다. 계룡산 신도안(新都案)도 산태극 수태극의 형세이다. 신도안은 조선 초 도읍지로 거론되어 10여 개월 동안 왕궁 건설 공사를 하다가 중단된 곳이기도 하다.

산태극수태극의 형세가 길지(吉地)라고 보는 이유는 음양(陰陽)이 조화를 이루기 때문이다. 풍수에서는 움직이는 물을 양으로 보고 고정된 산은 음으로 본다. 양인 물과 음인 산이 서로 어울리는 곳에 생기(生氣)가 있다고 본다. 또 땅의 생기는 물에 의해서 멈추게 되고 보존된다.(界水則止) 그래서 물이 땅을 둥글게 감싸고 흐르면 그 땅은 생기가 잘 보존되는 것이다. 그 외에 환경지리적인 측면에서 보더라도 인간의 생존을 위해서 물은 최우선으로 필요하다. 그러한 물이 풍부하고 산이 바람을 막아주는 곳은 사람이 살아가기에 좋은 곳이다.

낙동강이 거꾸로 흐르는 곳, 하회마을

한반도의 지세는 동쪽이 높고 서쪽이 낮은 동고서저(東高西低) 지형이다. 백두대간이 한반도의 동쪽에 치우쳐서 북에서 남으로 내려간다. 그래서 대부분의 물줄기가 동쪽에서 서쪽으로 흐른다. 그런데 낙동강은 북에서 남으로 흐른다. 그 낙동강이 서에서 동으로 흐르는 곳이 딱 한군데 있다. 바로 하회마을이다. 하회마을의 동쪽 병산서원 방면에서 흘러온 물이 마을의 남쪽과 서쪽을 휘돌아서 겸암정사와 부용대의 암벽에 부딪혀 방향을 바꾼다. 이때부터 낙동강이 서에서 동으로 흐른다. 풍수에서는 이를 서출동류(西出東流)라 하고 아주 길(吉)한 물의 흐름으로 본다.

대체로 물은 산줄기가 내려가는 방향과 같은 방향으로 흘러간다. 물은 높은 곳에서 낮은 곳으로 흐르기 때문이다. 그런데 하회마을은 산줄기의 흐름과 물줄기의 흐름이 서로 반대이다. 안동의 학가산과 검무산을 거쳐 하회마을 화산으로 들어오는 산줄기의 흐름과 병산서원을 거쳐 하회로 들어오는 낙동강 물줄기의 흐르는 방향이 서로 반대이다. 이렇게 물이 산줄기의 흐름과 반대 방향으로 흐르는 것을 역수(逆水)라고도 한다. 풍수에서는 역수가 한잔 정도만 되어도 부자가 된다(逆水一酌可致富)는 말이 있다.

하회마을의 모습과 행주형

한국인의 오랜 정서에는 땅의 생김새를 보고 그 길흉을 판단하는 것이 스며있다. 풍수에서는 이를 물형론(物形論)이라 한다. 물형론이란 유사하게 생긴 동물이나 사물의 형상에 비추어 땅의 기운을 헤아리는 것이다. 하회마을은 산과 물의 흐름이 태극 모양과 비슷한 '산태극(山太極) 수태극(水太極)'의 모습 외에도 몇 가지가 더 있다. '행주형(行舟形)', '연화부수형(蓮花浮水形)', '사선기국형(四仙碁局形)', '다리미형' 혹은 '금두형(金斗形)' 등이 그것이다.

행주형의 땅은 배에 짐을 가득 싣고 막 떠나려고 하는 형세이다. 그러므로 행주형의 땅은 자손의 번성과 재물의 풍요로움을 상징한다. 또 행주형 땅은 뱃머리에 해당하는 부분이 핵심적인 장소인 명당이다. 하회마을에서 뱃머리는 화산 줄기가 낙동강과 맞닿은 강변 가까운 곳이다. 하회마을에 먼저 들어왔지만, 강변에서 멀리 떨어진 화산 중턱에 자리를 잡은 허씨와 안씨는 점차 소멸하였다. 반면 하회마을에 가장 늦게 들어왔지만, 강변 가까운 곳, 즉 뱃머리 터에 자리를 잡은 류씨는 크게 번창하며 오늘날까지 살아남았다.

행주형 땅은 돛대, 키, 닻의 형상을 갖추면 그 땅의 기운이 왕성하다고 본다. 물론 이것을 모두 갖추면 더할 나위 없지만 그렇지 못한 경우에는 인위적으로 보완하기도 한다. 우리나라에서 행주형에 해당하는 지역으로는 평양, 청주, 나주 등이 있다. 평양은 1923년 대동강 연광정 밑 바위 아래 강물 속에서 실제 닻을 발견하여 건져 올린 사실이 있다. 이 닻은 다시 내려지지 않고 주변에 그냥 방치되는 신세가 되었으나 그해 평양에 대홍수가 나서 평양 시가지 전체가 침수되는 일이 일어났다. 그 이유를 건져 올린 닻 탓이라 여긴 주민들이 다시 원래의 장소에 닻을 내려놓았다고 한다. 또 청주에는 시내 중앙공원에 돛대를 상징하는 12.7m의 철당간이 현재도 남아 있다. 나주에도 동점문 밖에 돛대를 상징하는 석당간[돌돛대]를 세우고 성안에는 나무 돛대를 상징하는 목장(木檣)을 세웠는데 석당간은 지금도 남아 있다.

하회마을의 돛대와 닻

행주형 형국의 하회마을에서 돛대에 해당하는 것은 삼신당이다. 삼신당이 있는 곳은 그 중심 지역이 도도록하게 올라와 있다. 이곳이 하회마을에서 제일 높은 곳인데 거기에는 오래된 느티나무가 있다. 이 나무는 수령 600년이 넘은 것으로 입향조 류종혜 공이 이 마을에 터를 잡을 때 심었다고 전해진다. 높이 15m, 둘레 5.4m로 어른 10명이 팔을 벌려 둘러야 겨우 안을 수 있을 정도의 크기이다. 이 나무는 아직도 여름이면 무성한 잎을 자랑하며 신비한 생명력을 보여준다. 하회마을 방문객들은 이 나무에 소원을 빌기도 한다.

하회마을에서 닻에 해당하는 것은 만송정(萬松亭)이다. 만송정 숲은 조선 선조 때 류운룡이 부용대의 강한 바위 기운을 완화하기 위해 조성한 것이다. 원래 만송정 숲은 지금 하회마을의 입구 근처까지 이어져 있었으나 세월의 흐름과 기타 여러 가지 사정으로 현재의 모습으

[그림 168] 하회마을 돛대인 삼신당 느티나무(출처: 오마이뉴스)

[그림 169] 부용대에서 본 하회마을의 풍수 비보숲 만송정

로 축소되었다고 한다.

　풍수에서는 만송정과 같은 인위적인 숲을 비보(裨補) 숲이라고 한다. 비보란 지세가 약한 곳은 보완하고 너무 강하거나 험한 곳은 그 기운을 완화, 차단하는 것이다. 하회마을의 바위 절벽인 부용대는 일반 사람들이 보기엔 경치 좋은 전망대나 포토존 정도로 생각할 수도 있다. 그러나 풍수지리적 관점에서는 부정적으로 본다. 병풍처럼 서 있는 높다란 바위 절벽이 마을을 향해 짓누르는 듯한 기운을 내뿜고 있다고 보기 때문이다. 이에 대한 대비는 이 바위 절벽이 보이지 않게 가리는

것이다. 그 수단으로 소나무를 심은 것이다.

풍수에서 물은 재물을 상징한다. 그래서 마을로 들어오는 물길은 보이지만 나가는 물길은 느릿느릿하게 나가야 하며 나가는 곳이 보이지 않아야 좋다. 특정 지역에서 물이 나가는 마지막 지점을 수구(水口)라고 한다. 마을의 수구는 작은 배가 겨우 드나들 정도로 좁은 것(水口不通舟)이 좋다. 수구의 결점을 보완하는 것을 '수구막이'라고 한다. 우리 옛 마을에서는 보통 마을의 수구 지점에 돌탑을 쌓거나 숲을 조성하기도 하였다. 하회마을의 만송정 숲은 하회의 수구막이 역할도 한다. 하회마을에서 만송정 숲이 있는 곳은 낙동강 물이 마을을 돌아 빠져나가는 지점이다.

또 만송정 숲의 실제적 기능은 방풍과 홍수해 방지를 위한 것이기도 하다. 하회마을은 서북쪽이 낮아서 겨울철 북서풍에 노출되기 쉽다. 그리고 하회마을에 현재의 제방이 건설된 것은 1981년이다. 안동댐과 현재의 제방이 건설되기 이전 하회마을은 홍수 피해를 많이 입었다. 그 옛날 만송정 숲은 이에 대한 대비도 한 셈이다.

낙동강 물 위에 뜬 연꽃, 연화부수형

하회마을의 형상은 흔히 '연화부수형(蓮花浮水形)'으로 불린다. 연꽃이 물 위에 떠 있는 모습과 같다는 의미다. 하회를 둘러싼 사방의 산들은 연꽃잎이고 하회마을의 제일 높은 부분인 삼신당이 있는 지점이 꽃의 중심인 화심(花心)에 해당한다. 연화부수형의 지형에서 핵심인 자

[그림 170] 하회와 연화부수형(출처:한국국학진흥원)

리, 즉 명당은 화심이다. 화심에서 멀리 떨어진 화산 산자락에 터를 잡은 허씨나 안씨들은 쇠퇴했다. 반면에 화심 가까이 터를 잡은 류씨들은 번창하며 자손들이 대를 잇고 있다. 풍산류씨 종가댁인 양진당과 충효당은 삼신당 바로 인근에 자리를 잡고 있다. 즉, 양진당과 충효당은 연화부수형에서 꽃의 중심 부근에 터를 잡은 것이다.

연꽃은 씨주머니에 많은 씨앗이 들어있어서 풍요와 다산을 상징한다. 또한, 연꽃은 진흙 속에서도 항상 맑은 본성을 잃지 않는다. '연꽃은 흙탕물에서 핀다'는 속담은 미천한 집에서 훌륭한 인물이 태어나거나 어려운 환경을 극복하고 높은 뜻을 이룬 경우를 말한다. 하회 출신의 대표적 인물인 서애 류성룡은 조선의 운명이 바람 앞의 등불과 같은 어려운 시기에 중책을 맡아 나라를 구했다.

그런데 연꽃은 물의 바깥이나 물속에서 피지 않고 수면에 떠서 개화한다. 따라서 연화부수형 터에서는 집터의 기반을 수면보다 너무 높거나 낮게 하면 좋지 않다.[67] 또한, 하회마을 집들의 담은 돌담이 아니다. 흙담이다. 연꽃이 돌담의 무게를 견디지 못해 가라앉을 위험이

---

67) 촌산지순 저·정현우 역, 『韓國의 風水』, 명문당, 2009, 703면.

있기 때문이다. 현실적으로는 하회마을의 위치가 모래가 많은 강변이어서 돌을 쉽게 구하기가 어렵다는 점도 작용했을 것이다.

네 명의 신선이 바둑을 두는 사선기국형

하회마을의 형상을 나타내는 것으로 사선기국형(四仙碁局形)이 있다. 즉, 하회마을을 네 명의 신선이 바둑을 두고 있는 모습과 유사한 형태로 보는 것이다. 하회의 동쪽에는 주산인 화산, 강 건너 서쪽에는 상봉대(翔鳳臺), 남쪽에는 남산, 북쪽에는 부용대가 있다. 이를 네 명의 신선으로 비유하고 마을 가운데의 평퍼짐한 땅을 바둑판으로 보았다.

사선기국형의 땅은 신선의 이미지가 강하다. 이러한 땅에서는 선골(仙骨) 기풍이 서린 인물이 나온다. 그에 해당하는 인물은 겸암 류운룡이다. 류성룡은 국난을 극복한 인물로 널리 알려졌지만, 그의 형인 류운룡은 상대적으로 인지도가 낮다. 하지만 민간에 전승되어 오는 신비스러운 일화에는 오히려 류운룡이 주인공이다. 민중들 사이에서 류운룡은 도학과 술법에 능통한 인물로 널리 알려져 있다.

다리미형 혹은 금두형(金斗形)

이 외에도 하회마을의 형상을 '다리미형' 혹은 '금두형(金斗形)'이라고도 한다. 마을 지형이 다리미를 엎어놓은 것과 비슷하기 때문이다. 화산 자락에서 하회마을로 이어지는 산 능선이 다리미의 손잡이에 해당하고 삼신당 근처 볼록한 부분이 다리미의 중심 바닥이다. 다리미

[그림 171] 다리미와 닮은 하회마을

형에서도 핵심 부분은 손잡이가 아니라 다리미의 가운데 부분이다. 역시 류씨들이 터를 잡은 하회마을 가운데 지역이다.

행주형이나 연화부수형, 다리미형 등은 모두 우물을 파는 것을 금기시한다. 배가 가라앉거나, 물 위에 뜬 연꽃에 구멍이 나거나, 다리미의 밑바닥이 뚫리는 것을 염려해서이다. 그래서 하회마을 사람들은 허드렛물은 낙동강(화천) 물을 이용했지만, 식수는 배를 타고 낙동강의 중앙에 나가 강 속 깊은 곳의 물을 길어 사용했다고 한다.

그런데 일제 강점기 일본인들이 하회마을에서 금기시하는 연못을 조성하고 우물을 팠다고 한다. 한때 하회마을 양진당 사랑채 옆에 연못이 있었으나 흉한 일이 계속 발생해서 연못이 메워졌고 그 이후론 하회마을에 연못이 없었다. 그러다가 식민지 통치기에 일제가 지금의 삼신당 옆에 면사무소를 짓고 연못을 팠다고 한다. 현재 그 연못은 메워지고 없다.

류씨들이 강변 습지에 터전을 잡은 이유

하회마을에는 허씨, 안씨, 류씨의 순서로 정착했다. 제일 먼저 들어온 허씨들이 제일 살기 좋은 곳에 자리를 잡았을 것이고 그다음 들어온 안씨들이 그다음으로 살기 좋은 장소를 차지했을 것이다. 그런데 두 성씨는 하회마을에서 사라졌고 제일 마지막에 들어온 류씨들만 크게 번성하여 현재 하회마을에는 류씨들만 남아 있다. 그 이유가 무엇일까?

하회마을에 들어와서 터를 잡는 관점을 살펴보면 그 이유를 짐작할 수 있다. 김해허씨는 허정승이 조정에서 물러나 팔도를 유람하던 중 하회의 경치에 반해 하회마을에 집터를 정했다. 광주안씨들은 평양감사를 지낸 안성이 경상감사로 부임하여 각 고을을 순시하던 중, 역시 하회의 산수에 반해 정착하게 되었다. 그런데 풍산류씨 입향조인 류종혜는 하회마을에 들어오게 된 동기가 달랐다.

원래 풍산류씨는 하회에서 북동쪽으로 직선거리 약 8㎞ 정도 떨어진 풍산읍 상리에 살았다. 그곳은 당시 강변의 습지로 황폐한 하회마을보다는 훨씬 살기가 좋은 장소였다. 그런데 하회마을 입향조 류종혜의 조부 류난옥(柳蘭玉)은 풍수지리에 밝은 지사(地師)를 찾아가서 살기 좋은 터를 구해달라고 부탁하였고 그 후 오랫동안 적선을 하여 마침내 하회마을 현재의 장소에 자리를 잡게 된 것이다. 풍산류씨는 경치나 산수를 보고 마을 터를 구한 것이 아니다. 풍수적으로 좋은 길지를 구한 것이다.

허씨나 안씨들이 정한 터는 풍수적으로 좋은 명당 장소가 아니다. 강물의 범람을 피하기 쉽고 일조량이 많은 화산 자락의 평범한 남향 장소였다. 허씨들의 거먹실골이나 안씨들의 향교골이 그러한 곳이다. 반면 류씨들은 습지이고 지반이 약하며 홍수의 피해도 입기 쉬운 강변 가까운 곳에 자리를 잡았다. 이렇게 류씨들이 허씨와 안씨들이 버린 땅인 하회의 강변 가까운 곳에 터전을 정한 것은 무엇 때문인가? 여기에 대해서는 풍수적인 이유 외 다른 합당한 근거를 찾기가 어렵다.

하회마을의 삼신당은 화산 줄기가 마을로 내려오다가 낙동강을 만나면서 마지막으로 봉긋이 솟아오른 곳이다. 풍수에서는 이를 '잉(孕)'이라 한다. 일종의 에너지 저장 탱크이다. 화산의 땅 기운이 이곳에 압축되었다가 지맥(地脈)을 따라 양진당이나 충효당으로 전달된다. 하회마을에서 삼신당은 풍수적 측면에서나 신앙적인 측면에서도 대단히 중요한 장소이다. 하회마을은 이 삼신당을 중앙 기점으로 해서 사방으로 주택이 들어서 있다. 그래서 주택의 좌향(*바라보는 방향)이 남향만 있는 것이 아니라 다양하다.

하회마을 류씨들의 정착과정에 대해 다른 관점에서 풀이하는 견해도 있다. 풍산류씨들이 왜 마을을 이루기 좋은 산자락이 아닌 강 근처 습지에 이주한 것인가에 대해 사회적 관계에서 분석하는 입장이다. 당시 화산 남쪽 자락에는 허씨들이, 화산 북쪽 자락에는 안씨들이 터전을 잡고 있었다. 또 마을에서 화산과 강변 사이에는 농지가 있었기 때문에 새로이 들어온 류씨들이 정착할 곳은 강변의 습지밖에 없었다. 그리고 이미 터전을 잡은 허씨와 안씨들은 은근히 새로운 이주민인 류씨들을 견제했을 수도 있다. 이른바 텃세를 부리고 타성바지들을 꺼렸을 수도 있다. 그래서 류씨들이 강변 습지에 터전을 잡을 수밖에 없었다고 보는 견해이다.

그러나 풍산 상리에서 하회마을로 이주해 온 류씨들은 외부 세력에 의해 수동적으로 삶터를 정한 것이 아니다. 오랜 기간의 탐색 과정을 거쳐 스스로의 의지로 현재의 터에 자리를 잡은 것이다. 그 근거를 들면 다음과 같다.

우선 고려 말 하회마을 류씨 입향조는 공조전서(工曹典書) 류종혜이다. 공조전서는 지금의 건설부 장관 정도에 해당한다. 그리고 풍산류씨가 살던 장소는 풍산 상리이다. 풍산 상리는 풍산들과 가깝다. 풍산은 안동 부근에서 가장 넓은 들이 있는 지역이다. 풍산들은 지금의 풍산 평야이다.68) 류씨들은 넓은 들에 가까운 장소를 버리고 척박한 하회마을 습지로 옮겨온 것이다. 더구나 하회의 화산 중턱에는 허씨와 안씨가 이미 들어와 있었고 하회의 쓸만한 경작지는 이미 그들이 차지하고 있었다.

또 풍산류씨는 하회마을에 정착하기 전, 3년간 하회마을 입구에서 길가는 나그네를 상대로 적선(積善)을 베풀었다. 3년간 무료로 나눔을 베풀며 봉사를 한 것이다. 이것은 경제적 기반과 재력이 뒷받침되지 않고는 할 수 없는 일이다. 따라서 하회마을 입향조 류종혜는 당시 넉넉한 재력이 있었다고 보는 게 정설이다.

---

68) 여기에 대해서는 당시 지금의 풍산 평야와는 다른 상황이었을 수도 있다는 견해가 있다. 즉, 풍산들이 황무지 상태였을 수 있다는 가정이다.

이상에서 볼 때 풍산류씨가 하회마을로 이주하게 된 것은 경제적 목적을 위한 것은 아니라는 것이다. 즉, 당장 먹고 사는 문제를 해결하기 위해서 하회마을로 들어온 것은 아니다. 경제적 이유가 아니라면 류종혜 공이 식솔을 데리고 하회마을로 이주한 동기는 무엇인가?

　당시 류종혜 전서공은 3년 동안 매일같이 하회마을 뒤에 있는 화산을 오르내리면서 하회마을의 터를 살폈다. 홍수가 날 때 마을이 얼마나 잠기는지, 논밭은 충분한지, 산에 땔감은 충분히 있는지 등을 자세히 관찰한 뒤 현재의 하회마을에 정착했다. 류종혜는 일반적으로 집들이 많이 들어서는 산자락이 아니라 강가의 조그만 언덕을 택했다. 당시 그곳은 절터였는데 폐허가 되어 다래 넝쿨로 덮여 있었다.[69]

　또 하회마을은 허씨와 안씨들만 살기에도 그리 넉넉한 땅이 아니다. 안씨들의 '피천석 이야기'가 그러한 사실을 말해준다. 그런데 먹고 살기에 별 어려움이 없는 류종혜는 가족들은 물론 친구까지 데리고 척박한 강변으로 거주지를 옮겼다. 그것도 삼 년 동안 적선을 하며 많은 준비 끝에 옮긴 것이다. 여기엔 풍수적으로 좋은 터를 찾아서 이주했다는 것 외의 다른 적절한 이유를 찾기가 어렵다.

여성 쪽의 후손이 번창하는 외손 발복지

　하회마을에는 여성 쪽의 후손이 마을을 차지한다는 전래 일화가 있

---

[69] 이완규, 『안동풍수기행, 돌혈의 땅과 인물』, 예문서원, 2001, 48면.

다. 즉, 친가보다는 외가 쪽 자손들이 복을 받는다는 말이다. 이에 대해 일제강점기 일본인 학자 무라야마 지준(村山智順)은 다음과 같이 말하고 있다.

"하회마을엔 '이 땅은 이곳에 사는 자의 외손(外孫)의 것이 된다'라는 전설이 내려온다. 이 말대로 안씨가 허씨의 외손을 낳기에 이르러 허씨가 소멸하고 안씨가 주인이 되었으나, 류씨가 이주해온 뒤로는 안씨와 사돈 간이 되어 안씨의 외손을 낳으니, 안씨는 한 집 두 집 자취를 감추게 된다. 이와 반대로 류씨는 나날이 번성하여 현재 3백 호 가량의 동족 부락이 되었다. 이 삼성(三姓)의 교체는 풍수적 영향에서이며, 하안(河岸: 하천 언덕)에 살았던 허씨나 안씨는 '행주형'임을 모르고 비보하지 않았기 때문에 멸망한 것이다. 류(柳)는 허(許)·안(安) 양성의 구지(舊地: 옛땅)를 싫어하여 평파(平坡: 평지 언덕)인 중앙에 자리 잡았다. 즉 '연화부수(蓮花浮水)'에서 연화의 중심에 자리 잡았고, 또 수평면과 거의 비슷하게 기지(基地: 터)를 정했기 때문에 운이 성하여 서애 류성룡 등의 명상(名相: 이름난 재상)이 나왔다."[70]

무라야마 지준은 허씨와 안씨들은 하안(河岸), 즉 강 언덕인 산자락

---

[70] 촌산지순 저 · 정현우 역, 『韓國의 風水』, 명문당, 2009, 704-705면.

에 터를 정했고 하회가 배가 출발하려는 '행주형' 땅임을 몰라서 그 결함을 보완하는 비보(裨補)를 하지 않았기 때문에 소멸했다고 본다.

이에 반해 류씨들은 허씨, 안씨들이 자리를 잡은 산자락을 피하여 의도적으로 하회마을 평지의 중앙에 자리를 잡았다고 했다. 즉, 허씨와 안씨들이 먼저 살만한 곳을 차지해 버려서 류씨들이 어쩔 수 없는 선택으로 현재의 장소에 터를 잡은 것이 아니라는 말이다. 풍수적으로 행주형 땅임을 알고 계획적으로 강변 가까이 터를 잡았다는 말이다. 또 낙동강 물의 수평면과 거의 비슷한 높이에 터를 정했기 때문에 운이 성했다고 본다. 이는 연화부수형의 지형에서 연꽃이 피어있는 높이가 물속도 아니고 완전한 물 밖의 높은 곳도 아니기 때문이다. 이는 류씨들이 하회의 풍수지리를 면밀히 살펴서 계획적으로 강변에 가까운 땅에 터를 잡았음을 말해 주는 것이다.

류씨들이 터를 잡은 장소는 당시 울창한 숲과 늪으로 밀림을 이룬 땅이었다. 지금의 삼신당 곁에 절이 하나 있었지만, 호랑이가 자주 나타날 정도였고, 이에 사찰의 스님들이 견디지 못하고 떠나 절도 없어지게 되었다.[71] 현재 삼신당 느티나무 아래에 있는 몇 개의 석물(石物)이 그 사실을 확인해 주고 있다. 즉, 당시의 하회마을 지역은 버려진 땅이었다.

류씨들의 하회마을 정착과정에 대해 무라야마 지준은 근대 지리학

---

71) 임재해 글·김수남 사진, 『안동하회마을』, 1992, 47면.

이나 사회학적인 관점에서가 아니라 당시 하회마을 입향조의 시각에서 분석했다. 그 시각은 풍수적 관점이다. 그는 우선 류씨들이 터전을 잡은 장소가 주도면밀한 계획에 의한 것이라고 보았다. 전서공 류종혜 공은 하회마을로 이주하기 전에 살았던 풍산 상리에서 대부호였다. 그 정도 위치에 있던 사람이 특별한 이유 없이 열악한 늪지로 이주했을 리는 없기 때문이다. 또 류종혜는 하회에 이주하면서 같은 전서공의 직책에 있던 홍해배씨 배상태와 함께 이주했다. 배 전서공은 집이 가난하여 류종혜 공이 생계를 보살펴 주고 있었는데, 하회로 이주할 때 생계가 막연한 배 전서공을 함께 데려왔다고 한다.[72] 새로 터전을 잡을 장소가 길지가 아니라면 생계가 어려운 친구까지 굳이 함께 데리고 이주할 리도 없다.

그리고 류종혜 공은 거의 매일 화산에 올라 하회마을의 지세를 세심하게 살폈다. 또 집의 기초 공사인 기둥 세우기가 제대로 되지 않자, 삼 년 동안 하회 큰 고갯길 밖에 관가정을 짓고 지나가는 나그네에게 적선을 베풀었다. 그리고 그 후 다시 집을 짓기 시작해서 정착한 것이다. 류종혜 공은 3년 여의 세월과 재력을 낭비하면서까지 굳이 다른 성씨들이 버린 땅에 터전을 잡았다. 그 이유는 풍수적 명당 터를 얻기 위해서였다.

이상의 점들을 종합적으로 고려하면 류씨들이 하회마을에 터전을

---

[72] 임재해, 위의 책, 48-49면.

잡은 이유는 의도적이고 계획적으로 추진한 일이었다. 나아가 풍수지리적 관점에서 장기간 하회의 지세를 파악하고 연화부수형의 화심(花心)에 해당하고 행주형에서 뱃머리에 해당하는 부분에 터를 잡았다. 그것이 풍산류씨가 양진당, 충효당 등으로 오늘날까지 전해지게 된 것이다.

하회마을 주택의 방향[좌향]

하회마을 주택들은 바라보는 방향[좌향]이 특이하다. 북반구인 우리나라에서 집의 정면은 대체로 남쪽을 향한다. 특히 한국인의 정서는 '삼대가 복을 쌓아야 남향을 할 수 있다'고 할 정도로 남향집을 선호한다. 이는 최대한의 일조량을 받기 위해서다. 그런데 하회마을 집들은 그렇지 않다. 마을의 가장 높은 지대인 삼신당을 중심으로 그 아래쪽 사방으로 집들이 위치하는데 집의 방향이 제각각이다. 하회마을의 대표적인 가옥인 양진당은 남향이고, 충효당은 서향이며, 북촌댁은 동향이다.

그런데 집의 좌향은 제각각이지만 대부분 가옥은 정면으로 낙동강을 향하고 있다. 이것은 강바람으로 여름의 무더위를 식히고 주택의 조망을 위한 것일 수도 있다. 풍수적인 측면에서 보면 집터의 앞쪽은 낮고 뒤쪽은 높아야 한다는 전저후고(前低後高)에 원칙에 따른 것이다. 나아가 뒤로는 언덕[산]을 의지하고 앞에는 물이 있는 배산임수(背山臨水)의 원칙에 충실한 것이기도 하다.

하회마을 특징 중 또 하나는 큰 기와집을 중심으로 주변의 초가들이 원형을 이루며 배치되어 있다는 점이다. 이는 큰 기와집이 주인집이고 그 주변의 초가집들은 주인집에 소속된 사람들이 거주하는 집이기 때문이다.

삼태봉과 훌봉

하회마을 마을의 주산(主山)인 화산은 백두대간의 태백산 옥돌봉에서 시작돼 문수산-학가산-검무산을 거쳐 뻗어 내린 문수지맥이 마지막으로 솟아오른 것이다. 화산은 하회마을의 입구인 동쪽에 있다. 화산을 뒤로하고 마을 입구에 들어서면서 조금 왼쪽으로 눈을 돌리면 유명한 삼태봉이 보인다. 삼태봉은 봉우리가 세 개라는 의미인데, 자

[그림 172] 하회마을 삼태봉과 훌봉(마늘봉)

세히 보면 세 개가 아니라 네 개처럼 보이기도 한다. 그런데 한국인은 4라는 숫자보다 3이라는 숫자를 훨씬 선호한다. 그래서 삼태봉으로 부르는 것이 아닌가도 싶다.

삼태봉을 특정 지점에서 보면 두 개의 봉우리가 더 선명하게 눈에 들어온다. 풍수에서는 이를 고축사(誥軸砂)라고 한다. 고축사란 산 정상이 한일자 형태로 평평한데 그 양쪽에 뿔처럼 생긴 작은 봉우리가 있는 모습이다. 고축사가 있으면 정승이 난다고 한다. 필자의 눈에는 삼태봉보다 고축사가 더 선명하게 들어왔다. 하회마을이 배출한 정승으로 류성룡과 그 후손인 류후조가 있다.

또 하나 유명한 봉우리는 홀봉이다. 홀(笏)은 관리들이 어전회의 때 들고 있는 자기의 지위를 적은 표식이다. 홀은 직급에 따라 나무, 옥, 상아 등 그 재질이 다르다. 하회마을 충효당 박물관에는 류성룡이 사용하던 상아로 만든 홀이 보관되어 있다. 홀봉은 생긴 모습이 마늘과 비슷하다고 해서 마늘봉이라고 하고, 붓끝과 닮았다고 해서 문필봉으로도 부른다. 이 문필봉이 있으면 문재(文才)가 뛰어난 인물이 태어난다고 한다.

하회마을의 중심, 삼신당

하회마을의 중심은 삼신당이다. 즉, 삼신당은 하회마을 사람들의 정신적인 숭배대상이며 지형적으로도 마을의 핵심적인 장소이다. 하회마을의 집들은 이 삼신당을 기점으로 하여 방사 선형으로 배치되어

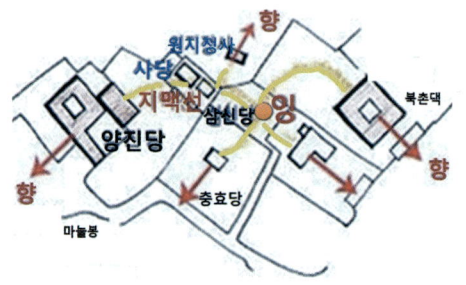

[그림 173] 하회마을 삼신당과 지맥(출처: 장영훈, 『대학풍수강론』)

있다. 풍수적인 측면에서 보면 하회마을의 삼신당은 풍수에서 말하는 '잉(孕)'이다. 한자 아이 밸 '잉(孕)'은 문자 그대로 아이를 밴 임산부의 배처럼 불룩한 것이다. 하회마을에서 지형적으로 제일 높은 곳이 삼신당이다. 마치 다리미를 엎어 놓은 것처럼 둥그런 지형에서 삼신당은 한가운데이자 제일 높은 지점이다. 이는 일종의 에너지 저장소와 같다. 땅의 기운이 뭉쳐진 핵심적 장소이다. 즉, 하회마을의 주산 화산에서 내려온 땅 기운이 마을로 내려와서 최종적으로 합쳐진 곳이 삼신당이다. 삼신당에서 하회마을의 양진당, 충효당, 북촌댁 등으로 땅의 기운이 전달된다.

하회마을은 동쪽의 화산에서 서쪽 강변으로 낮은 산 능선이 내려온다. 이 산 능선에 의해 형성된 언덕을 기준으로 크게 남과 북으로 구분

[그림 174] (좌)화산에서 하회마을로 내려가는 능선. (우)화산자락에서 내려오는 산능선이 절단된 모습

이 된다. 북촌댁(화경당)과 남촌댁(염행당)의 명칭도 여기에서 비롯된 것이다. 하회마을의 경작지는 화산 자락과 하회마을의 중간 부분에 있다. 동쪽에 있는 화산 줄기가 점차 고도를 낮춰 서쪽 강변으로 내려오면서 하회마을 경작지를 동서로 구분 짓는다. 현재 이 산줄기는 마을의 농수로로 활용되고 있다.

화산 자락에서 고도를 낮춰 내려오던 산 능선이 현재 하회교회 인근을 지나 하회마을 목화밭이 있는 지점에서부터 다시 고도가 높아지기 시작한다. 그리고 삼신당 부근에서 최고의 높이를 유지한다. 방문객의 체험용으로 조성된 목화밭에 서면 화산에서 내려오는 산줄기와 내려앉았다가 다시 올라가면서 삼신당으로 가는 산줄기의 흐름을 살펴볼 수 있다.

풍산 류씨 대종가 집, 양진당

양진당(養眞堂)은 하회를 대표하는 상징적 가옥이다. 풍산류씨 대종가이며 하회마을 입향조인 전서공 유종혜가 처음 자리 잡은 곳에 지은 집이기도 하다. 현재 양진당은 보물 제306호로 지정되어 있다.

양진당 마당을 들어서면 맞은편에 사랑채가 보인다. 사랑채 현판엔 '入巖古宅(입암고택)'으로 쓰여 있다. '입암'은 류중영(1515~1573)의 호이다. 류중영은 류운용과 류성룡의 부친으로 청렴하고 뛰어난 관리였다.

일반적으로 알고 있는 하회마을 '양진당'은 류운용의 6세손인 류영(1687~1761)의 호에서 따온 것이다. 류영은 일생을 벼슬과는 담을 쌓

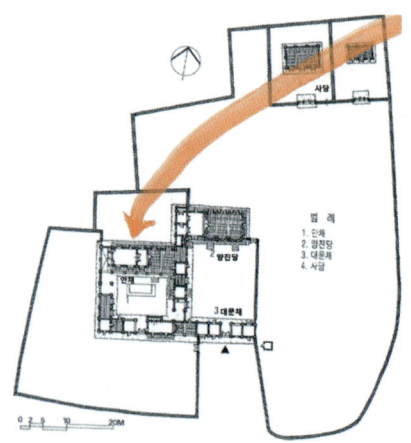

[그림 175] 양진당 안채와 땅기운 입수방향(출처: 컬처라인에 필자 추가 작도)

고 지냈으며 양진당을 현재의 모습으로 중수한 인물이다. 그 외에도 숭실재를 수리하고 겸암정을 복원하였으며 나아가 『평산류씨족보』를 최초로 편찬하였다. 또 영조 때 발생한 '이인좌의 난'에는 의병을 모아 출전하기도 했다. 그는 또한 하회마을에 유일하게 있었던 '연당못 설화'의 주인공이기도 하다.

양진당은 하회마을 삼신당 바로 인근 남서쪽에 있다. 하회마을에서 제일 높은 곳인 삼신당에서 양진당으로 들어오는 지맥은 비스듬히 사선으로 들어온다. 지맥을 따라 집의 좌향을 잡는다면 양진당은 서남향이 정상이다. 그런데 양진당의 좌향은 거의 정남향이다. 그 이유를 살펴보면 다음과 같다.

먼저 한국인이 전통적으로 선호하는 남향을 취해서 일조량을 늘리기 위한 목적이다. 사실 삼신당과 주변의 표고 차이는 그리 크지 않다. 높낮이 차이가 별로 나지 않는다. 삼신당과 표고 차이가 확실하면 양진당은 전저후고의 원칙을 좇아서 지맥이 들어오는 방향을 배경으로 하여 서남향을 취하면 된다. 그런데 높낮이 차이가 별로 없는데 굳이 어정쩡한 남서향을 택해서 집의 배치를 어색하게 할 필요는 없었다.

그런데 양진당의 서쪽 담장 테두리와 동쪽 담장 테두리는 다르다. 동쪽 경계선은 거의 일직선을 남북으로 정해져 있으나 서쪽은 그렇지 않다. 북에서 남서로 계단식으로 꺾여서 내려온다. 왜 그런 것인가?

양진당은 하회마을에서 최초로 건축된 집이다. 옆집과의

[그림 176] 양진당 대문으로 맞아들이는 홀봉

분쟁으로 서쪽 담장 경계가 계단식으로 된 것은 아니라는 말이다. 필자 나름대로 추정컨대 이는 양진당으로 들어오는 지맥을 보호하기 위한 자연스러운 경계가 아닌가 싶다. 즉, 삼신당에서 양진당 안채로 들

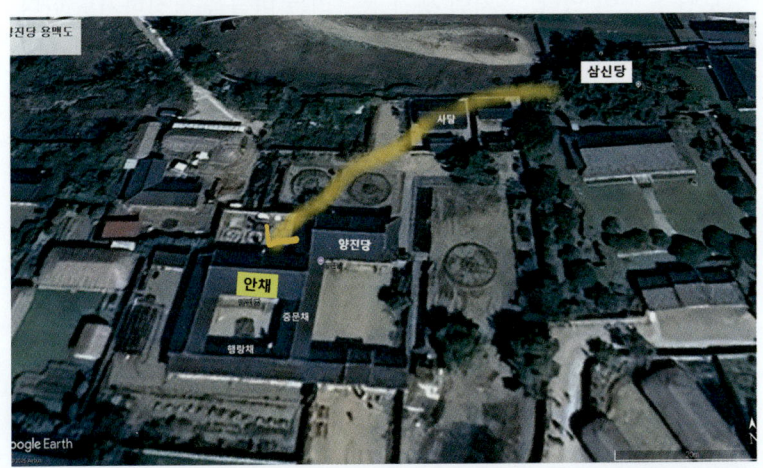

[그림 177] 양진당 위성 지도와 용맥도 (출처: 구글 위성에 필자 추가 작도)

어오는 지맥을 따라 집 뒤쪽의 경계가 형성되었을 거란 추정이다. 또 안채와 사당 사이의 넓은 공간도 지맥을 보호하기 위한 것으로 생각한다. 이 공간은 있던 건물이 없어져서 빈터가 된 것이 아니라 원래부터 아무런 인공 구조물이 없는 공터였다.

우리 전통 가옥에서 가옥의 특정 부분을 그냥 빈터로 두는 경우는 종종 볼 수 있다. 양진당 근처에 있는 충효당이 그렇고 경주 양동마을 서백당이 그렇다. 서구 건축학적 관점에서는 이러한 점이 설명이 안 되는 부분이다. 풍수에서는 이것을 땅 기운이 응축된 잉(孕)을 보호하기 위한 것으로 해석한다.

양진당이 남향을 취한 두 번째 이유는 풍수의 안대좌향(案對坐向)과 관련이 있다. 안대좌향은 앞쪽에 수려한 봉우리가 있으면 그쪽을 향해 건물을 짓거나 무덤의 방향을 정하는 방법이다. 양진당에서 남쪽을 보면 홀봉이 있다. 홀처럼 생긴 봉우리는 벼슬을 상징하기도 한다. 홀봉은 마늘봉이라 친근하게 부르기도 하지만 풍수적으로 보면 문필봉이다. 산봉우리 모양이 붓끝처럼 생겼다. 문필봉이 보이면 뛰어난 문재(文才)를 지닌 인물이 배출된다고 한다.

풍수는 좋은 모습은 보이게 하여 그 좋은 기운을 받아들이고 나쁜 모습은 막거나 가려서 나쁜 기운을 차단하는 방법을 쓴다. 양진당이 자연스러운 지세의 방향과는 달리 남향을 잡은 이유가 여기에 있다. 즉, 양진당은 대문을 통하여 집의 남쪽에 있는 문필봉인 홀봉의 기운을 한껏 받아들이기 위해 집의 좌향을 남향으로 택한 것이다.

호국의 얼이 깃든 충효당

충효당(忠孝堂)은 서애 류성룡의 종택으로 17세기에 지어진 전형적인 조선 사대부 양식의 고택이다. 류성룡 선생은 임금 다음으로 높은 지위인 영의정까지 역임하였지만 평생 청백한 삶을 영위한 분이다. 그가 돌아가셨을 땐 초가삼간 집 한 채뿐이었다. 충효당은 그의 사후 후손들이 지은 집이다. 즉, 그의 사후 손자인 류원지가 유림의 뜻을 받들어 처음 충효당 안채를 지었고, 류원지의 아들인 류의하가 사랑채를 완성하였다. 충효당의 긴 행랑채는 서애의 8세손 류상조가 병조판서를 제수받고 부하 군사들을 수용하기 위해 지은 집이다. 그래서 행랑채는 외양간, 광, 방, 마구간 등으로 구성되어 있다. 안채, 사랑채, 사당, 행랑채 등으로 구성된 충효당의 규모는 총 52칸이다. 충효당은 보물 제414호로 지정되어 있다.

충효당이란 당호는 서애 선생의 '충효 외엔 사업이 없다(忠孝之外無事業)'라는 유훈에서 유래했다. 여기서 사업이란 요즘 흔히 말하는 경영을 해서 돈을 버는 의미의 사업이 아니다. '나라에 충성하고 부모에 효도하라'는 의미의 행동철학이다. 이러한 서애의 정신이 현대 자본주의에 맞게 나타난 것이 풍산그룹이다. 풍산그룹은 한국의 대표적 방위산업체이다. 자본주의 사회에서 생계를 위해 돈을 벌더라도 국가에 도움이 되는 사업을 하라는 뜻이다. 풍산그룹의 창업자는 서애의 12대손인 류찬우 회장이다. 역시 왕대밭에서 왕대 나고 쑥대밭에서 쑥대 난다. 시대가 변해도 훌륭한 집안의 자손은 조상의 뜻을 이어간다.

서향인 충효당이 남쪽을 바라보는 이유

충효당은 양진당에서 남쪽 방면으로 동네 골목길 하나를 건너면 바로 닿을 수 있는 위치에 있다. 양진당이 남향인 데 비해, 충효당은 서향을 하고 있다. 서향인 충효당 솟을대문을 들어서면 사랑채가 보인다. 그런데 충효당 사랑채 건물은 특별한 경우가 아니면 솟을대문이 있는 정면 일부만 개방되어 있다. 나머지 사랑채 좌우는 나무로 된 덧문으로 닫혀 있다. 그리고 사랑채의 남쪽은 훤히 개방되어 있다. 사랑채는 댓돌이 있는 정면 일부만 제외하곤 서쪽은 모두 닫혀 있고 작은 사랑방이 있는 곳인 남쪽이 트여있다. 서향인 양진당 사랑채에서 서쪽은 대부분 막혀있고 남쪽은 열려있는 것이다. 그 이유가 무엇인가?

첫째 가급적 남향을 선택하여 많은 일조량을 확보하려는 의도이다.

[그림 178] 하회마을 양진당과 충효당 위치(출처: 우리역사넷에 필자 추가 작도)

한국의 전통 가옥에서 남향은 최선의 선택이다. 충효당 대문은 서향이고 행랑채도 서쪽을 향해 늘어 서 있지만, 충효당은 실질적으로는 남향을 취하고 있다.

두 번째로는 역시 풍수적 관점이다. 충효당의 남쪽에는 하회마을의 삼태봉과 홀봉이 있다. 특히 충효당은 삼태봉이 정면으로 보이는 위치이다. 우리 전통 건축은 자연 물상의 좋은 모습은 집안으로 끌어들이는 기법을 쓴다. 즉, 경치를 빌리는 차경(借景)이다.

한국인의 정서에서 숫자 3은 좋은 것이다. 수려한 봉우리 세 개가 있는 삼태봉은 당연히 좋은 기운을 가진 것이다. 또 삼태봉은 봉우리 하나만 제외하면 정승이 나온다는 고축사(誥軸砂)가 된다. 사실 하회마을의 삼태봉은 왼쪽의 조금 부자연스러운 봉우리를 제외하면 완벽한 고축사의 모습이다. 또 삼태봉의 오른쪽으로 나아가면 홀봉(혹은 마늘봉)이 있다. 마늘봉은 붓끝을 닮아 문필봉으로도 불린다. 충효당에서 남쪽을 바라보면 이러한 봉우리들이 모두 보인다. 충효당이 서향이지만 실질적으로는 남향의 구조를 취하고 있는 이유다.

[그림 179] (좌) 서향인 충효당 사랑채가 남쪽으로 트여있는 모습. (우) 충효당 박물관 담장에서 본 삼태봉

현재 충효당 사랑채 남쪽에 있는 작은 사랑방 앞에는 조경수가 심겨 있다. 그러한 나무들이 앞쪽을 가려서 삼태봉이 잘 보이지 않는다. 아마도 원래 충효당에는 현재와 같은 조경수가 없었을 것이다. 삼태봉을 가리는 조경수는 그 높이를 조정하거나 다른 곳으로 이전하는 것이 맞다. 충효당에 숨어 있는 풍수적 코드를 찾아낸다면 이런 세세한 부분까지 관리가 되어야 한다. 그래야 방문객들은 충효당의 의미를 더 깊이 알 수가 있다.

충효당의 안채 뒤뜰

충효당에서 주목해야 할 부분은 넓은 안채 뒤뜰이다. 넓은 공터가 그대로 비어 있다. 안채 뒤뜰은 경사가 가파르거나 땅이 척박한 곳도 아니다. 평퍼짐한 평지가 충효당 안채 가까이 와서는 조금 내려가는 모습이다. 달리 말하면 안채 바로 뒤에서부터 약간의 오르막 경사가 있고 그 이후부터는 화산이 있는 동쪽으로 둥그스름하고 넓은 공터가 펼쳐져 있다. 예전 사진엔 안채 가까운 쪽에 약간의 채소가 재배되고

[그림 180] 충효당 뒤뜰에 널찍하게 펼쳐져 있는 잉. 두 장의 사진을 이어 붙인 것이다.

[그림181] 충효당 안채 뒤의 넓은 뜰(녹색 4각형 부분)(출처: 충효당)

있었으나 근래에는 파란 잔디만 깔려있다. 충효당은 토질 좋은 이 빈터를 왜 그냥 놀리고 있을까?

풍수적으로 보면 충효당 뒤뜰은 '잉(孕)'에 해당한다. '잉'이란 주산으로부터 내려온 땅 기운이 응축되어 마지막으로 혈(穴)자리에 그 기운을 내뿜어주는 곳이다. 즉, 하회마을 화산에서 내려오는 지기(地氣)가 안채 뒤뜰의 잉을 통해서 충효당 안방으로 전달되는 것이다. 그래서 충효당은 안채 뒤뜰을 정성 들여 보호하며 관리한다. 이러한 현상은 하회 양진당에서 안채 뒤 넓은 공간을 비워두고 있는 것과 양동마을 서백당이 안채 뒤뜰의 넓은 공간을 그냥 비워두고 있는 이치와 같다.

충효당 현판

충효당에는 특이한 서체의 현판이 하나 있다. 미수 허목(1596~1682)이 전서체(篆書體)로 쓴 글이다. 허목은 한강 정구의 제자인데 한강 정구와 서애 류성룡은 퇴계 이황의 제자이다. 또 허목은 「서애유사(西厓遺事)」를 썼는데 거기에서 서애의 적절한 인재 등용을 높이 평가했다고 한다. 임진왜란 전, 서애는 주변의 반대를 무릅쓰고 당시

[그림 182] 허목이 쓴 충효당 현판(출처: 유교넷)

하위직에 있던 이순신과 권율을 과감히 등용하였고 그로 인해 조선은 다시 명줄을 이어갈 수 있었다.

서체(書體)에는 가장 반듯하게 쓰는 해서(楷書)를 비롯한 다섯 가지의 글씨체가 있는데 전서는 제일 오래된 서체이다. 어느 정도 한문에 자신 있는 사람들도 전서는 알아보기 힘든 경우가 많다고 한다. 허목은 당시 '동방 제일'의 전서로 명성이 높았다. 더구나 그의 전서는 귀신을 쫓는 벽사(辟邪)의 힘이 있다고 알려줬다. 이와 관련된 일화로 허목이 삼척 부사로 재임할 때 쓴 '척주동해비' 일명 '퇴조비(退潮碑)' 얘기가 있다. 즉, 자연재해가 심한 삼척 지역에 허목이 부임하여 동해를 칭송하는 글인 「동해송」을 짓고 그의 독특한 전서체로 글을 써서 비석을 세웠는데, 그 이후 삼척에서 조수의 피해가 사라졌다고 한다. 그런데 그 일화를 기록한 사람이 조선 후기의 실학자인 이익과 안정복이다. 실학자는 실증적인 연구 방법을 중시하는 사람들이다. 즉, 사실에 근거를 두고 연구를 하는 학자이다. '퇴조비' 얘기를 한낱 황당한 전설 수준으로만 치부할 수 없는 이유이다.

신비의 인물, 겸암 류운룡

하회마을 풍산류씨가 본격적으로 중흥을 하게 된 시기는 겸암 류운룡과 서애 류성룡 형제부터이다. 겸암과 서애는 하회마을을 대표하는 인물이다. 오늘날 일반인에게는 겸암보다 서애가 많이 알려졌지만, 신비성과 예지력은 겸암이 서애보다 앞서 있었다.

겸암은 15세에 처음으로 퇴계 선생 문하에 수학했으나 벼슬에 뜻이 없었다. 그러나 34세에 부친의 뜻을 받들어 음서[73]로 관직에 나갔다. 그가 경북 안동 현감으로 있을 때는 야은 길재의 충절과 학덕을 기려 묘역을 수리하고 사당과 지주중류비라는 비석을 세웠다. 이 비석

[그림 183] 겸암정사에서 바라본 하회마을 만송정과 삼태봉

---
73) 조선시대 고위 관리 자손에게 시험을 거치지 않고 하급 관직을 주는 제도

의 글과 글씨는 동생인 서애가 직접 쓴 것으로 현재 구미시 오태동에 남아 있다. 또한, 다산 정약용의 『목민심서』에 겸암의 인동현감 재직 시의 사례가 기록되어 있을 정도로 선정을 베풀었다.

겸암은 수많은 야담과 전래 설화의 주인공이며 『겸암비결』의 저자이기도 하다. 황현의 『매천야록』에 의하면 구한말 조선의 운명이 위태로울 때 고종황제가 겸암의 종손인 류시만(1863~1933)을 통해 『겸암비결』을 구하려고 했을 정도다. 이 외에도 임진왜란 중에 미리 평양성 지도를 준비해 동생 류성룡에게 주었고, 류성룡은 평양성 전투에서 그 지도를 이여송에게 건네 평양성 탈환에 큰 기여를 했다는 일화도 있다. 또 일본에서 류성룡을 암살하기 위해 파견된 밀정을 미리 간파하고 사전에 이를 막았다는 얘기도 전한다. 모두 겸암의 앞날을 내다보는 혜안과 그의 신비성을 말해 주는 일화들이다.

이러한 얘기들은 그 신뢰성에 의문을 던질 수도 있다. 그러나 겸암과 동문수학하고 처사(處士)의 전형적 인물로 평가받는 송암 권호문(1532~1587)의 기록을 보면 생각이 달라진다. 권호문은 "임진왜란을 극복한 공의 절반은 겸암에게 있다(壬辰之功 半在此老)"라고 하였다.

산하재조지공, 서애 류성룡

겸암의 아우인 서애는 국난 극복에 지대한 공을 세운 사람이다. 서애의 비범함은 여러 곳에서 찾을 수 있다. 『조선왕조실록』에 의하면 "…학문에 힘써 종일토록 단정히 앉아서 조금도 기대거나 다리를 뻗

[그림 184] 서애 류성룡(출처: 충효당)

는 일이 없었다.…여러 책을 박람하여 외지 않은 것이 없었는데 한번 눈을 스치면 훤히 알아 한 글자도 잊어버리는 일이 없었다."라고 하였다. 일찍이 퇴계 문하에 수학할 때 퇴계 선생으로부터 '이 사람은 하늘이 낸 사람이다'라는 극찬을 받았다. 류성룡의 기억력은 시쳇말로 인간 복사기 수준이었다.

관직에 나간 후, 류성룡은 일 처리가 분명하고 정확해서 빈틈이 없었다고 한다. 조선 후기의 학자 남학명(1654~1722)의 『회은집』에는 다음과 같은 기록이 있다.

"영남사람들이 이원익[74] (1547~ 1634)과 류성룡(1542~1607)을 두고 말하길, '이원익은 속일 수는 있지만 차마 속이지 못하겠고, 류성룡은 속이고 싶어도 속일 수가 없다.'[75]"

서애의 명철함과 추진력은 그의 앞날을 내다보는 안목과 함께 더욱 빛을 발했다. 서애는 주변의 비난을 받으면서도 임진왜란을 대비해 하급 직위에 있던 이순신과 권율을 추천했고 전란 중에는 도체찰사와 영의정을 맡아 국정을 총괄하여 나라를 구했다. 이때 조선을 구하러

---

[74] 이원익은 조선시대 이조판서, 우의정, 좌의정, 영의정을 역임한 문신으로 임진왜란이 나자 류성룡과 함께 국난을 극복한 조선 중기의 명재상이다. 다섯 차례나 영의정을 지냈으나 청빈했고 인조로부터 궤장을 하사 받은 인물이다.

[75] 嶺南人稱李完平柳西厓曰 完平可欺而 不忍欺 西厓欲欺而不可欺

온 명의 제독[총사령관] 이여송은 무리한 요구와 생트집을 잡았고 류성룡은 그때마다 때로는 수모를 참으며 이를 슬기롭게 극복했다. 일례를 들면 벽제관 전투에서 일본에 대패한 이여송은 전투를 피하기 시작하였고 류성룡은 연일 이여송을 찾아가 빨리 일본군을 조선에서 축출해 주기를 호소했다. 그러나 이여송은 군량미 보급을 문제 삼아 류성룡을 호통치며 무릎을 꿇렸다. 한 국가의 영의정이 지원 나온 외국군 총사령관에게 무릎을 꿇은 것이다.

이여송과 관련하여 하회마을엔 흥미로운 설화가 전해진다. 하회마을 남서쪽의 홀봉에서 서쪽으로 조금 더 시선을 돌리면 산 능선이 마치 도끼로 찍어낸 듯이 절단된 부분이 있다. 자연적 현상으로 생긴 지

[그림 185] 이여송이 산을 끊었다는 하회마을의 단맥 흔적

형이라고 보기엔 너무 인위적인 형태이다. 이를 두고 하회마을에서는 임진왜란 때 이여송이 산을 자른 것이라는 얘기가 전해온다. 하회마을에서 큰 인물이 또 태어나는 것을 막기 위해서다. 명군과 이여송의 행패에 대한 백성들의 정서가 반영된 것인지 아니면 또 다른 배경이 있는 것인지는 정확히 알 수 없다.

서애의 능력은 그가 반대당의 모함으로 파직된 후, 선조가 한 말에서 알 수 있다. 선조는 '류성룡이 어떤 사람인지는 알 수 없으나 그가 없는 지금은 국사가 제대로 돌아가지 않는다'라며 그를 높이 평가했다. 파직 후, 선조가 여러 차례 다시 조정으로 불렀으나 서애는 끝내 다시 벼슬길로 나아가지 않고 저술 활동에 전념했다. 그가 하회마을 옥연정사에서 쓴 『징비록』은 충무공의 『난중일기』와 함께 임진왜란의 귀중한 자료이다. 벼슬이 영의정에 이르렀지만, 낙향 후엔 초가삼간 집에 살았으며 사후 장례비용이 없을 정도로 청렴했다. 서애는 생전에 청백리로 녹선(錄選)되기도 했다.

'산하재조지공(山河再造之功)', 서애를 평가하는 말이다. 왜적의 침략에서 조선 강토를 지키고 나라를 다시 일으켜 세운 공로가 있다는 뜻이다. 임진왜란 당시 평양성마저 함락되고 선조는 압록강 근처인 의주로 도망갔다. 여차하면 중국 명나라로 도망가서 목숨만이라도 구하겠다는 의도였다.

이때 명나라는 칙사를 보내 국왕인 선조의 폐위와 함경북도를 점유하겠다는 통보를 한다. 이에 류성룡이 그러한 통보를 단호히 거부하고 전란을 슬기롭게 평정하자 칙명을 받들고 왔던 중국 사신이 감탄하였다. 중국 사신이 류성룡에 대해 말한 내용이 실록에 기록되어 있다.

실록에는 "…의정 류성룡은 굳세고 정도(正道)를 잡아 모든 신하의 으뜸이 되고 있다는 말을 오래전부터 들어 왔으니, 왕은 참으로 모든 국정(國政)을 그에게 전임시키면, 그는 반드시 왕을 위하여 근심을 나누고 일을 맡아서 어려움을 물리치고 어지러움을 진정하여 사직(社稷)을 안정시킬 것이며 산하(山河)를 재조(再造)할 것입니다.…"[76]라고 기재되어 있다. 이에 류성룡을 '산하재조지공', 즉 산하를 다시 일으켜 세운 공로가 있는 사람으로 평가한다.

하회마을에서 낙동강 건너 서애의 옥연정사와 겸암의 겸암정사 사이의 거리는 5~6백 미터 정도이다. 그런데 부용대 절벽 아래를 통과해서 이 두 장소를 연결하는 길이 나 있다. 겸암과 서애가 왕래하며 형제간의 우애를 돈독히 한 길이다. 또 하회마을에는 두 분의 우애를 상징하는 형제 바위가 있다. 양진당 종부 선산 김씨의 증언에 의하면 '시집올 때 그 바위는 틈이 없이 붙어 있었는데 요즈음 바위의 틈새가 벌어져 있어서 안타깝다'는 말을 했다고 한다. 흐르는 세월만큼 하회마을의 겸암파와 서애파의 거리감을 말해 주는 것 같다.

---

[76] 선조실록 45권, 선조 26년 윤11월 16일 병신 8번째기사.

화산규봉과 8대 정승설

하회에는 '화산규봉(華山窺峯) 8대 정승설'이 전해 내려온다. 즉, 하회의 주산인 화산의 봉우리가 8대 마다 정승을 배출하는 모습이라고 한다. 류성룡이 정승이 된 뒤 8대 뒤에 다시 정승이 날 것이며, 그 후 8대 뒤에 또 정승이 난다는 말이다.

풍산류씨 문중에서 정승의 지위에 오른 인물로는 선조 때의 서애 류성룡(1542~1607)과 고종 때 좌의정에 오른 낙파 류후조(1798~1875)가 있다. 서애는 하회마을 입향조 류종혜의 조부인 류난옥의 8대손이고, 낙동대감으로 잘 알려진 류후조는 서애의 8대손이다. '8대 정승설'은 현재까지 2번 적중하였지만 시간으로 보면 500여 년이 흘러서 2차례 확인된 것이다. 근래 류성룡의 후손으로 장관직에 오른 인물은 류우익 전 통일부장관이다. 류우익 전 장관은 서애의 12대 후손이다. 서애의 16대손까지는 아직 시간이 남아 있다. 또 현재의 장관은 조선시대로 치면 정승이 아니라 판서급이다. 따라서 하회마을 '화산규봉 8대 정승설'의 일반화 여부는 조금 더 세월이 흐르면 확실하게 판명이 될 것이다.

하회의 또 다른 유산, 하회탈

하회마을에는 서민들의 놀이였던 '하회별신굿탈놀이'와 선비들의 풍류놀이였던 '선유줄불놀이'가 현재까지도 전승되고 있다.

하회탈은 넓은 의미로 하회탈과 병산탈을 말한다. 별신굿에 쓰이던

[그림 186] 턱이 없는 이매탈

하회탈과 병산탈들은 국보 (121호)로 지정되어 있으며 그 제작연대는 고려시대로 추정된다. 하회탈의 유래에 대해서는 유사한 몇 가지 전설이 내려온다. 대략적 내용을 보면, 소원을 이루기 위해 12개의 탈을 만들던 허도령이 마지막 1개의 탈을 완성할 즈음, 평소 허도령을 사모하던 처녀가 몰래 엿보는 바람에 허도령이 피를 토하고 죽게 된다. 그래서 12개의 탈 중에 마지막으로 만들던 이매탈만 턱이 없는 모습이다.

12개의 탈 중에 총각탈, 떡다리탈, 별채탈 등 세 개는 분실되고 나머지는 모두 국립중앙박물관에 보관되어 있다. 국보로 지정된 하회탈의 주재료는 오리나무가 사용된다. 우리나라의 다른 탈들이 오백 년 미만의 역사를 가지고 있으나 하회탈만은 천여 년의 역사를 간직하고 있다. 또 한국의 탈은 주로 바가지나 종이로 만든 것이 많아서 오랜 시간 보존되는 경우가 드물고, 탈놀이가 끝나면 태워버렸다. 그러나 안동 하회탈은 드물게 나무로 만들어 그 위에 옻칠을 여러 번 했기 때문에 원형이 잘 유지되고 있다. 또 '탈을 잘못 만지면 탈 본다'는 속설도 있어, 마을 사람들이 탈을 신성하게 여겨온 것도 하회탈이 지금까지 보존된 요인이라고 한다.

하회탈은 우연히 한 외국인 학자가 하회탈을 세계 제일이라고 극찬한 데서 외부에 알려지기 시작했다. 하회탈은 나무를 깎은 조각 솜씨가 세련되고 우수하여 세계 제일의 조형미를 지니고 있다. 특히 양반탈과 백정탈은 입체감이 강하며 세부 조각 기술이 뛰어나 하회탈의 대표로 손꼽는다. 이들 탈은 한국적인 얼굴 골격과 표정이 잘 표현되어 있어 친숙하다. 더구나 각 배역에 따라 인물의 개성이 잘 나타나서 걸작으로 평가받는다. 게다가 하회탈은 턱을 움직일 수 있게끔 되어 있다. 즉, 탈을 쓰고 고개를 들면 턱이 내려와 웃는 모습이 되고 반대로 고개를 숙이면 입을 다물게 되어 슬픈 표정으로 바뀐다. 하회탈은 한국인의 대표적 얼굴을 형상화한 것으로 한국인의 얼굴로 알려졌다.

안동에서는 1997년 제1회 안동국제탈춤페스티벌을 개최한 이래 매년 행사가 열리고 있다. 안동국제탈춤페스티벌은 매년 9월 말에서 10월 초에 걸쳐 안동시 탈춤공원, 중앙선 안동역, 원도심, 하회마을 등에서 열린다. 여기서는 한국의 탈춤과 민속 공연, 세계 각국의 민속 공연이 선보인다. 이를 통해 800년 이상의 역사를 가진 하회마을 별신굿 놀이를 현대적으로 발전시켜 전통문화 보존과 지역경제 활성화를 도모하고 있다.

양반들의 하회선유 줄불놀이

'선유줄불놀이'는 하회마을의 낙동강과 부용대에서 이뤄진다. 하회탈춤이 서민들의 놀이라고 한다면 하회선유(河回船遊) 줄불놀이는 양반들의 풍류이다. 부용대의 높이는 70m이고 부용대에서 만송정까지의 거리는 대략 230m 정도이다. 이 놀이는 부용대에서 강 아래 만송정으로 열줄 정도의 동아줄을 걸고 그 줄에다 뽕나무 숯 봉지에 불을 붙여 걸어서 아래로 내려보내면 수백 개의 숯 봉지에서 불꽃이 떨어져 밤하늘을 수놓는다. 또한, 아래로는 고요히 흘러가는 화천(낙동강)에도 불꽃이 비추어 가히 장관을 이룬다.

또 겸암정과 옥연정사를 연결하는 부용대 벼랑 사이의 길을 따라 줄을 걸고 그곳에도 숯 봉지를 걸고 불을 붙인다. 뿐만 아니라 겸암정

[그림 187] 하회 선유줄불놀이(출처:서울신문)

에서 옥연정에 이르는 강물 위에는 수백 개의 달걀 껍데기 속에 기름 솜 불을 켜서 띄운다. 하늘과 강물 위에서 화려한 불꽃놀이가 펼쳐진다. 달걀 외에 종이 봉지나 표주박도 사용되는데 이것을 연화(蓮花) 놀이라고 한다.

행사가 절정에 이를 때쯤 부용대 위에서 소나무 가지들을 한 아름씩 묶은 것에 불을 붙여 시 한 수가 완성되었을 때마다 절벽 아래 강물로 던진다. 이런 상황에서 부용대 아래 강물 위에선 시회(詩會)와 흥겨운 주연이 베풀어지기도 한다. 부용대에서 불붙은 솔가지 묶음이 떨어질 때마다 만송정과 배 위에 있는 모든 사람이 "낙화야!"라고 환성을 지른다.

이 행사의 진정한 피날레는 선비들의 시회이다. 기름으로 적신 솜을 담은 표주박에 불을 붙여 강물에 띄우면 옥연정사까지 도착하기까지 얼마간의 시간이 걸린다. 그 짧은 시간 안에 시 한 수를 지어야 한다. 이를 어기면 벌주를 받는다. 이것은 선유줄불놀이가 단순한 유흥이 아니라 문학을 장려하는 일종의 교육 행사임을 말해 준다. 이날 밤 선유놀이에는 기녀들의 노래와 춤은 없다고 한다.

이 놀이는 과거에는 음력 7월 보름에 열렸으나 조선 후기에 단절되었다가 일본 제국주의 시절 한두 차례 시연된 적이 있었다. 광복 후 경축 행사로서 한차례 있었다. 그 후 약 30년 전 주한 외국 사절들에게 하회마을의 문화를 소개하기 위하여 이 놀이를 보여주자 모두 감탄하였다고 한다. 이후 행사에 드는 경비와 뽕나무 숯을 만드는 기술자가 없어 중단된 상태였다. 2024년에는 5월부터 11월까지 총 7회에 걸쳐 다양한 식전 행사와 함께 실시되기도 했다.

서학으로 수용한 하회마을 교회

한국유교 문화의 본산이자 보수의 심장인 경북 안동 하회마을에도 서구 기독교 문화의 상징인 교회가 있다. 그 역사도 자못 깊다. 일제 강점기인 1910년 10월 어물 장사를 하던 북촌댁의 전도로 최초

[그림 188] 양반고을에 역사가 깊은 하회 교회

의 하회 교회가 시작되었다. 이어 1921년 야학을 겸한 하회 교회가 설립되었다. 마을 사람들이 기록한 마을 지에 의하면 하회마을 사

람들이 개화기 때 선교사를 통해 신문물을 받아들이는 데 관심이 있었고 기독교를 종교가 아니라 서학으로 받아들였다고 한다. 즉, 유교적 가치관은 훼손하지 않고 학문적으로 받아들이는 과정을 통해 교회를 수용하게 된 것이다.

하회 교회의 원래 위치는 양진당과 삼신당 사이에 있었다. 그곳은 하회마을의 핵심적 자리이다. 한국 기독교의 초기 선교 과정을 보면 교회는 그 지역에서 제일 중심지 근처, 눈에 잘 드러나는 장소에 자리 잡는 경우가 많았다. 구한말 한양 최초의 감리교회인 정동제일교회는 경복궁 앞 언덕인 황토마루 근방에 세워졌다. 인근에 덕수궁이 있다. 하회마을에서도 역시 그러했다. 그런데 교회의 새벽 종소리가 사당과 삼신당을 소란스럽게 한다고 해서 지난 1990년 현재의 자리로 옮겨졌다.

하회교회는 유교문화의 본산에서 100여 년간 기독교 문화를 이어왔다. 이질적인 형태인 유교와 기독교가 서로 공존하며 하회마을의 역사를 형성한 것은 오늘을 사는 사람들에게 공존하는 법과 문화 융합의 실체를 보여주고 있다.

양진당 가양주와 안동 간고등어

안동은 독특한 지역특산물이 있다. 안동소주와 안동 간고등어이다. 지방마다 특색을 살린 민속주가 있지만 안동소주는 그 역사가 깊다. 고려시대인 1200년대 후반, 몽골군이 안동에 주둔하면서 증류 기술이 전래되었다고 한다. 거기에다 안동 지역에서는 집집마다 특색있는 술을 빚는 가양주(家釀酒) 문화가 발달했다. 특히 종가를 중심으로 하여 불천위 제사를 모시기 위해 빚는 술이 있다.

양진당 노종부에 의하면 하회 큰 종가로 시집와서 매년 조상 제사 때마다 돈주고 받은

[그림 189] 고등어에 염장질을 하는 모습

탁주는 쓰지 않았다고 한다. 제사 때마다 집에서 직접 담근 가양주를 올린 것이다. 양진당의 가양주는 유림에서조차 풍문으로만 듣고 한번 마셔본 경험은 없다는 사람이 많을 정도다. 양진당의 불천위 제사에 참석하면 음복례(飮福禮) 때에 확실히 만날 수 있다고 한다. 양진당 가양주는 한때 밀주 단속반원들에게 적발된 적이 있었으나 술맛을 본 단속반원들이 그 맛에 감동했을 정도로 오묘하다고 한다.

안동 간고등어는 그 독특한 맛으로 유명하다. 간고등어는 안동에서 '얼간재비'라고 부르는데 "신선한 고등어에 간이 적당하다"는 뜻의 안동 방언이다. 산으로 둘러싸인 내륙 깊숙한 안동에서 해산물인 고등어가 지역을 대표하는 향토 특산물이 된 것은 사연이 있다.

먹거리가 귀한 조선시대 내륙지방에서 해산물인 고등어를 밥상

에 올릴 수 있는 것은 부잣집에서나 가능했다. 당연히 간고등어는 양반들이 즐겨 먹는 음식이었다. 그리고 안동에서 가장 가까운 바닷가인 영덕은 직선거리로 약 80㎞ 정도 된다. 옛날 교통수단으로는 영덕에서 고등어를 우마차에 실어 안동까지 도착하려면 꼬박 이틀이 소요된다.

고등어는 잡으면서부터 상한다고 할 만큼 부패가 빠른 생선이다. 조선시대 영덕 고등어가 안동에 도착할 때쯤이면 이미 상하기 직전 상태가 된다. 이 고등어의 보존을 위해 염장질[77]을 한다. 이렇게 해서 상하기 직전의 해산물 특유의 냄새가 숙성된 맛으로 변한다. 안동 간고등어 특유의 맛은 이렇게 만들어진 것이다. 그래서 안동 간고등어는 양반이라는 문화적 요소와 바다로부터 떨어진 내륙지역이라는 자연 지리적 여건이 작용해서 만들어진 자연의 선물이다.

과학적 분석에 의하면 고등어는 부패 직전에 맛 효소들이 가장 많이 나온다고 한다. 고등어가 부패하기 직전에 도착할 수 있는 안동의 지리적 여건과 간을 해서 부패를 막는 식문화가 있었기에 그 효소와 소금이 '간고등어'의 제맛을 내게 한 것이다.

내륙의 절지, 하회와 하회십육경

하회마을은 고건축 박물관이다. 조선시대 초기부터 후기에 이르기

---

[77] 고등어 배를 갈라 내장을 꺼내고 소금으로 절이는 것

[그림 190] 토담 길이 정겨운 하회마을의 골목

까지 다양한 양식의 살림집들이 옛 모습을 잘 간직한 채 남아 있다. 솟을대문을 세운 거대한 규모의 양진당, 충효당, 화경당(북촌댁), 염행당(남촌댁) 등의 기와집과 작은 규모에서부터 제법 큰 규모를 가지고 있는 초가(草家)들이 길과 담장을 사이에 두고 조화롭게 배치되어 있다. 학문을 탐구하고 몸과 마음을 닦던 옥연정사, 빈연정사, 겸암정사 등의 정사(亭舍)가 있으며 선현들을 제사하고 인재를 교육한 병산서원과 화천서원 등의 건물들이 고스란히 남아 있다.

하회청풍(河回淸風), 즉 '하회에 부는 맑은 바람'은 안동팔경(安東八景) 중의 하나이다. 그리고 하회에는 하회십육경(河回十六景)이 있다. 하회마을의 대표적인 경치 열여섯 곳을 시로 노래한 것이다. 서애의 말

손자인 류원지(1598~1674)공이 쓴 「하외십육경」[78]에서 유래되었다고 본다. 그중 몇 가지를 들면 다음과 같다.

낙동강 가운데 있는 입암의 맑은 물 경치인 '입암청창(立巖晴漲)'이다. 입암은 '형제바우'라고도 부른다. 겸암과 서애의 우의를 상징한다. 또 화산에 달이 돋는 모습인 '화수용월(花岫湧月)', 구름에 잠긴 마늘봉 경치인 '산봉숙운(蒜峯宿雲)', 만송정 숲에 새하얗게 쌓인 설경인 '송림제설(松林霽雪)', 원지산에 내리는 신령한 비인 '원봉영우(遠峯靈雨)', 겸암정 앞 물가 바위에서 낚시질하는 모습인 '반기수조(盤磯垂釣)', 부용대 앞에 배를 띄워 뱃노래를 부르는 '적벽호가(赤壁浩歌)', 강마을 고기잡이배의 불빛 경치인 '강촌어화(江村漁火)' 그리고 드넓은 강변에 내려앉는 기러기 모습인 '평사하안(平沙下雁)' 등이다. 십육경 하나하나가 모두 수채화를 연상케 할 만큼 아름다운 경관이다.

하회는 안동시 중심부에서 승용차로 30분, 버스로는 약 1시간 20분 소요된다. 지금도 대중교통은 그리 편리한 편은 아니다. 하물며 예전의 하회마을은 더 말할 것도 없었을 것이다. 예전의 하회는 안동에서 고립된 절지(絶地)나 마찬가지였다. 오히려 그러한 불리한 자연적 지리 조건이 오늘날까지 하회마을을 보존하는데 한몫을 하였다. 또한, 하회마을에 거주하는 풍산류씨들의 올곧은 정신과 마음가짐도 하

---

[78] 하회(河回)를 예전에는 하외(河隈)라고도 했다. 참고로 하회16경은 다음과 같다. 입암청창(立巖晴漲), 마암노도(馬巖怒濤), 화수용월(花岫湧月), 산봉숙운(蒜峯宿雲), 송림제설(松林霽雪), 율원취연(栗園炊烟), 수봉상풍(秀峯霜楓), 도잔행인(道棧行人), 남포홍교(南浦虹橋), 원봉영우(遠峯靈雨), 반기수조(盤磯垂釣), 적벽호가(赤壁浩歌), 강촌어화(江村漁火), 도두횡주(渡頭橫舟), 수림낙하(水林落霞), 평사하안(平沙下雁)

회를 유지 존속하게 만든 중요한 요인이었다.

  한국 정신문화의 수도, 안동에서 600여 년이 넘는 역사를 지닌 하회마을은 한국인의 오래된 미래이다. 하회마을 전통의 향기가 계속 이어지길 기대한다. *

참고 문헌

〈실록〉

『조선왕조실록』, 국사편찬위원회

〈단행본〉

김개천 글, 관조 스님 사진, 『명묵의 건축』, 안그라픽스, 2022.
김동규 譯, 『人子須知(前), (後)』, 명문당, 2008.
김두규, 『風水學 辭典』, 비봉출판사, 2005.
김봉렬, 『김봉렬의 한국건축 이야기1』, 돌베개. 2022.
김봉렬, 『김봉렬의 한국건축 이야기2』, 돌베개. 2021.
김봉렬, 『김봉렬의 한국건축 이야기3』, 돌베개. 2020.
김석환, 『한국전통건축의 좋은 느낌』, 기문당, 2013.
박선주, 『하늘 아래 기와집을 거닐다』, 다른 세상, 2006,
신영훈 글·김대벽 사진, 『한옥의 향기』, 대원사, 2005.
서수용, 『안동 하회마을을 찾아서』, 민음사, 1999.
이상현, 『이야기를 따라가는 한옥 여행』, 시공아트, 2012.
이완규, 『안동풍수기행, 돌혈의 땅과 인물』, 예문서원, 2001,
이중환 저, 이익성 옮김, 『택리지』, 을유문화사, 2015.
임재해 글 김수남 사진, 『안동하회마을』, 대원사, 1992.
장영훈, 『대학풍수강론, 도서출판 담디, 2013.
장영훈, 『조선시대의 명문사학 서원을 가다』, 도서출판 담디, 2007.
조용헌, 『5백년 내력의 명문가 이야기 』, 푸른역사, 2002.
조훈철, 『문화재 공부법』, 해조음, 2021.

村山智順 저, 鄭鉉祐 역, 『韓國의 風水』, 明文堂, 2009.
최창조 역, 『청오경·금낭경』, 민음사, 2007.

〈논문〉

권용옥, 「晦齋 李彦迪과 良洞마을」, 『유학연구』 제26집, 충남대학교 유학연구소, 2012.
김희곤, 「이준형의 독립운동과 임청각의 수난」, 『한국독립운동사연구』 제63집, 독립기념관 한국독립운동사연구소, 2018.
박성대·지종학, 「회재 이언적 유적지의 풍수적 특성」, 『한국민족문화』 제77집, 부산대학교 한국민족문화연구소, 2020.
 박성대·전성하, 「경주 옥산서원 입지 및 공간구성의 풍수적 특성」, 『동방문화와사상』 제8집, 동방문화대학원대학교 동양학연구소, 2020.

〈답사 자료〉

권선정, 「전통마을의 풍수적 공간구성-안동 하회마을-」, 동명대학교 동양문화학과, 2022.

〈 기타 〉

구글어스
네이버 지도
디지털청도문화대전
선교장, 임청각, 하회마을, 양진당, 충효당 홈페이지
우리역사넷
유교넷 외 인터넷 각종 관련 자료 활용.

한국의 명승지 명당

초판인쇄	2025년 10월 20일
초판발행	2025년 10월 27일
지은이	조민관
발행인	조현수
펴낸곳	도서출판 프로방스
기획	조용재
마케팅	최관호 최문섭
편집	이승득
디자인	오종국 (Design CREO)
주소	경기도 파주시 광인사길 68, 201-4호
전화	031-925-5364, 031-942-5366
팩스	031-942-5368
이메일	provence70@naver.com
등록번호	제2016-000126호
등록	2016년 06월 23일

정가 25,000원

ISBN 979-11-6480-398-9 13380

파본은 구입처나 본사에서 교환해드립니다.

문화유산에 대한 본질적 이해는
그 당시 설계자의 시각으로
바라보는 것에서 출발한다.
전통문화유산에는 시대적 배경과
당시 삶을 꾸려간 사람들의
문화가 녹아있기 때문이다.